D1748171

Archiv Nr. 13/14

Hans-Dieter Menges und Claude Jeanmaire

Mittelbadische Eisenbahnen

Von der Strassburger und Lahrer Strassenbahn zur Mittelbadische Eisenbahnen AG

Fahrzeuge und Strecken einer Schmalspurbahn

Narrow Gauge Railways in Mid-Baden (Germany)

ISBN 3 85649 014 0
ISBN 3 85640 013 2 (Beilage)

Verlag Eisenbahn
Buchverlag für Eisenbahn- und Strassenbahnliteratur
Gut Vorhard CH-5234 Villigen AG/Schweiz

Vor Antritt der Reise durch unser Buch zu lesen

Dieses Buch zur Geschichte der Mittelbadische Eisenbahnen AG entstand in enger Zusammenarbeit zwischen den Autoren **Hans-Dieter Menges** und **Claude Jeanmaire** mit mehreren Eisenbahnfreunden, die in grosszügiger Weise ihre privaten Archive öffneten und Bilder sowie Dokumente zur Verfügung stellten. Autoren und Mitarbeiter sind Eisenbahnfreunde, die in ihrer Freizeit dieses Hobby pflegen.

Besonderen Dank möchten wir den nachfolgend genannten Personen aussprechen (in alphabetischer Reihenfolge):

Maria Abel, Rheinbischofsheim
Max Biehler, Lahr
Hans Dorner, Lahr
Herr Ebert, Rastatt
Karl Hetzel, Willstätt
Hedwig Kiefer, Lahr
Wilhelm Kiefer, Kehl
Otto Längle, Lahr
August Liebherr, Lahr
Dr. Wilhelm Marx, Altenheim
Helmut Mochel, Lahr
Peter Pekny, Hamburg
Else Stark, Rheinbischofsheim
Hans Storz, Säckingen
Herr Strasser, Auenheim
Karl Vetter, Wintersdorf
Gerhard Vogel, Rastatt
Herr Weisslogel, Altenheim
Friedrich Wendling, Kehl
Herr Ziegler, Ottenheim
Walter Zimmermann, Achern

Die nachfolgend genannten Firmen und Betriebe haben unsere Arbeit in dankenswerter Weise unterstützt:

Mittelbadische Eisenbahnen AG, Lahr
Südwestdeutsche Eisenbahnen AG, Lahr
Archiv der Stadt Lahr
Foto Stober, Offenburg
Gmeinder & Co. GmbH, Lokomotiv- und Maschinenfabrik, Mosbach/Baden
Arnold Jung, Lokomotivfabrik, Jungenthal bei Kirchen/Sieg
Schweiz. Lokomotiv- und Maschinenfabrik, Winterthur (SLM)
Schweiz. Industriegesellschaft, Neuhausen am Rheinfall (SIG)

Wieviele Wege waren nötig, um all die zahlreichen Einzelheiten über die MEG zusammenzutragen, wieviele Wege waren umsonst! Stein um Stein wurde vom Autorenteam zusammengefügt. Einiges musste wieder gestrichen werden, was nicht absolut sicher bestätigt werden konnte. Erschwerend wirkte sich aus, dass die Mittelbadische Eisenbahnen AG eine Gründung darstellte, welche durch die Folgen des Ersten Weltkrieges bedingt war und deren Strecken einst durch zwei selbständige Gesellschaften betrieben wurden. Zu bedenken ist auch, dass zwischen Seelbach im Süden und Rastatt im Norden immerhin über 120 km Schmalspurgleis verlegt waren und dass auf dieser respektablen Länge immer etwas «los» war, im Gegensatz zu einem vielleicht abseits gelegenen, verträumten Schmalspurbähnchen mit nur wenigen Kilometern Streckenlänge.

Auch der Zweite Weltkrieg machte nicht Halt vor den Archiven der MEG. Das damalige Direktionsgebäude in Kehl wurde ein Opfer der Flammen, und viel Interessantes ist verloren, so dass kriminalistischer Spürsinn und Durchstehvermögen, aber auch eine ganz gehörige Portion Glück vonnöten war, um diese oder jene Wissenslücke zu füllen und möglichst genaue, fundierte Informationen zusammenzutragen.

Unsere überaus reichhaltige Dokumentation stützt sich aber nicht nur auf zu Schaden gekommene Archive der MEG, sondern auch auf solche der Autoren und noch bestehende Bibliotheken sowie auf Sammlungen der öffentlichen Hand und von Privaten. Die meisten dieser Sammlungen sind vorher für Eisenbahninteressierte noch nicht erschlossen worden. Das wertvolle Bildmaterial, die Karten, Übersichten und Tabellen sowie die historischen Dokumente sagen oftmals mehr aus als viele Worte. Den Verfassern ging es darum, die zahlreichen Quellen zu erforschen, um ein möglichst genaues Lebensbild der Bahn und ihrer Strecken aufzuzeichnen. Das brauchte natürlich seine Zeit.

Seit dem 1. Oktober 1971 haben sich die Mittelbadische Eisenbahnen AG, Lahr, und die Südwestdeutsche Eisenbahn-Gesellschaft mbH, Ettlingen, zur Südwestdeutschen Eisenbahnen AG, Lahr, vereinigt. Die Umstellung auf Normalspur, Omnibusse und LKWs hat den Schmalspurbetrieb bis auf ein kleines Reststück von ca. 6 km Länge zusammenschrumpfen lassen. Wir glauben, dass jetzt der Zeitpunkt gekommen ist, einen Schlusstrich unter die Ära «Schmalspurbetrieb der MEG» zu ziehen und nochmals Rückschau auf die vergangenen Jahrzehnte zu halten. Den Älteren wird nochmals die sogenannte «gute, alte Zeit» in Erinnerung gerufen und den Jüngeren gezeigt, wie es damals war.

Zu den im Buch verwendeten Abkürzungen für die einzelnen Gesellschaften

Strassburger Strassenbahngesellschaft, so lautete der offizielle Name der Gesellschaft, und folgerichtig hätte die Abkürzung des Firmennamens SSG lauten müssen. Jedoch finden wir im Schriftverkehr und an den Fahrzeugen meistens die Abkürzung SSB. Diese Initialen scheinen sich allgemein eingebürgert zu haben, obwohl auf Fahrkarten teilweise wieder die Abkürzung SSG zu finden ist. In der Ausgabe Nr. 60 des Badischen Gesetz- und Verordnungs-Blattes vom 15. August 1922 wird als offizielle Abkürzung des Firmennamens **SSB** genannt, so dass wir dabei bleiben können.

Lahrer Strassenbahngesellschaft: Auch hier verhielt es sich ähnlich wie in Strassburg, denn hier wäre die Abkürzung LSG folgerichtig gewesen. Im Schriftverkehr und an den Personenwagen war der Firmenname immer vollständig ausgeschrieben, aber im allgemeinen hat sich, wie in Strassburg, die Abkürzung **LSB** eingebürgert, die wir auch hier verwenden wollen.

Lahrer Eisenbahngesellschaft, so lautete ab 1917 der neue Name der früheren Lahrer Strassenbahngesellschaft, da man zu diesem Zeitpunkt eine ganz andere Vorstellung von einer Strassenbahn hatte. Dieser Name entsprach mehr der Betriebsform der Gesellschaft, und die jetzt gültige Abkürzung **LEG** war im Schriftverkehr und an den Fahrzeugen zu finden.

Anmerkung: Eine Firma mit dem Namen Lahrer Eisenbahngesellschaft gab es seit 1865, und zwar für die normalspurige Stichbahn Dinglingen–Lahr. Der Betrieb wurde mit Fahrzeugen und Personal der Grossherzoglichen Staatsbahn durchgeführt. 1906 wurde die Bahn vollständig vom Staat übernommen, die heutige DB-Strecke Lahr/Schwarzwald–Lahr Stadt.

Mittelbadische Eisenbahnen AG: Hier lautete die Abkürzung von Anfang an richtig MEG.

Zwischen der Herausgabe beider Buchteile sind Jahre verstrichen. Inzwischen hat der Verlag Basel verlassen und seinen neuen Sitz im Aargau bezogen.

Unserem lieben «Bähnle» sagen wir: Herzlichen Dank, wir werden dich nicht vergessen!

Villigen und Lahr, im Oktober 1973

Hans-Dieter Menges, Lahr
Claude Jeanmaire, Villigen

Wie war's am Anfang?

Ein zeitgenössischer Bericht

Der Grossherzog von Baden vermählte sich am 20. September 1856 mit Luise Maria Elisabeth, Prinzessin von Preussen, Tochter des nachmaligen Kaisers Wilhelm I. von Deutschland, die mit ihm in Freud und Leid den Thron teilte. Freude genoss der Grossherzog auf dem Throne in dem Empfinden des Glückes, der Zufriedenheit seines Volkes, in dem Aufblühen des Familienglückes seiner Kinder, aber auch Leid blieb ihm nicht fern.

Möge Seine Königliche Hoheit noch lange zum Heile und Segen Badens und seines Volkes regieren. Das walte Gott!

Unserem Herrscher konnte es aber nicht entgehen, dass ein ganzer Landstrich, einer der fruchtbarsten des Rheingebietes, wegen Mangels an Verkehrsmitteln immer mehr zurückkam. Da musste in irgend einer Weise Abhilfe geschaffen werden. Man bedenke, dass die Ortenau (1892) neben vorzüglicher Körnerfrucht viel Knollenfrucht, Tabak, Hanf und Obst erzeugt. Die Viehzucht und in einigen Gemeinden auch die Fischzucht sind ebenso bedeutend, und sie hätten noch einträglicher gehandhabt werden können, wenn Absatzquellen besser zu erreichen gewesen wären. Hier Abhilfe zu schaffen, das war die Sorge des Grossherzogs (!), und solche Abhilfe konnte nur kommen durch die Erbauung jener Strassenbahn, welche alle grösseren Orte des Landstriches am Rhein berührte.

Schon Jahre lang hatte sich ein besonderes Comité mit einem solchen Bahnbau befasst und auch die Secundärbahngesellschaft H. Bachstein mit der Ausarbeitung eines Projects betraut. Diese übertrug den Auftrag an den Ingenieur Müller in Freiburg, der dem grossherzoglich badischen Finanzministerium einen Kostenvoranschlag einreichte, wonach ein Bahnbau durch die Ortenau 39 160 Mark für jeden Kilometer erforderte. Dieser Kostenanschlag wirkte sehr entmutigend, nichtsdestoweniger liess das Comité den Plan nicht fallen, sondern forderte den auf dem Gebiete des Strassenbahnbauwesens hochverdienten Ingenieur Single in Strassburg auf, den Kostenanschlag zu revidieren bezw. einen neuen Voranschlag aufzustellen. Dieses hatte zur Folge, dass die Strassburger Strassenbahn-Gesellschaft eingeladen wurde, sich dem Unternehmen zu nähern und eine Offerte zur Übernahme der Concession für den Bau und Betrieb dieser Strassenbahn einzureichen.

Die weiteren Verhandlungen liessen dem Präsidenten des Comités, Alt-Bezirksrat Dörr in Diersheim, einen Besuch beim Staats- und beim Finanzministerium in Karlsruhe zweckentsprechend erscheinen, wozu sich unter Führung des Herrn Dörr der Präsident des Aufsichtsrats, Banquier Leon Blum-Auscher, und das Mitglied desselben, Reichstagsabgeordneter Freiherr Hugo Zorn von Bulach, bereit finden liessen. Herr Dörr betonte in beiden Ministerien, dass durch einen directen Anschluss und durch die Vereinigung der Concession für die Linie Kehl–Lichtenau mit der Linie Kehl–Strassburg in einer Hand der Zweck dieser Bahn eigentlich erst recht erreicht werde, da der Verkehr der Bewohner des Hanauer Landes vollständig nach Strassburg sich hinneige und der Betrieb der Bahn in diesem Falle vereinfacht werde. Diesem Besuch in Karlsruhe ging voraus die Aufstellung eines neuen Kostenvoranschlages, welcher ganz beträchtlich unter dem Müller'schen blieb, und ein Gesetzentwurf von Seiten Seiner Königlichen Hoheit des Grossherzogs von Baden als Beilage zum Protocoll der 14. öffentlichen Sitzung der Zweiten Kammer vom 16. Januar 1888, welcher lautet:

«Wir beauftragen hiemit den Präsidenten Unseres Finanzministeriums, Geheimen Rath Elstätter, Unseren getreuen Ständen, und zwar zunächst der Zweiten Kammer, den anliegenden Gesetzentwurf, die Erbauung einer Localbahn von Kehl nach Lichtenau und Bühl betreffend, zur Beratung und Zustimmung vorzulegen.

Zum Regierungscommissär für diese Vorlage ernennen Wir den Geheimen Referendär Zittel.

Gegeben Karlsruhe, den 6. Januar 1888.

gez. Elstätter

gez. Friedrich

Auf Seiner Königlichen Hoheit Höchsten Befehl

gez. von Chelius»

Der Single'sche Voranschlag war für die damaligen Eisenpreise so zweckentsprechend und sachgemäss richtig durchgeführt, dass er zur Grundlage aller späteren Verhandlungen diente. Durch die aber inzwischen eingetretene Verteuerung des Eisens hat die Ausführung viel — viel mehr gekostet, als vorgesehen. Single starb, und die Verhandlungen waren wieder auf dem Standpuncte angelangt, in die Brüche zu gehen.

Da war es Banquier Blum-Auscher in Strassburg, der unentwegt die Sache in die Hand nahm und zum Austrag brachte. Mit dem Freiherrn Hugo Zorn von Bulach suchte er in Karlsruhe wieder Stimmung für die Bahnlinie zu machen, er verhandelte mit den Bewohnern der beteiligten Ortschaften und brachte es durch die Vermittlung des Ober-Amtmanns Dr. Reinhard in Kehl, jetzt Geheimer Regierungsrat und Ober-Amtmann in Baden, sowie des Ober-Amtmanns Teubner, früher in Bühl, jetzt in Kehl, zuwege, dass am 30. September 1889 in Kehl eine Versammlung der Bürgermeister des Bezirks stattfand, in welcher das ausgearbeitete Project des Single bezw. der Strassenbahngesellschaft vorlag und mit Freuden begrüsst wurde. Der Umstand, dass sich die einzelnen Vertreter von einigen weiter im Land gelegenen Gemeinden, durch welche die Bahn ursprünglich gehen sollte, nicht dazu verstehen wollten, billige Zuschüsse seitens ihrer Gemeinden zu geben, trat nicht hindernd der Ausführung in den Weg, denn dafür fanden sich andere Gemeinden mit Freuden bereit, Beiträge zu stiften, und diese Gemeinden wurden denn auch durch die Bahn nachher berührt.

Es wurden noch viele Verhandlungen geführt, bei welchen Se. Excellenz der Staatsminister Dr. Turban, Se. Excellenz der Finanzminister Dr. Elstätter, Geheimer Referendär Zittel, der Director des Wasser- und Strassenbaues Haas, Ministerialrat Gossweiler u. a. der Bahngesellschaft gegenüber das liebenswürdigste Entgegenkommen zeigten, bevor die genaue Lage der Bahn festgestellt war und folgender Erlass des grossherzoglichen Staatsministeriums ausgegeben werden konnte:

Seine Königliche Hoheit der Grossherzog haben mit Allerhöchster Staatsministerial-Entschliessung d. d. Baden den 27. September 1890 Nr. 611 gnädigst geruht, die Zugslinie für die Localbahn von Kehl über Lichtenau nach Bühl bezüglich der Gemarkungen:

Stadt Kehl	Memprechtshofen	Moos
Dorf Kehl	Helmlingen	Zell
Auenheim	Scherzheim	Oberbruch
Leutesheim	Lichtenau	Balzhofen
Diersheim	Ulm	Vimbuch
Rheinbischofsheim	Greffern	Bühl
Freistett	Schwarzach	
Neufreistett	Hildmannsfeld	

wie solche in der Natur ausgesteckt und profiliert ist, für festbestimmt zu erklären und zur Ausführung zu genehmigen mit der Massgabe, dass die Bestimmung des Platzes für die Station Auenheim vorerst ausgesetzt bleibe und im übrigen bei der Ausführung den Anträgen der Beteiligten, soweit deren Berücksichtigung seitens des Bevollmächtigten des Conzessionärs zugesagt worden ist oder dieselben von der Expropriationscommission für begründet erklärt worden sind, zu entsprechen sei.

Nachricht dem Ministerium des Innern.
Karlsruhe, den 29. September 1890.

Grossh. Staatsministerium
Turban

Die Vorarbeiten zum Bahnbau wurden im Februar 1889 beendigt, die Absteckungsarbeiten zum Bahnbau im März 1891 durchgeführt. Infolge des anhaltenden Frostwetters konnte mit dem Bau des Bahnkörpers erst anfangs April 1891 begonnen werden. Die Hochbauten, bestehend in einem Depot zu Kehl, 11 Stationsgebäuden und 6 Güterhallen auf der 39 Kilometer langen Strecke, und einem Wagen- und Locomotivschuppen nebst Übernachtungslocal auf dem Bahnhof in Bühl, wurden erst Ende Mai 1891 in Angriff genommen. Es mag hier gleich erwähnt werden, dass die Stationen Güterhalle Kehl C, Auenheim, Rheinbischofsheim, Altfreistett, Lichtenau-Ulm, Schwarzach, Hildmannsfeld, Moos, Oberbruch, Balzhofen, Vimbuch und Bühl durch Stationsvorsteher besetzt, die Stationen und Fahrkartenausgaben zu Kehl A, Kehl B, Leutesheim mit Güterhalle, Diersheim mit Güterhalle, Neu-Freistett, Memprechtshofen mit Güterhalle, Muckenschopf-Helmlingen, Scherzheim mit Güterhalle und Lichtenau durch Wirte aus dem Ort bedient werden.

Zum Bau der Bahn wurden teils vorhandene Strassen, teils neu aufgeworfene Bahndämme benutzt. Es mussten verschiedene Krümmungen überwunden werden, wodurch viele Curven entstanden, deren kleinste in einem Radius von 48 Meter, andere mit Radius nicht unter 60 Meter angelegt wurden. Die grösste Steigung auf der Strecke beträgt 2,50 % = 1 : 40 auf rund 100 Meter.

Die Bahn hat viele Kunstbauten notwendig gemacht; da erscheint zuerst die Schutterbrücke mit einer Spannweite von 5,86 Meter, weiter die Kinzigbrücke auf 8 Holzpfeilern und mit Spannweiten von 8,20 bezw. 10 Meter, ferner die Flutbrücke bei Kehl auf 22 Holzpfeilern mit Spannweiten von 6 Meter, die kleineren Brücken über den Gieselbach, den Mühlbach, den Holchenbach, den Galgenbach, den Plauelgraben, den Achen, das Schwarzwasser, über die Schwarzach, die drei Brükken über den Krebsbach, die Brücke über den Mühlbach, die beiden Brücken über den Laufbach, die Brücken über den Dorfbach, den Sulzbach, ferner die beiden Brücken über den Sandbach, dann die Erweiterungen der grossen Renchbrücke und der gewölbten Brücke über den Hirschbach.

Hierzu treten noch 24 offene Durchlässe von 0,8 bis 4,72 Meter, 31 Bahndohlen und 46 Wegedohlen mit Cementrohr. Alle Uferpfeiler der Brücken sind in Sandstein ausgeführt.

Die sonst vorkommenden Pfeiler sind Rundhölzer von 350 mm Durchmesser im Mittel, welche etwa 5–6 Meter tief in das Flussbett hineingerammt worden sind. Auf diesen Holzpfeilern sind dann die gewalzten Normalprofilträger in I-Form oder die aus Blechplatten, Winkeleisen und Gurten zusammengesetzten Träger aufgelegt und durch Querträger und Windstreben miteinander verbunden. Auf diese Träger wurden dann Querschwellen befestigt, worauf wieder die Fahrschienen gelegt und befestigt wurden. Es ist dies ein so sicherer Bau, dass auch jede Gefahr ausgeschlossen erscheint. Überhaupt ist der Bau mit einer Sorgfalt eingerichtet und ausgeführt, die rühmenswert ist. Was den Bau selbst anbetrifft, so sind die Schienen in Stahl und die Querschwellen in Flusseisen ausgeführt, wogegen das sogenannte Kleineisenzeug aus gutem Schmiedeeisen besteht; das Gewicht der verbrauchten Hartwich'schen Stahlschienen beträgt 26 Kilogramm für den laufenden Meter, dasjenige der Querschwellen 16,545 Kilogramm, das Gesamtgewicht des Oberbaues beträgt im geraden Geleise 63,813 Kilogramm und in den Curven 68,714 Kilogramm für den laufenden Meter Geleise. Man ersieht auch aus diesen Angaben wieder, dass die Bahn mit besonderer Sorgfalt gebaut wurde.

Für die erste Betriebszeit wurde folgendes Rollmaterial beschafft: 4 Locomotiven, 6 Personenwagen II. und III. Classe je für 35 Personen, 4 Personenwagen III. Classe je für 40 Personen, 3 Post- und Gepäckwagen je zu 5000 Kilogramm Tragfähigkeit, 8 gedeckte Güterwagen je zu 7500 Kilogramm Tragfähigkeit, 6 Hochbordgüterwagen (offene) je zu 7500 Kilogramm Tragfähigkeit, 6 Niederbordgüterwagen (offene) je zu 7500 kg Tragfähigkeit. Von den letzteren sind zwei für den Langholztransport eingerichtet; ferner 3 Omnibusse, welche zur Herstellung von Verbindungen über die Rheinbrücke benutzt werden sollen. 3 Rollböcke zur Benutzung für den Transport von Normalspurwagen auf Schmalspur, 2 Bahnmeisterwagen und 1 Schneepflug americanischen Systems.

Die stattlichen und schmucken Locomotiven wurden von der Elsässischen Maschinenbau-Gesellschaft in Grafenstaden erbaut. Es sind Tendermaschinen mit innenliegenden Cylindern. Dieselben sind mit Vorrichtungen für die Dampfheizung der Personenwagen und mit einer Haspel für die Schmid'sche Schraubenradbremse versehen. Dadurch wird der Locomotivführer instand gesetzt, nicht nur seine Maschine, sondern den ganzen Zug mit einem Male, d. h. durch Ablassen einer Leine, zu bremsen. Ausserdem sind auch, um das lästige Kreischen der Räder in den Curven zu vermeiden, Radreifenspritzen an den verschiedenen Wagen angewendet. Die auf anderen Strekken der Strassburger Strassenbahn-Gesellschaft in Betrieb befindlichen Maschinen haben das gleiche Dienstgewicht wie die neuen Maschinen auf der Kehl–Bühler Strecke, aber nur 1085 Kilogramm Zugkraft. Die neuen Locomotiven haben aber infolge angebrachter Verbesserungen eine

Zugkraft von je 1525 Kilogramm. Bei den Personenwagen, welche, wie erwähnt, durch Dampf geheizt und durch ihre eigene lebendige Kraft gebremst werden können, ist durchweg auf grosse bequeme Sitze und Gänge Rücksicht genommen worden. Ferner haben die Personenwagen II. und III. Classe nicht, wie bei den Wagen auf den Strecken Strassburg–Markolsheim und Strassburg–Truchtersheim, einen Abteil II. Classe, sondern zwei, wovon einer für Raucher, der andere für Nichtraucher schön und mit Geschmack eingerichtet sind.

Die Güterwagen, die gedeckten wie die offenen, sind gegen die auf anderen Strecken im Gebrauch befindlichen so verstärkt worden, dass ihre Tragfähigkeit von 5000 Kilogramm auf 7500 Kilogramm erhöht werden dürfte. Im übrigen sind dieselben nach den üblichen Formen und Constructionen der Normalbahngüterwagen erbaut.

Wollen wir die Beschreibung des Planes des Bahnbaues und der Einrichtung schliessen, so darf nicht vergessen werden, zu erwähnen, dass die Vorarbeiten, die Aufnahme und Ausführung des Planes sowie die Bauleitung unter Oberaufsicht und Leitung des sehr verdienten Directors der Strassburger Strassenbahnen, Ingenieurs Noiriel, von dem Ingenieur Ad. Mikeler vorzüglich entworfen und ausgeführt wurden. — Die Arbeiten für den Unterbau der Bahn, die Hochbauten und das Legen des Oberbaues wurden seitens der Strassenbahn-Gesellschaft an den Unternehmer R. Cahn aus Benfeld übertragen.

Es liegt in der Absicht, das Endziel der Bahn weiterhin in das Gebirge zu verlegen. Unser Glückauf dazu!

Es soll nun noch kurz derjenigen Männer gedacht werden, welche durch ihr thatkräftiges und opferwilliges Vorgehen die Ausführung des Baues der Bahn durch die Ortenau betrieben und so förderten, dass trotz des ungünstigen, harten und lang andauernden Winters des Jahres 1891 der Bau rasch vollendet wurde. Es sind dies die Mitglieder des Verwaltungsrats der Strassburger Strassenbahn-Gesellschaft, namentlich aber dessen Vorsitzender, Banquier Leon Blum-Auscher, der Vicepräsident, Gemeinderat Rudolf Sengenwald und Freiherr Hugo Zorn von Bulach.

Als das Unternehmen der Strassenbahnen in Strassburg hervortrat, da war es Banquier Blum-Auscher, der nicht allein zur Beteiligung eingeladen wurde, sondern der das Unternehmen, das recht klein begann, durch sein unausgesetztes tüchtiges Eingreifen auf die Höhe brachte, auf welcher es sich jetzt (1891) befindet. Gerade dieses Unternehmen hatte mit vielen Schwierigkeiten zu kämpfer, aber er trat allen mit energischem Willen entgegen, und ihm ist es zu verdanken, dass alle Hindernisse glänzend überwunden wurden. Andere Menschen gönnen sich in ihrer Ferienzeit Ruhe, Blum-Auscher benutzte seine Ferien zum Studium der Verhältnisse der Strassenbahnen in Frankreich, Italien, Holland, Belgien und Deutschland, und wo er nur eine Verbesserung, die dem öffentlichen Verkehr nützen konnte, ausfindig machte, da ruhte er nicht eher, bis sie hier nutzbar gemacht worden war. Die vielen Verbesserungen, die sich im Gegensatz zu den Einrichtungen auf den Strecken Strassburg –Markolsheim und Strassburg–Truchtersheim auf der neuen Strecke Kehl–Bühl zeigen, sie sind das Ergebnis dieses eifrigen Studiums des Präsidenten des Verwaltungsrats der Strassburger Strassenbahnen, des Banquiers Blum-Auscher.

Das Elsässer Land hat dem Freiherrn Hugo Zorn von Bulach viel Gutes zu verdanken. Das Hanauer Ländel, in dem er auch begütert ist, verdankt seiner erspriesslichen Thätigkeit mit die Erbauung der Kehl–Bühler Bahn.

Von den übrigen Mitgliedern des Verwaltungsrates der Strassburger Strassenbahngesellschaft nahm noch der Director der Boden- und Communalcreditbank, Reichstagsabgeordneter Dr. North, regen Anteil. Die übrigen Beteiligten, Banquier Valentin und der Vicepräsident der Handelskammer, Gemeinderat Schaller, wurden erst im Laufe des Jahres 1891 als Mitglieder des Verwaltungsrates gewählt. Sie werden für die Folge für das Gedeihen der Bahn mit thätig sein. Am 16. December wurde die Deputation, welche dem Grossherzog die Einladung zur Einweihung der Bahn überbringen sollte, von Hochdemselben im Schlosse in Karlsruhe in Audienz empfangen. Die Abordnung bestand aus Oberamtmann Teubner von Kehl, den Präsidenten der Strassburger Strassenbahn-Gesellschaft, Herren Blum-Auscher und Sengenwald, sowie den vier Bürgermeistern: Schneider von Stadt Kehl, Hauss von Freistett, Lauppe von Lichtenau und Fraass von Bühl. Der Grossherzog nahm die Einladung freundlichst an und sagte sein Erscheinen auf Montag den 4. Januar zu, an welchem Tage demnach, wenn keine Hindernisse eintreten, die Eröffnung der Bahn stattfinden wird.

Einem jeden vollendeten Unternehmen werden Segenssprüche zuteil, und die Bahn Kehl–Lichtenau–Bühl wird solcher Segenssprüche bei der bevorstehenden Einweihung nicht entbehren. Möge auch mein auf die grosse Bedeutung der Bahn hinweisender Segensspruch darunter ein bescheidenes Plätzchen finden. Er lautet:

Salus publica suprema lex esto!»

(Entnommen aus: «Wanderungen durch das Hanauerland», A. Klatte, Strassburg, 1892)

Die Fahrzeuge der Lahrer Strassenbahn, später Lahrer Eisenbahn-Gesellschaft (LSB/LEG)

Dampflokomotiven

Betriebs-Nr.	Gattung	Bauart	Fabrik-Nr.	Baujahr	Lieferfirma	Höchstgeschwindigkeit
1	Tenderlokomotive	B-n2-T		1894	Maschinenbau-Ges. Karlsruhe	30 km/h
2	Tenderlokomotive	B-n2-T		1894	Maschinenbau-Ges. Karlsruhe	30 km/h
3	Tenderlokomotive	B-n2-T		1894	Maschinenbau-Ges. Karlsruhe	30 km/h
4	Tenderlokomotive	B-n2-T		1895	Maschinenbau-Ges. Karlsruhe	30 km/h
5	Tenderlokomotive	B-n2-T	4900	1900	Elsässische Maschinenbau-	40 km/h
6	Tenderlokomotive	B-n2-T	5097	1901	Gesellschaft in Grafenstaden	40 km/h

Technische Daten zu den Dampflokomotiven

Lokomotiven Nr. 1–4 (Daten für alle vier Maschinen identisch)

Länge über Puffer	5700 mm	Rostfläche	0,50 m²
Gesamte Breite	2200 mm	Heizfläche total	24,10 m²
Gesamte Höhe	3500 mm	Wasservorrat	1600 l
Radstand	1600 mm	Kohlenvorrat	400 kg
Raddurchmesser	880 mm	Leergewicht	11 000 kg
Dampfdruck	12 Atm.	Dienstgewicht	13 000 kg

Die Lokomotiven besitzen aussenliegende Steuerung und Innenrahmen. Signaleinrichtung: Dampfpfeife und Läutewerk. Beleuchtung: Petroleum. Bremsen: Hand- (Wurfhebel) und Druckluftbremse (1916 eingebaut, vorher Luftsaugbremse). Achsfolge B.

Lokomotive Nr. 1 verkauft 1900. **Lokomotive Nr. 2** Verbleib unbekannt, nicht von der MEG übernommen.

Lokomotive Nr. 3 verkauft 1901. **Lokomotive Nr. 4** Verbleib unbekannt, nicht von der MEG übernommen.

Lokomotiven Nr. 5–6

Diese Maschinen sind im Typenskizzenbuch, Archiv Nr. 13 (Beilage), beschrieben. Da sie mit den SSB-Lokomotiven Nr. 50–51 weitgehend identisch sind, erübrigt sich eine separate Darstellung. Achsfolge B.

Personen-, Post- und Packwagen, Bahnmeisterwagen

Betriebs-Nr.	Gattung		Baujahr	Lieferfirma
1	Personenwagen 3. Kl.	36 Sitzplätze	1894	Van der Zypen & Charlier, Köln-Deutz
2	Personenwagen 3. Kl.	36 Sitzplätze	1894	Van der Zypen & Charlier, Köln-Deutz
3	Personenwagen 3. Kl.	36 Sitzplätze	1894	Van der Zypen & Charlier, Köln-Deutz
4	Personenwagen 3. Kl.	36 Sitzplätze	1894	Van der Zypen & Charlier, Köln-Deutz
5	Personenwagen 3. Kl.	24 S./2. Kl. 12 S.	1894	Van der Zypen & Charlier, Köln-Deutz
6	Personenwagen 3. Kl.	24 S./2. Kl. 12 S.	1894	Van der Zypen & Charlier, Köln-Deutz
7	Personenwagen 2. Kl.	24 Sitzplätze	1898	Van der Zypen & Charlier, Köln-Deutz

Anmerkung: Die Wagen **Nr. 1–6** waren vierachsig, Wagen **Nr. 7** zweiachsig.

		Ladegewicht		
16	Packwagen mit Postabteil	10 000 kg	1894	Waggonfabrik AG, Rastatt
17	Packwagen mit Postabteil	10 000 kg	1894	Waggonfabrik AG, Rastatt

Anmerkung: Alle Wagen waren zweiachsig.

1	Bahnmeisterwagen	5000 kg	1894	Schmieder & Mayer, Karlsruhe
2	Bahnmeisterwagen	5000 kg	1894	Schmieder & Mayer, Karlsruhe

Anmerkung: Alle Fahrzeuge waren zweiachsig.

Güterwagen

Betriebs-Nr.	Gattung	Lade-gewicht	Liefer-jahr	Lieferfirma
21	Niederbordwagen mit Bremse	10 000 kg	1894	Waggonfabrik AG, Rastatt Schmieder & Mayer, Karlsruhe Both & Tillmann, Dortmund (Es war nicht mehr feststellbar, welche Wagen die drei Firmen jeweils geliefert haben)
22	Niederbordwagen mit Bremse	10 000 kg	1894	
23	Niederbordwagen mit Bremse	10 000 kg	1894	
24	Niederbordwagen mit Bremse	10 000 kg	1894	
25	Niederbordwagen mit Bremse	10 500 kg	1899	
26	Niederbordwagen mit Bremse	10 500 kg	1899	
27	Niederbordwagen mit Bremse	10 500 kg	1899	
28	Niederbordwagen mit Bremse	10 500 kg	1899	
29	Niederbordwagen mit Bremse	10 500 kg	1899	
31	Hochbordwagen mit Bremse	10 000 kg	1894	
32	Hochbordwagen ohne Bremse	10 000 kg	1894	
41	Schemelwagen ohne Bremse (auch als Niederbordw. verwendbar)	10 000 kg	1894	
42	Schemelwagen ohne Bremse (auch als Niederbordw. verwendbar)	10 000 kg	1894	
43	Schemelwagen ohne Bremse (auch als Niederbordw. verwendbar)	10 000 kg	1894	
44	Schemelwagen ohne Bremse (auch als Niederbordw. verwendbar)	10 000 kg	1894	
65	Niederbordwagen ohne Bremse	7 500 kg	1895	
51	Gedeckter Güterwagen mit Bremse	5 000 kg	1894	
52	Gedeckter Güterwagen mit Bremse	5 000 kg	1894	
53	Gedeckter Güterwagen ohne Bremse	5 000 kg	1894	
54	Gedeckter Güterwagen ohne Bremse	5 000 kg	1894	
55	Gedeckter Güterwagen ohne Bremse	10 000 kg	1895	
56	Gedeckter Güterwagen mit Bremse	10 000 kg	1895	
57	Gedeckter Güterwagen ohne Bremse	10 000 kg	1895	
58	Gedeckter Güterwagen mit Bremse	10 000 kg	1895	
71	Niederbordwagen ohne Bremse (speziell für Steintransport)	5 000 kg	1903	Kontinentale Eisenbahnbau- und Betriebsgesellschaft, Berlin
72	Niederbordwagen ohne Bremse (speziell für Steintransport)	5 000 kg	1903	
73	Niederbordwagen ohne Bremse (speziell für Steintransport)	5 000 kg	1903	
74	Niederbordwagen ohne Bremse (speziell für Steintransport)	5 000 kg	1903	
75	Niederbordwagen ohne Bremse (speziell für Steintransport)	5 000 kg	1903	
76	Niederbordwagen ohne Bremse (speziell für Steintransport)	5 000 kg	1903	
77	Niederbordwagen ohne Bremse (speziell für Steintransport)	5 000 kg	1903	
78	Niederbordwagen ohne Bremse (speziell für Steintransport)	5 000 kg	1903	
79	Niederbordwagen ohne Bremse (speziell für Steintransport)	5 000 kg	1903	
80	Niederbordwagen ohne Bremse (speziell für Steintransport)	5 000 kg	1903	
81	Niederbordwagen ohne Bremse (speziell für Steintransport)	5 000 kg	1903	
82	Niederbordwagen ohne Bremse (speziell für Steintransport)	5 000 kg	1903	

(Alle Fahrzeuge zweiachsig)

Die Farbpalette

Lahrer Strassenbahn-Gesellschaft / Lahrer Eisenbahn-Gesellschaft

Die **Dampflokomotiven Nr. 1–4** (Karlsruhe) waren völlig schwarz gestrichen, das Fahrwerk und die Räder in Rot gehalten. **Bei den Dampflokomotiven Nr. 5 und 6** (Grafenstaden) waren dagegen Führerhaus und Wasserkästen dunkelgrün, der Kessel schwarz, Räder und Fahrwerk ebenfalls rot. Die **Packwagen** waren dunkelgrün gestrichen. Die **Personenwagen** hatten in den ersten Jahren einen hellen Anstrich mit dunkel abgesetzten Zierleisten. Dieser empfindliche Anstrich verschwand jedoch bald zugunsten eines grünen Anstrichs. Alle **Güterwagen** präsentierten sich in grauer Farbe.

Strassburger Strassenbahn-Gesellschaft

Die **Dampflokomotiven Nr. 41–51** (Grafenstaden) hatten einen schwarzen Kessel, während Führerhaus und Wasserkästen dunkelgrün gestrichen waren, Rahmen und Räder rot. **Personen- und Packwagen** mit dunkelgrünem Anstrich. Alle **Güterwagen** waren grau.

Mittelbadische Eisenbahnen AG

Bei Übernahme durch die MEG wurde farblich nichts geändert, auch die später beschafften **Dampflokomotiven Nr. 52 und 53** (Borsig), die **Motorlokomotive Nr. 61** (Karlsruhe) sowie die **Dampflokomotiven Nr. 54 und 55** (Kraus-Maffei) wiesen die gleiche Farbgebung auf wie die Grafenstadener Maschinen. Natürlich dunkelte die grüne Farbe im rauhen Alltagsbetrieb rasch, so dass die Lokomotiven schon nach kurzer Zeit völlig schwarz wirkten. Auch die unter der Leitung der MEG beschafften **Personenwagen** erhielten den gleichen grünen Anstrich, ebenso die **Güterwagen** den grauen. Alle ab 1934 beschafften **Triebwagen** präsentierten sich im schmucken, zweifarbigen Kleid: bis zur Fensterunterkante dunkelblau, Fensterpartie cremefarbig und als Abschluss über der Fensteroberkante wieder ein dunkelblauer Streifen. **Personenwagen,** die als **Triebwagenanhänger** verwendet wurden, erhielten den gleichen Anstrich, ebenso die kleinen **Packwagen Nr. 11–16.**

Mitte der sechziger Jahre begann man alle für den Betrieb noch benötigten Fahrzeuge neu zu streichen: **Triebwagen und Personenwagen** erhielten einen roten Anstrich, die **Diesellokomotiven V 22 01** und **V 29 01** besassen diesen Anstrich bereits ab Werk, und die **Güterwagen** wurden mit einem rostbraunen Anstrich versehen. Auch die verstärkten sowie die neu beschafften **Rollwagen** erhielten eine rote Farbgebung. Die noch vorhandenen älteren **Rollwagen** behielten ihren grauen Farbanstrich.

Schienenfahrzeugbestand der Mittelbadische Eisenbahnen AG (Stammbahn)

Jahr	1928	1939	1953	1957	1962	*) 1970
Dampflokomotiven	15	13	9	6	2	—
Motor-/Diesellokomotiven	1	1	—	1	1	2
Dieseltriebwagen	—	9	8	9	8	2
Personenwagen	28	26	25	25	20	—
Packwagen	10	10	10	10	3	2
Güterwagen	157	126	52	31	22	8
Rollwagen Schmalspur	7	32	31	34	34	36
Rollwagen Normalspur	5	11	—	—	—	—
Güterwagen Normalspur	2	2	—	—	—	—
Spezialwagen	5	5	5	5	3	2

*) Nach der Betriebseinstellung des Personenverkehrs vom **30. September 1970.**

MEG-Fahrzeugbestand für den Personenverkehr am 1. Januar 1961 (Stammbahn)

Triebwagen (zweiachsig)

MEG-Nr.	Gattung	Anzahl der Sitz- Plätze	Steh- Plätze	Inbetrieb-nahme	Baufirma / Frühere Bahnen
T 3	VT	33	27	1934	Orenstein & Koppel/Gotha
T 4	VT	33	27	1935	Orenstein & Koppel/Gotha
T 5	VT	33	27	1935	Orenstein & Koppel/Gotha
T 6	VT	33	27	1936	Orenstein & Koppel/Gotha
T 7	VT	33	27	1939	Orenstein & Koppel/Gotha
T 8	VT	33	27	1941	Orenstein & Koppel/Gotha

Triebwagen (vierachsig)

MEG-Nr.	Gattung	Sitz-	Steh-	Inbetriebnahme	Baufirma / Frühere Bahnen
T12	VT	51	29	1938	Wismar
T13	VT	51	29	1941	Wismar
T14	VT	49	31	1955	Fuchs, Heidelberg

Personenwagen

MEG-Nr.	Gattung	Sitz-	Steh-	Inbetriebnahme	Baufirma / Frühere Bahnen
3	B4i	32	10	1894	ex LSB/LEG Nr. 3, Van der Zypen & Charlier, Umbau 1935/36 MEG, Kehl
5	B4i	32	10	1894	ex SSB/MEG Nr. 273/272 00m/Louvain/Belg., Umbau 1942 MEG, Kehl
6	B4i	32	10	1894	ex SSB/MEG Nr. 273/272 00m/Louvain/Belg., Umbau 1942 MEG, Kehl
8	B4i	50	22	1936	ex T 11 – O & K/Dessau/Gotha, Umbau 1942/43 MEG, Kehl
27	Bi	33	27	1934	ex T 1 – O & K/Dessau/Gotha, Umbau 1942/43 MEG, Kehl
44	Bi	40	16	1909	Strassburger Strassenbahn, Werkstatt Strassburg
45	Bi	40	16	1909	Strassburger Strassenbahn, Werkstatt Strassburg
46	Bi	40	16	1909	Strassburger Strassenbahn, Werkstatt Strassburg
54	Bi	40	16	1914	Strassburger Strassenbahn, Werkstatt Strassburg
56	Bi	40	16	1914	Strassburger Strassenbahn, Werkstatt Strassburg
57	Bi	40	16	1909	ex Nr. 47 – Strassburger Strassenbahn, Werkstatt Strassburg
59	Bi	36	16	1914	ex Nr. 89 – Strassburger Strassenbahn, Werkstatt Strassburg
64	B4i	46	16	1894	ex LSB/LEG Nr. 5, Van der Zypen & Charlier, Umbau 1935 MEG, Kehl
85	B4i	48	12	1922	ex MEG Nr. 161 GGm, Umbau 1943 MEG, Kehl

Personenwagen

MEG-Nr.	Gattung	Sitz-	Steh-	Inbetriebnahme	Baufirma / Frühere Bahnen
90	B4i	48	16	1927/28	Heine & Holländer
91	B4i	48	16	1927/28	Heine & Holländer
92	B4i	44	16	1927/28	Heine & Holländer
93	B4i	44	16	1927/28	Heine & Holländer
94	B4i	44	16	1927/28	Heine & Holländer
95	B4i	48	16	1927/28	Heine & Holländer

Dampflokomotiven

MEG-Nr.	Gattung	Sitz-	Steh-	Inbetriebnahme	Baufirma / Frühere Bahnen
46	Gt			1898	Grafenstaden, ex Nr. 46 SSB
101	Gt			1948	Kraus-Maffei, ex Nr. 101 OEG

Diesellokomotiven

MEG-Nr.	Gattung	Sitz-	Steh-	Inbetriebnahme	Baufirma / Frühere Bahnen
22 01	V			1957	Gmeinder, Mosbach

Signal- und Fernmeldeeinrichtungen

Signale

Wie wir der Streckenbeschreibung entnehmen können, sind lediglich die Einfahrten des Bf. Altenheim mit Hauptsignalen (Hp 0/Hp 1) abgesichert, welche vom Bf. Altenheim aus mittels Kabelzug fernbedient werden. Vorsignale (Vr) sind nirgends vorhanden.

Bei der früheren Lahrer Strassenbahn war die niveaugleiche Kreuzung mit der Staatsbahn auch durch Hauptsignale abgesichert, die jedoch nach Streckenverlegung und Brückenbau nicht mehr nötig waren.

Alle anderen Bahnhöfe und Haltestellen sind mit Trapeztafeln (Ne 1) abgesichert.

Bedingt durch die zahlreichen, ungesicherten Wegübergänge sind folgende Signale häufig vorhanden:

Pfeiftafel (Lp 1), Läutetafel (Lp 2), Läute- und Pfeiftafel (Lp 3), Durchläutebeginntafel (Lp 4) und Durchläuteendtafel (Lp 5).

Schranken und blinklichtgesicherte Wegübergänge

Nur der oben genannte Übergang der Lahrer Strassenbahn in Dinglingen war zusätzlich mit Schranken abgesichert, die aber nach dem erwähnten Brückenbau entfernt wurden. Auch in Kehl soll bei der niveaugleichen Kreuzung der Anschlusstrecke zum Hafen mit der Staatsbahn bis 1944 eine Schrankenanlage bestanden haben. Beide Anlagen dienten aber in erster Linie der Sicherung des Strassenverkehrs. Kurz nach dem Zweiten Weltkrieg befand sich beim Flugplatz Lahr für einige Jahre eine kuriose Schrankenanlage: Die damals noch weiter südlich gelegene Rollbahn des Flugplatzes kreuzte rechtwinklig die Strasse Lahr–Ottenheim und somit auch das MEG-Streckengleis. Bei Starts oder Landungen von Flugzeugen wurden die Schranken neben der Rollbahn über die Strasse und die MEG-Strecke heruntergelassen, ausserdem trat eine Blinklichtanlage in Tätigkeit. Der Strassen- und MEG-Zugverkehr musste solange vor den Schranken warten! Noch heute kann man anhand der grossen Betonplatten auf der Strasse die Kreuzungsstelle mit der Rollbahn sehen; ebenso noch das in die Betonplatten eingelassene MEG-Streckengleis.

Durch die rapide Zunahme des Strassenverkehrs sicherte man wichtige Übergänge nach 1950 mit Blinklichtanlagen. Bei Bühl wurde eine solche Anlage zusätzlich mit Halbschranken ergänzt. Bei den durch Blinklicht gesicherten Strassenübergängen finden wir folgende Signale: Rautentafel (Ne 11), Blinklicht-Überwachungssignal (Ne 10a/Ne 10b).

Signale an Zügen

Bei Triebfahrzeugen wird zur Nachtzeit das übliche Dreilicht-Spitzensignal (Zg 1) gesetzt. Als Zugschlussignal wird das vereinfachte Schlussignal (Zg 4) geführt:

Bei Tag: In Pufferhöhe eine runde rote Scheibe mit weissem Rand.

Bei Nacht: Ein rotes Licht.

Sicherung der Weichenanlagen

Auf der ganzen Strecke sind nur handbetätigte Weichen eingebaut. Weichensignale (Weichenlaternen) fehlen. Im Bereich der Städte Lahr, Kehl, Offenburg, Rastatt usw., wo Rillenschienen im Strassenbelag liegen, sind die Weichenantriebe zwischen den Schienen versenkt angebracht. Diese werden wie beim Strassenbahnbetrieb mittels einer einsteckbaren Stange umgestellt. Die meisten Weichen, besonders diejenigen im Hauptdurchfahrgleis, sind mittels Schloss gesichert. Im Führerstand jedes Triebfahrzeuges befindet sich an einer Tafel der entsprechende Schlüsselsatz. Nach einer Rangierfahrt kann der Schlüssel im Weichenschloss erst wieder abgezogen werden, wenn sich die Weiche wieder in der vorgesehenen Grundstellung befindet. Ladegleise sind zusätzlich mit einer verschliessbaren Gleissperre gesichert.

Fernmeldeeinrichtungen

Jeder Bahnhof ist an die bahneigene Fernsprechleitung angeschlossen. Die Züge wurden dann telefonisch jeweils bis zum nächsten Bahnhof weitergemeldet.

Seit 1968 sind alle Triebfahrzeuge mit UKW-Sprechfunk ausgestattet und stehen ständig mit der Zentrale im Bahnhof Schwarzach in Verbindung. Diese erteilt dann auf Anfrage die Weiterfahrgenehmigung an das entsprechende Fahrzeug.

Charakteristische Auszüge aus der Sammlung betrieblicher Vorschriften (SbV) und Bahnhofsbüchern der MITTELBADISCHE EISENBAHNEN AG (Stammbahn) vom 28. Mai 1961, mit Nachtrag vom 15. Mai 1962

I. Zusatzbestimmungen zu den vereinfachten Fahrdienstvorschriften (vFV) und zur Betriebsvorschrift für den Zugleitdienst (BZD)

Teil A

1. Abschnitt (Allgemeines)

Zu § 2 (4) Für den Eisenbahndienst gilt nur die Bahnzeit. Die genaue Uhrzeit ist täglich zwischen 8 und 9 Uhr vom Bahnhof Bühl Nb beim Übergangsbahnhof zu erfragen und an die besetzten Bahnhöfe weiterzugeben.
Die Agenturen haben täglich die Uhrzeit beim nächstgelegenen Bahnhof zu erfragen.

Zu § 3 Z (3) Zugleitbahnhof für die Strecken Kehl Turnhalle–Schwarzach–Bühl Nb und Schwarzach–Rastatt ME ist Bahnhof Schwarzach.

Zuglaufstellen sind

a) mit Betriebsbediensteten besetzt die Bahnhöfe Rheinbischofsheim, Freistett, Lichtenau/Ulm, Bühl NB, Rastatt Übergabebf. und Rastatt ME,

b) nicht mit Betriebsbediensteten besetzt die Bahnhöfe Kehl Turnhalle, Auenheim, Leutesheim, Honau, Diersheim, Memprechtshofen, Helmlingen-Muckenschopf, Scherzheim, Moos, Balzhofen, Vimbuch, Stollhofen, Söllingen, Hügelsheim und Iffezheim.

2. Abschnitt (Fahrdienst auf den Betriebsstellen)

Zu § 7 (1) Der Dienststellenvorsteher hat wöchentlich mindestens einmal den Bahnhofsbereich zu begehen. Die Sicherungseinrichtungen, wie Signale, Handverschlüsse der Weichen und Gleissperren im Bahnhofsbereich, sind einmal monatlich auf ihren betriebssicheren Zustand zu überprüfen.

Zu § 11 (5) Bei Störungen des Bahndienstfernsprechers ist der nächste Postfernsprecher zu benutzen.

Zu § 12 Z bis 16 Z (6) Die Abfahrt- oder Durchfahrtmeldung darf erst dann gegeben werden, wenn der ab- oder durchgefahrene Zug mit Zugschluss an dem Signal Ne 1 (Trapeztafel) der Gegenrichtung vorbeigefahren ist.

Zu § 21 (2) Die Grundstellung der Weichen ist im Bahnhofsbuch (Teil C) bekanntgegeben.
Eine Weiche ist in Grundstellung, wenn die weisse Halbkreisfläche des Gegengewichtes nach oben zeigt. Die Grundstellung einer Gleissperre ist die Sperrlage.

Zu § 21 (8) Die Schlüssel zu den Weichenverschlüssen und Gleissperren der besetzten Bahnhöfe Rastatt Übergabe und Rastatt ME befinden sich auf den Triebfahrzeugen.

Zu § 21 (8 Z) Jedes Triebfahrzeug ist mit einem Schlüsselsatz für die Weichenverschlüsse und die Gleissperren für die in § 21 (8) genannten Bahnhöfe und die nicht mit Betriebsbediensteten besetzten Betriebsstellen ausgerüstet.

Zu § 23 (1) Die richtige Lage der mit Handverschluss versehenen Weichen und Gleissperren wird durch das Vorhandensein der Schlüssel am Schlüsselbrett festgestellt. Bei den nicht verschlossenen Weichen ist durch Inaugenscheinnahme zu prüfen, ob sie für den betreffenden Fahrweg richtig liegen. In beiden Fällen ist vorher festzustellen, ob der Fahrweg frei ist.

Zu § 24 (1) und (7) Alle Züge aus Richtung Scherzheim haben auf Hp Lichtenau Süd zum Einschalten der Blinklichtanlage zu halten.
Für sämtliche Züge in Richtung Schwarzach ist auf Bahnhof Stollhofen Halt vorgeschrieben.
Bei Zugkreuzungen auf Bahnhof Stollhofen hat der aus Richtung Schwarzach kommende Zug stets als erster einzufahren.

Zu § 24 (4) Züge, die nicht der Beförderung von Reisenden dienen, dürfen bis zu 60 Minuten vor Plan verkehren.

Zu § 35 (1 Z) Zugkreuzungen sind auf allen Bahnhöfen mit Ausnahme von Oberbruch zugelassen. Das Signal Zp 11 (Kommen) zum Hereinrufen der vor der Trapeztafel haltenden Züge wird durch einen langen, einen kurzen und einen langen Ton (— - —) mit der Pfeife des zuerst eingefahrenen Triebfahrzeuges gegeben. Dieses Signal ist durch waagrechte Bewegungen des Armes hin und her, bei Dunkelheit oder unsichtigem Wetter mit der Handlaterne zu ergänzen.
Die Einfahrgeschwindigkeit darf 15 km/h nicht überschreiten.

3. Abschnitt (Zugfahrdienst)

Zu § 38 (1 b) In geschlossenen Ortschaften, wo der Bahnkörper im Verkehrsraum (Längsrichtung) einer Strasse liegt, muss mit dem Auftreten von Hindernissen gerechnet werden. Die grösste zulässige Geschwindigkeit beträgt bei Bespannung mit

a) Dieseltriebfahrzeugen 20 km/h b) Dampflokomotiven 15 km/h

Zu § 38 (2) Die zulässige Geschwindigkeit beträgt für:
Reisezüge ohne/mit Rollwagen 50/40 km/h Güterzüge ohne/mit Rollwagen 40/30 km/h
Bei Beförderung von schweren Kesselwagen 15 km/h

Zu § 38 (4) Die zulässige Geschwindigkeit durch den gekrümmten Zweig einer Weiche (Ablenkung) beträgt 15 km/h.

Zu § 39 (4) Die Sicherheitsfahrschaltung der Triebfahrzeuge ist bei Dienstantritt auf ihre Wirksamkeit durch den Triebfahrzeugführer zu prüfen. Die Prüfung ist im Fahrbericht durch den Vermerk: «Sifa i. O., Name des Triebfahrzeugführers» unter Bemerkungen zu bestätigen.

Zu § 43 (4) Die Wagen sind monatlich einmal durch die Betriebswerkstatt Schwarzach zu schmieren. Der Tag der Schmierung ist auf der rechten Seite der Längsträger mit Kreide anzuschreiben.

Zu § 43 (5) In der Zeit vom 1. 9. bis 31. 5. hat die Heizung der Reisezugwagen betriebsfähig zu sein.
Die Heizeinrichtungen sind durch die dazu bestimmten Bediensteten zu bedienen.

Zu § 49 (8) und (9) Bei einzelfahrenden Triebwagen ohne Zugbegleiter darf auf unbesetzten Betriebsstellen erst abgefahren werden, wenn sich der Triebwagenführer davon überzeugt hat, dass das Aus- und Einsteigen beendet ist.

Zu § 57 (1) bis (10) Ein Zug darf höchstens zwei Triebfahrzeuge an der Spitze führen. Bei Verwendung von Dampflokomotiven und Dieseltriebfahrzeugen muss das Dieseltriebfahrzeug an der Spitze laufen. Das vordere Triebfahrzeug ist das führende. Sein Führer trägt für das Geben der Signale und die Beobachtung der Strecke und ihrer Signale die Hauptverantwortung. Er hat vor dem Anfahren das Achtung-Signal (Zp 1) zu geben. Der Führer des zweiten Triebfahrzeuges hat auf die Signale und Mitteilungen des Führers des vorderen Triebfahrzeuges zu achten und ausserdem vorzugsweise den Zug zu beobachten. Zur Beobachtung der Strecke und ihrer Signale ist er ebenfalls verpflichtet. Ist unterwegs zu rangieren, so ist das vordere Triebfahrzeug in der Regel abzuhängen. Den Auftrag hierzu erteilt der Rangierleiter.

Zu § 59 (1) bis (16) Von der Spitze aus gesteuerte Züge dürfen auf allen Strecken nachgeschoben werden. Für das Nachschieben gelten folgende Bestimmungen:

1. Nachgeschobene Züge dürfen mit höchstens 40 km/h fahren.

2. Züge, in denen Fahrzeuge laufen, die durch die Ladung oder durch Steifkupplung miteinander verbunden sind, dürfen nicht nachgeschoben werden.

3. Das nachschiebende Triebfahrzeug hat sich vor der Abfahrt an den Zug zu setzen. Es ist, ausser zum Nachschieben beim Anfahren, mit dem Zug zu kuppeln und an die durchgehende Bremse anzuschliessen. Dann gibt dessen Führer zum Zeichen, dass er zum Schieben bereit ist, das Achtungs-Signal (Zp 1). Auf den Abfahrauftrag gibt der Führer an der Spitze gleichfalls das Achtungs-Signal (Zp 1), das der Führer des nachschiebenden Triebfahrzeuges beantwortet, wenn er zu schieben beginnt.

4. Der Führer des ersten Triebfahrzeuges hat zur Verständigung des Führers des schiebenden Triebfahrzeuges das Achtungssignal (Zp 1) zu geben, bevor er die Druckluftbremse in Tätigkeit setzt.

5. Ein nachschiebendes Triebfahrzeug, das sich ohne Absicht vom Zug getrennt hat, darf sich erst wieder ansetzen, wenn der Zug zum Stehen gekommen ist.

6. Dem nachschiebenden Triebfahrzeug dürfen bis zu 12 Achsen, aber nicht mehr als 3 Wagen angehängt werden. Der letzte Wagen muss eine wirkende Bremse haben.

7. Solange nachgeschoben wird, muss das Zugpersonal mit grösster Aufmerksamkeit auf den Lauf des Zuges und auf Signale achten, die etwa von der Strecke oder vom Zug aus gegeben werden.

5. Abschnitt (Rangierdienst)

Zu § 78 (2) Auf sämtlichen Betriebsstellen ist der Zugführer Rangierleiter.

Zu § 84 (2) Bei Triebwagen ist stets der in Fahrrichtung vordere Führerstand zu besetzen. Hiervon kann bei Rückwärtsbewegungen abgewichen werden, wenn die Fahrbahn durch den Rangierleiter gesichert wird und dessen Signale vom Triebwagenführer klar aufgenommen werden können.

Zu § 84 (6) Vor dem Befahren der Bahnübergänge ohne technische Sicherung innerhalb der Bahnhöfe durch Rangierabteilungen oder einzeln fahrende Triebfahrzeuge hat der Rangierleiter einen Bediensteten zu bestimmen, der sich gut sichtbar auf dem Übergang aufzustellen und den Strassenverkehr durch Zuruf- und Haltezeichen zu warnen hat. Ist ein weiterer Bediensteter nicht vorhanden, hat er diese Aufgabe selbst wahrzunehmen. Das Haltezeichen ist durch Hochheben der rot-weissen Flagge (Achtung) und anschliessend seitliches Ausstrecken der Flagge quer zur Verkehrsrichtung (Halt) zu geben. Bei Dunkelheit oder Nebel ist eine rot leuchtende Laterne zu verwenden, die von oben nach der Seite zu schwenken ist. Der Rangierleiter überwacht diese Anordnung.

Zu § 84 (14) Das Ziehen von Eisenbahnfahrzeugen durch Kraftfahrzeuge ist gestattet. Es darf jeweils nur ein Wagen mit höchstens 5 km/h im Ladegleis unter Leitung eines Rangierleiters **gezogen** werden. Der Rangierleiter verständigt vorher alle Beteiligten über die zu beachtenden Verhaltensmassregeln. Zum Ziehen durch den Kraftwagen ist am Güterwagen ein mindestens 5 m langes Drahtseil oder dergl. möglichst am hinteren Ende oder an der Langseite so zu befestigen, dass es sich im entspannten Zustand leicht lösen lässt und der Wagen nicht beschädigt wird.
Der Rangierleiter muss den Kraftwagenführer anweisen, möglichst Abstand zu halten. Zwischen Kraftwagen und Güterwagen darf sich während der Bewegung **niemand** aufhalten.

Zu § 84 (15) Bei dem Auf- und Abziehen von regelspurigen Güterwagen auf und von Rollwagen, sowie bei den übrigen Rangierarbeiten einfacher Art im Bahnhof Rastatt Übergabe wird die einmännige Besetzung der Dampflokomotive zugelassen.

Zu § 84 (24 Z) Das Auf- und Abziehen regelspuriger Wagen auf und von Rollwagen an der Übergaberampe in Rastatt Übergabe erfolgt durch die Lokomotive mit Seilzug. Das Seilende mit dem Zughaken ist an der am Regelspurwagen befindlichen Öse, der am anderen Ende des Seiles befindliche Ring in den Kupplungshaken an der Lokomotive einzuhängen. Zughaken und Ring müssen so eingehängt werden, dass sie nicht ausspringen. Hierbei dürfen bis zu 400 t auf einmal bewegt werden. Der Aufenthalt in der Nähe des gespannten Zugseiles ist **verboten.**
Das Zugseil ist auf seine Brauchbarkeit durch den Aufsichtsbediensteten des Bahnhofs Rastatt Übergabe zu überwachen.

Zu § 85 (7) Hemmschuhe dürfen nicht vor anliegenden Weichenzungen, vor Herzstücken und nicht unmittelbar vor Schienenstössen aufgelegt werden. In gekrümmten Gleisen sind die Hemmschuhe auf den inneren Strang zu legen.

6. Abschnitt (Bilden der Züge)

Zu § 87 (1) Die Güterzüge zwischen Bühl Nb–Auenheim und zurück sind mit einem vierachsigen Triebwagen zu bespannen.
Das Gesamtgewicht der Schlepplast darf 80 t nicht überschreiten. Für die Beförderung von mehr als 80 t Last zwischen Schwarzach–Lichtenau-Ulm ist die Diesellok einzusetzen, in allen übrigen Fällen die Dampflok.

Zu § 87 (10) Zwischen einer Dampflokomotive und Wagen mit leicht feuerfangender Ladung müssen sich mindestens 6 Achsen befinden. Sofern bei dem Zug diese Achszahl nicht erreicht ist, läuft der Wagen als Schlusswagen, wenn an ihm das Schlussignal angebracht werden kann oder darf. Andernfalls ist er als vorletzter Wagen in den Zug einzureihen.

Zu § 88 (1) In Reisezüge dürfen Rollwagen mit vollen oder leeren Kesselwagen **nicht** eingestellt werden.

II. Zusatzbestimmungen zum Signalbuch (SB)

Zu Zg 1 Spitzensignal
Auf- und abblendbare Scheinwerfer dürfen an Triebfahrzeugen unter Beachtung folgender Anordnungen verwendet werden:

1. Die Scheinwerfer dürfen nur dann auf freier Strecke aufgeblendet werden, wenn dies ohne Blendung anderer Verkehrsteilnehmer geschehen kann.

2. Das Fahren mit aufgeblendeten Scheinwerfern ist grundsätzlich untersagt
a) in Ortschaften,
b) vor und auf Bahnübergängen,
c) bei Einfahrt in Bahnhöfen.

3. Es ist nicht gestattet, vor Befahren von Bahnübergängen jeglicher Art die Scheinwerfer zur Ankündigung des Zuges auf- und abzublenden.

Zu AB 137 Auf den Bahnhöfen Schwarzach und Bühl Nb wird der Abfahrauftrag mit Befehlsstab (Zp 9) gegeben. Der Aufsichtsbedienstete gibt jedoch vorher einen kurzen Achtungspfiff mit der Mundpfeife, um das Zugpersonal und die Reisenden aufmerksam zu machen.

Zu AB 185 Alle Züge führen das Signal Zg 4 — vereinfachtes Schlussignal.

III. Sonstige Betriebsvorschriften

A. Betriebsvorschrift über die Verwendung von Rollfahrzeugen (Rovo)

Zu § 1 (2) Über die Beförderung beladener, regelspuriger Schemelwagenpaare, die nicht auf zwei gekuppelte Rollwagen verladen werden können, entscheidet der örtliche Betriebsleiter.

Zu § 1 (3) Rollwagen erhalten das Gattungszeichen «Ro». Folgende Bauarten sind vorhanden (zur Zeit der Aufstellung der vorgenannten SbV. Anmerkung des Verfassers):

Ro		12 m Länge und	40 t Tragfähigkeit
Rok	unter	12 m Länge und	40 t Tragfähigkeit
Roku	unter	12 m Länge und	40 t Tragfähigkeit
Rov	unter	12 m Länge über	40 t Tragfähigkeit

Zu § 1 (4) Das Befahren von Werkstätten, Lok- und Triebwagenschuppen mit beladenen Rollwagen ist nicht gestattet.

Zu § 3 (2) Das Festlegen der Rollwagen am Regelspurgleis erfolgt durch zwei an diesem angebrachte Haken.
Beim Beladen mehrerer Rollwagen hintereinander sind diese durch Kurzkupplung untereinander zu verbinden, und am letzten Rollwagen ist gegen Bewegen ein hölzerner Radschuh zu unterlegen.
Vor dem Kurzkuppeln müssen die Mittelpuffer der Rollwagen durch Entfernen des Keiles zurückgestossen werden.
Das Lösen des Keiles hat der Rangierer von der Längsseite des Rollwagens aus vorzunehmen, damit er beim Zusammenschieben nicht gefährdet wird.

Das Festlegen der Regelspurwagen erfolgt

a) bei zweiachsigen **auf einem** Rollwagen mit mindestens 3 eisernen Schraubzwingen,

b) bei Drehgestellwagen **auf zwei** Rollwagen mit 4 eisernen Schraubzwingen an nur einem Drehgestell, von denen mindestens zwei Keile mit Zapfen in den Fahrschienenlöchern zu befestigen sind. Das Anbringen der Schraubzwingen (Radvorleger) am zweiten Drehgestell ist auch in ausreichendem Abstand nicht gestattet.

Beim Abziehen des Rollwagens von der Rampe sind die Haken auszuhängen. Sind mehr als ein Rollwagen beladen worden, dürfen Verschubbewegungen erst dann vorgenommen werden, wenn die Kurzkupplung entfernt, die Mittelpuffer in Normalstellung gebracht und mit Keilen versehen sind.

Zu & 5 (4) In Personenzüge mit einer Höchstgeschwindigkeit bis zu 40 km/h dürfen bis zu zwei Rollwagen eingestellt werden. Die Geschwindigkeit dieser Züge muss an Bahnübergängen, die aufgrund ihrer Übersichtlichkeit oder aufgrund einer Sicherung durch eine Blinklichtanlage von den Zügen mit der für sie zugelassenen Höchstgeschwindigkeit befahren werden dürfen, auf die für Güterzüge zugelassene Geschwindigkeit von 30 km/h herabgesetzt werden.

Kehl–Schwarzach–Bühl (SSB)

Streckenbeschreibung

Der Bau der Strecke Kehl–Lichtenau–Bühl wird am 15. 5. 1888 **als Gesetz** verabschiedet.
Erteilung der Konzession: 30. April 1890 an die Strassburger Strassenbahn.
Beginn der Vorarbeiten: 1. März 1891.
Beginn der Bauarbeiten: 1. April 1891.
Streckeneröffnung: 11. Januar 1892.

Gründung der MEG durch Eintrag in das Handelsregister beim Amtsgericht Lahr am 30. Juni 1923.
Übernahme durch die MEG: 1. November 1923.

Streckenstillegungen: Am **23. November 1944** erfolgt die fluchtartige Räumung der Stadt Kehl innerhalb von 2 Stunden. Es gelingt, nachts das Rollmaterial fast vollständig in Richtung Schwarzach und Lahr wegzufahren. Das Südnetz endet in Sundheim, das Nordnetz bei der zerstörten Kinzigbrücke. Die Wiederaufnahme des Verkehrs auf dem Südnetz durch Kehl erfolgt nach der Rückkehr der Bevölkerung. Das Nordnetz wird erst Anfang der 50er Jahre, nach dem Wiederaufbau der Kinzigbrücke, an das Südnetz angeschlossen.
Die zerstörte Hauptwerkstätte, die Direktion und die Güterabfertigung werden nicht wieder aufgebaut. Die Strecke endet nun stumpf mit einer Ausweiche vor dem Kehler DB-Bahnhof.

Anmerkung: Die Stadt Kehl wurde bereits 1939 zu Beginn des Zweiten Weltkrieges zum erstenmal evakuiert. Nach der deutschen Besetzung des Elsass wurden die von den Franzosen teilweise gesprengten Rheinbrücken wiederhergestellt. Nach dem erfolgreichen Vormarsch konnte die Kehler Bevölkerung wieder in ihre Stadt zurückkehren.

15. 5. 1959 (Altenheim–Kehl Rathaus)–Kehl Bf., Kehl Rathaus–Kehl Turnhalle.
24. 9. 1966 Kehl Turnhalle–Auenheim (Gesamtverkehr), Auenheim–Freistett (Personenverkehr).
30. 12. 1967 Auenheim–Rheinbischofsheim (Güterverkehr).
27. 9. 1968 Rheinbischofsheim–Freistett (Güterverkehr).
27. 9. 1970 Freistett–Schwarzach–Bühl (Personenverkehr).
2. 8. 1971 Schwarzach–Bühl (Güterverkehr).
30. 8. 1971 Freistett–Scherzheim (Güterverkehr).

Gegenwärtig erfolgt noch ein schmalspuriger Güterverkehr mit Rollwagen auf der Reststrecke Scherzheim–Lichtenau/Ulm–Schwarzach.

Hinweise zum Streckenverlauf Kehl–Schwarzach–Bühl

Die folgende Streckenbeschreibung entspricht dem Betriebszustand, wie er nach dem Zweiten Weltkrieg bis zur Betriebseinstellung herrschte, da seit Betriebseröffnung im Jahre 1892 keine Streckenänderungen durchgeführt wurden, ausser der unten genannten zwischen Kehl und Auenheim. Frühere betriebliche Sonderheiten sind in der Streckenbeschreibung jeweils besonders aufgeführt.

Verkehr

Der Personen- und Güterverkehr wurde auf der Gesamtstrecke durchgeführt. Sie konnte auf ihrer ganzen Länge mit Rollwagen (aufgeschemelte Normalspurgüterwagen) befahren werden.
Umsetzanlagen waren bis Ende des Zweiten Weltkrieges in Kehl Hafen, danach für kurze Zeit auch in Bühl, später nur noch in Rastatt.

Bahnhöfe, Haltestellen

Nur die Bahnhöfe Kehl Nb, Rheinbischofsheim, Freistett, Lichtenau/Ulm, Schwarzach und Bühl waren immer mit Bahnpersonal besetzt. Alle anderen Bahnhöfe und Haltestellen waren sogenannte Agenturen, die von Privatpersonen betreut wurden, welche dafür eine entsprechende Provision erhielten.

Streckenänderungen: Lediglich bei Kehl (zwischen Kehl Turnhalle–Auenheim) machen Flusskorrekturen und Strassenneubau sowie die Aufhebung der niveaugleichen Kreuzung mit der Staatsbahn eine Verschiebung der Trasse nach Osten notwendig (siehe Karte). In den einzelnen Bahnhöfen wurden die Gleisanlagen den jeweiligen Erfordernissen entsprechend angepasst.

Entfernen der Gleise: Nach jeweiliger Teilstreckenstillegung wurden die Schienen auf freier Strecke sofort entfernt, die Bahntrasse blieb jedoch bestehen. In Ortschaften, wo die Schienen im Strassenpflaster lagen, wurden diese einfach mit Asphalt überdeckt. Erst beim späteren Ausbau dieser Strassenabschnitte wurden sie Stück um Stück endgültig entfernt.

Streckenlänge: 38,785 km (nach SbV 1962).

Nebengleise: 5,800 km.

Grösste Steigung: 25 ‰ = 1 : 40 auf rund 100 Meter.

Streckenverlauf

Strecke **Kehl Güterabf. (Strassenbahnhof)–km 0,8 Kehl B (Rathaus)** gemeinsam mit der Strecke **Kehl–Altenheim–Ottenheim**

An der Haltestelle Kehl B (Rathaus) zweigt die Strecke mittels scharfer, rechtwinkliger Kurve nach Norden ab. Das Gleis liegt rechts im Strassenplanum. Nach kurzer Wegstrecke schwenkt das Gleis nach rechts von der Strasse weg und erreicht bei **km 1,3 Kehl Turnhalle:** nur Wartehäuschen und Ausweichgleis. (Diese Haltestelle war nach Auflassung des Südnetzes und des Betriebs in der Stadt Kehl bis 1966 der südliche Endpunkt des Nordteils.)

Nach dieser Haltestelle biegt das Gleis nach Osten ab, überquert ohne Sicherung die Bundesstrasse 28 und führt links daneben weiter. Gemeinsam wird mittels einer Brücke der Fluss Kinzig überquert. An der Strassengabelung B 28/B 36 nimmt die Strecke mit besagter B 36 einen nördlichen Verlauf. Die Staatsbahnlinie Kehl–Appenweier wird unterfahren. Die B 36 biegt jetzt nach Osten ab. Das Schmalspurgleis folgt noch ein Stück der Kreisstrasse in Richtung Auenheim, bis diese Strasse ebenfalls nach Osten abbiegt. Die Bahnstrecke führt nordöstlich geradeaus nach **km 4,8 Auenheim:** massives Bahnhofsgebäude, Güterschuppen, Laderampe, Ausweichmöglichkeiten, Lok- bzw. Triebwagenschuppen (nach dem Zweiten Weltkrieg errichtet).

Gleich nach der Ausfahrt Auenheim schwenkt das Gleis leicht nach Osten, kreuzt jetzt wieder die Kreisstrasse in Richtung Leutesheim und führt unmittelbar rechts daneben bis zum südlichen Ortsrand von Leutesheim. Dann weiter in Seitenlage rechts in der Strasse bis zum Bahnhof **km 8,1 Leutesheim:** massives Bahnhofsgebäude (früher Güterschuppen und Rampe), Ausweiche.

Nun weiter abseits der Kreisstrasse in nördlicher Richtung auf eigenem Bahnkörper zum etwas abseits liegenden Bahnhof **km 9,9 Honau:** kleines Bahnhofsgebäude, Ausweichmöglichkeiten. Beim Bahnhof lag früher noch ein längeres Ausziehgleis zur Bedienung der Kiesgrube, das jedoch Anfang der fünfziger Jahre ausgebaut wurde.

Auf eigenem Bahnkörper behält das Gleis die nördliche Richtung bei, von Westen nähert sich wieder die Kreisstrasse, die Schienen liegen jetzt wieder unmittelbar neben der Strasse, die kurz darauf nochmals vom Streckengleis gekreuzt wird: **km 11,2 Oberdiersheim (Diersheim-Süd):** Haltepunkt, nur durchgehendes Streckengleis.

Weiter in Seitenlage in der Kreisstrasse durch die Ortschaft bis **km 12,0 Diersheim:** kein eigenes Bahnhofsgebäude (Rathaus), Güterschuppen, Laderampe, Ausweiche.

Während die Kreisstrasse scharf nach Osten abbiegt, um die B 36 in Richtung Rheinbischofsheim zu erreichen, holt die Bahntrasse weit aus nach Osten und stösst jetzt ebenfalls auf die B 36. Weiter unmittelbar links neben der Bundesstrasse in nördlicher Richtung. Während die Strasse eine S-Kurve beschreibt, führt die Bahntrasse geradeaus weiter nach Norden, überquert einen Bach und erreicht den etwas abseits der Strasse liegenden Bahnhof **km 14,5 Rheinbischofsheim:** massives Bahnhofsgebäude, Güterschuppen, Laderampe, Ausweichmöglichkeiten.

Mittels einer leichten S-Kurve schwenkt das Gleis wieder auf die Strasse und begibt sich in die linke Seitenlage, die bis zum nördlichen Ortsrand beibehalten wird. Dann legt sich die Trasse wieder unmittelbar links neben die B 36 und folgt dieser weiter in nördlicher Richtung. Am südlichen Ortsrand von Freistett geht das Gleis wieder in die linke Seitenlage der Strasse über bis zum **km 16,5 Neufreistett:** nur durchgehendes Streckengleis, Fahrkartenverkauf in der Gastwirtschaft. (Haltestelle bestand nur kurze Zeit.)

Weiter in linker Seitenlage in der Bundesstrasse 36 durch Freistett bis **km 16,7 Freistett:** massives Bahnhofsgebäude, Güterschuppen, Laderampe, Ausweichmöglichkeiten.

Nach Verlassen des Bf. Freistett folgt das Gleis wieder unmittelbar der B 36 weiter in nördlicher Richtung bis zum **km 17,5 Freistett / Anschluss Lok-Schuppen:** keine Haltestelle für den Personenverkehr, Lokschuppen, früher Betriebsausweiche.

Kurz vor Memprechtshofen beschreiben Bahntrasse und Strasse eine scharfe S-Kurve und überqueren gemeinsam auf einer Brücke die Rench. Nach der neuerlichen Richtungsänderung nach Norden kommt die Einfahrt beim **km 20,1 Memprechtshofen:** Bahnhofs- und Gütergebäude in Holzbauweise, kein unmittelbarer Gleisanschluss, da das Gebäude auf der anderen Strassenseite liegt. Ausweichmöglichkeiten. Früher eine etwas andere Gleisanlage des Bahnhofs, so dass Empfangsgebäude und Güterschuppen mittels eines Stumpfgleises erreicht werden konnten.

Nun wieder weiter neben der B 36 in nördlicher Richtung bis **km 21,9 Helmlingen-Muckenschopf:** einfaches Holzgebäude mit Warteraum und Fahrkartenverkauf, kein Güterschuppen (ein Bahnhofsgebäude mit Güterschuppen war früher weiter nördlich vorhanden), Ausweichmöglichkeiten. Die Gemeinden Helmlingen und Muckenschopf liegen jeweils 1,5 km links und rechts der Bahnstrecke.

Die Bahntrasse verläuft weiterhin unmittelbar links neben der B 36 in nördlicher Richtung. Am südlichen Ortsende von Scherzheim führt das Gleis wieder in die linke Seitenlage der Strasse bis **km 23,7 Scherzheim:** kleines Gebäude mit Fahrkartenverkauf, Warteraum und Güterabfertigung, nur durchgehendes Streckengleis. Früher war ein Ausweichgleis in der Strasse verlegt.

Jetzt weiter auf der Strasse bis zum nördlichen Ortsende. Dort etwas links von der Strasse abgesetzt **km 24,1 Güterbahnhof Scherzheim:** Laderampe, Ausweichmöglichkeiten, Ladegleis für eine Möbelfabrik.

Strasse und Bahntrasse haben wieder nördliche Richtung eingeschlagen. Von links stösst die Strasse von Grauelsbaum kommend auf die B 36. Die Einmündung ist kürzlich ausgebaut worden. Die Bahntrasse wurde im Bogen um diese Einmündung herumgeführt und zur Sicherung mit einer Blinklichtanlage ausgerüstet. Der südliche Ortsrand der Doppelgemeinde Lichtenau/Ulm wird erreicht. Das Gleis geht wieder links in Seitenlage auf die Strasse über. Es folgt **km 25,3 Lichtenau-Süd:** Haltepunkt mit Wartehäuschen, durchgehendes Streckengleis.

Gleich nach Verlassen des Haltepunkts schwenkt das Gleis über die Strasse (B 36), gesichert durch eine Blinklichtanlage, und umfährt zwischen Gärten und Wiesen den südöstlichen Ortsrand der Gemeinde. Von Westen nähert sich wieder die Strasse, während die Bahntrasse zwischen einer engen Häuserdurchfahrt von Süden her in die B 36 einmündet. Rechts in Seitenlage in der Strasse geht es weiter durch den Ort bis zum etwas von der Strasse abgesetzten Bahnhof **km 26,0 Lichtenau/Ulm:** massives Bahnhofsgebäude, grosser Güterschuppen, Laderampe, Lok- bzw. Triebwagenschuppen (nachträglich errichtet), Ausweichmöglichkeiten.

Nach der Ausfahrt kreuzt das Gleis die Strasse nach Moos und führt auf eigener Trasse in nordöstliche Richtung. Links die Strasse nach Schwarzach, die in einiger Entfernung zum Gleis verläuft. Durch Felder und Wiesen führt die Strecke hier ziemlich gerade auf den Südrand von Schwarzach zu. Unmittelbar vor der Bahnhofseinfahrt wird der Krebsbach überquert, und in scharfem Bogen nach Südosten mündet das Gleis zwischen Wohnhäusern in den Bahnhof **km 29,5 Schwarzach:** massives Bahnhofsgebäude, Güterschuppen und weitere Gebäude, Laderampen, Lok- bzw. Triebwagenschuppen, Werkstatt, Ausweichsmöglichkeiten, Abstellgleise, Zugleitstelle.

Der Gleisstrang verlässt den Bahnhof in südöstlicher Richtung und kreuzt die Strasse nach Hildmannsfeld, während die Strecke in Richtung Rastatt in grossem Bogen nach Norden abschwenkt. Geradeaus in südöstlicher Richtung durch Felder und Wiesen ohne Sichtverbindung zur Strasse bis **km 30,6 Hildmannsfeld, Hp.** (früher Bahnhof): massives Bahnhofsgebäude, Güterschuppen mit Rampe, Ausweiche. Heute nur noch durchgehendes Streckengleis.

Nach Verlassen der etwas ausserhalb der Ortschaft liegenden Haltestelle tritt von Westen wieder die Strasse nach Moos an die Trasse heran, und gemeinsam wird die südliche Richtung eingeschlagen. Während die Strasse in den Ort einmündet, führt das Gleis in einem Bogen nach Osten, dort liegt auch etwas ausserhalb des bebauten Gebietes der Bahnhof **km 32,6 Moos:** massives Bahnhofsgebäude, Güterschuppen, Laderampe, Ausweiche.

Bei der Ausfahrt wird die Strasse nach Oberbruch gekreuzt, weiter geht die Fahrt nach Osten. Felder, Wiesen und einzelne Waldstücke wechseln sich ab, kleine Brücken und Durchlässe für zahlreiche Wasserarme sind zu finden. Es folgt **km 33,9 Oberbruch:** massives Bahnhofsgebäude, Güterschuppen, Ladegleis. (Das Ladegleis ist als Ausweiche ausgeführt, durfte aber nicht mehr für Zugkreuzungen benützt werden.) Der Bf. Oberbruch ist nicht besetzt und nicht an das Bahn-Fernmeldenetz angeschlossen. Trapeztafeln fehlen (Angaben nach SbV).

Unmittelbar nach der Ausfahrt kreuzt die Strasse aus Oberbruch die Trasse. Die Gemeinde Oberbruch liegt über 1 km nördlich des Bahnhofs. Die Strecke führt jetzt durch ein Waldgebiet, gemeinsam mit der Strasse nach Balzhofen. Die Autobahn Frankfurt–Basel wird unterfahren, und die Schienen erreichen am nördlichen Ortsrand **km 34,9 Balzhofen:** massives Bahnhofsgebäude, Güterschuppen, Laderampe, Ausweiche.

Weiter geht's in östlicher Richtung, die Strasse nach Vimbuch tritt wieder heran und begleitet rechts die Bahntrasse. Kurz vor dem westlichen Ortseingang von Vimbuch wird diese Strasse gekreuzt, und nach einer scharfen Kurve nach Süden münden die Schienen in den Bahnhof **km 36,2 Vimbuch:** massives Bahnhofsgebäude, Güterschuppen, Laderampe, Ausweiche.

Von Norden führt die Strasse in Richtung Bühl wieder heran, und gemeinsam geht es ein Stück weiter in südlicher Richtung. Erneut eine Folge zahlreicher kleiner Brücken und Durchlässe. Trasse und Strasse schwenken leicht nach Südosten, das Gleis rückt etwas von der Strasse ab, bleibt aber in Sichtweite. In Fahrtrichtung erscheint das Industriegebiet von Bühl, die Strasse Bühl–Ottersweier wird überquert, gesichert durch Blinklichtanlage und Halbschranken. Ein Neubauwohngebiet wird durchfahren. Es folgt hier nochmals ein mit Blinklichtanlage ausgestatteter Strassenübergang. In grossem Bogen führt die Trasse jetzt nach Süden, parallel zur Rheintalbahn (Staatsbahn). Ein letztes Mal wird eine Strasse gekreuzt, und über eine kleine Brücke erfolgt die Einfahrt in den Bf. Bühl. Unmittelbar neben dem Staatsbahnhof Bühl endet die Strecke bei **km 38,8 Bühl:** massives Bahnhofsgebäude, Güterschuppen, Lok- bzw. Triebwagenschuppen, Ausweichmöglichkeiten, Ladegleis, Anschluss Staatsbahn für die Umladung von Stückgütern.

Die Anschlusstrecke Kehl Güterabf. (Strassenbahnhof)–Kehl Hafen

Von Kehl Güterabf. (Strassenbahnhof) in weitem Bogen auf der Strasse nach Norden. Die Staatsbahnstrecke Kehl–Strassburg wird niveaugleich gekreuzt, weiter parallel zum Rhein bis **km 0,7 Kehl Hafen:** Anschluss an die Staatsbahn, Umsetzanlage für normalspurige Güterwagen auf schmalspurige Rollwagen. Umsetzanlage für schmalspurige Güterwagen auf normalspurige Rollwagen.

Rhein–Ottenheim–Lahr–Seelbach (LSB)

Streckenbeschreibung

Erbaut durch: Lahrer Strassenbahn-Gesellschaft.

Einreichung der Konzession: 31. Oktober 1889 (bis Reichenbach).

Erteilung der Konzession: 30. Oktober 1890 (mit späterem Zusatz für die Verlängerung bis Seelbach).

Streckeneröffnung: 30. November 1894 (bis Reichenbach), Mitte Dezember 1894 (bis Seelbach).

Gründung der MEG: 30. Juni 1923 durch Eintrag in das Handelsregister beim Amtsgericht Lahr.

Übernahme durch die MEG: 1. November 1923.

Betriebseinstellung

31. März 1952 (Gesamtverkehr Lahr ME–Lahr Schlüssel–Seelbach),
1. Oktober 1959 (Gesamtverkehr [Altenheim]–Rhein–Ottenheim–Lahr ME)

Entfernen der Schienen: Unmittelbar nach der Betriebseinstellung; in Lahr wurden die Schienen teilweise überteert und erst Mitte der sechziger Jahre endgültig entfernt.

Gesamtlänge der Strecke: 19,222 km.

Gesamtlänge der Nebengleise: 4,65618 km (im Jahre 1900).

Gesamtlänge der Fabrikanschlüsse: 0,606 km (im Jahre 1900).

Gesamtlänge aller Gleise: 24,48418 km (im Jahre 1900, unbedeutende Änderungen bis 1952).

Lage der Gleise: 9,17 km auf eigenem Bahnkörper, 2,28 km in Land- und Kreisstrassen, 7,51 km auf Strassen in Ortschaften, 0,24 km an der engsten Stelle in Lahr in der Kaiserstrasse = 19,20 km Gesamtlänge.

Hinweise zum Streckenverlauf Rhein–Ottenheim–Lahr–Seelbach

Die folgende Beschreibung des Streckenverlaufs entspricht dem Betriebszustand, wie er während des Zweiten Weltkriegs und danach bis zur Betriebseinstellung vorherrschte. Im Laufe der Jahre wurden einige Haltestellen oftmals umbenannt oder verlegt, um den jeweiligen Verkehrsbedürfnissen Rechnung zu tragen. Diese Namen sind heute bereits teilweise in Vergessenheit geraten. Sie sollen deshalb hier nochmals aufgeführt werden:

Ottenheim «Wenz», ab 1897 Ottenheim «West», **später aufgehoben**
Ottenheim «Erbprinz», ab 1897 Ottenheim «Ost», ab 1898 dann **Bf. Ottenheim**

Allmannsweier I
Allmannsweier II, ab 1896

(Lahr-) Dinglingen Kreuzung Bahnhof
(Lahr-) Dinglingen «Föhringer», bereits 1896 aufgehoben
(Lahr-) Dinglingen «Hirsch»
(Lahr-) Dinglingen Dorf
(Lahr-) Dinglingen «Actienbrauerei»

Lahr Stadtpark
Lahr Gymnasium, später Lahr «Rössle»
Lahr «Hetzel»
Lahr «Pflug», bereits 1896 aufgehoben.
Lahr Bahnhof Strassenbahn, später Lahr «Schlüssel»
Lahr «Hodapp»

Reichenbach Hohengeroldseck Hpt.

Steinbach «Ochsen», später Seelbach–Steinbach

Gleiskörper

Auf zirka 14,8 km waren Wendel-Vignol-Schienen mit Querschwellen verlegt, während im Bereich von Lahr und Dinglingen zirka 4,2 km Phönix-Rillenschienen ohne Querschwellen im Strassenpflaster verlegt waren. Der Abstand zwischen den Schienen wurde mittels Phönix-Spurstangen eingehalten. Bereits nach kurzer Betriebszeit stellten sich an den Schienen erhebliche Schäden ein. Wahrscheinlich wurden diese durch den schweren Güterverkehr (Steinzüge) verursacht. So mussten die Schienen laufend ausgewechselt werden, und man stellte Überlegungen an, alle Phönix-Rillenschienen mit Profil 7 B gegen die Wendel-Vignol-Schienen mit angeschraubter Zwangsschiene auszuwechseln. 1904 wurden versuchsweise Phönix-Rillenschienen mit eisernen Querschwellen unterlegt. Diese Massnahme bewährte sich, so dass die Strecken im Gebiet von Lahr und Dinglingen auf diese Weise umgebaut werden konnten.

Fabrikanschlüsse

Die festverlegten Fabrikanschlüsse, die seit der Betriebseröffnung angelegt wurden, sind in der folgenden Streckenbeschreibung aufgeführt, obwohl die meisten Anschlüsse nach dem Ersten Weltkrieg und in der folgenden Inflationszeit bereits wieder abgebaut wurden. Im Gebiet von Lahr wurden bei grösseren Bauvorhaben (Neubau Bahnhof Lahr-Stadt 1909/10, Neubau Bf. Dinglingen, Aufbaugymnasium usw.) Gleisanschlüsse für den Baustofftransport verlegt. Zu diesem Zweck wurden Schienen und Schwellen einfach auf der Strasse verlegt und nach Abschluss der Bauarbeiten wieder entfernt.

Bei Betriebseinstellung 1952 bzw. 1959 waren noch vorhanden:

Ottenheim Rheinufer–Kieswerk Vogel

Lahr-Dinglingen–Flugplatz/Beutler/Kiefer (besteht heute noch in Normalspur)

Lahr-Dinglingen–Staatsbahn/Biermann, später Lager der Firma Roth-Händle (besteht heute noch in Normalspur)

Lahr/Voelker (wurde zwar schon längere Zeit nicht mehr benutzt, aber Weiche und einige Meter Gleis lagen noch bis zur Betriebseinstellung 1952 im Strassenpflaster der Kaiserstrasse)
Lahr/Schad & Blank

Verkehr

Der Personen- und Güterverkehr wurde auf der Gesamtstrecke durchgeführt. Wegen mangelnder Frequenz wurde zwischen Rhein und Ottenheim ein Pferdebahnbetrieb durch einen privaten Unternehmer durchgeführt, jedoch im September 1909 wegen Unrentabilität wieder eingestellt. Abschnitt Ottenheim Rhein–Bf. Ottenheim nach 1909 nur noch Güterverkehr. Die Strecke konnte auf ihrer ganzen Länge mit Rollwagen (aufgeschemelte Normalspurgüterwagen) befahren werden. Die Umsetzanlage befand sich in Lahr-Dinglingen. Einen besonderen Service bot die Lahrer Strassenbahn und auch die spätere MEG ihren Frachtkunden unmittelbar an der Strecke: War in einer dieser Firmen Frachtgut zu versenden, so wurde einfach aussen am Haus eine kleine Flagge gesetzt. Dies war das Zeichen, dass der Güterzug zu halten hatte. Das Zugpersonal stieg aus um die Verladung und Abfertigung vorzunehmen. Dann fuhr der Zug wieder einige Meter weiter und beim nächsten Kunden wiederholte sich dieser Vorgang. Auch später als der LKW die Nachfolge angetreten hatte, wurde diese Regelung beibehalten.

1\. 10. 1900 alle Fahrten zwischen Ottenheim und Dinglingen werden aus finanziellen Gründen durch die SSB durchgeführt (versuchsweise).

1\. 5. 1901 Gemeinschaftsbetrieb zwischen SSB und LSB. Züge beider Verwaltungen durchfahren die Strecke zwischen Kehl und Seelbach ohne Umsteigen oder Umladen in Ottenheim.

1\. 11. 1915 SSB schränkt den Gemeinschaftsverkehr zum 1. Mai 1916 ein. Es dürfen nur noch Wagen durchlaufen, aber keine Lokomotiven mehr. Als kleinere Bahn muss die LSB unter grossen finanziellen Opfern ihr Bremssystem ändern. Erst zum 1. Dezember 1916 sind diese Arbeiten ausgeführt.

Bahnhöfe, Haltestellen

Nur die Bahnhöfe Ottenheim, Lahr-Dinglingen Nb. (MEG), Lahr-Schlüssel und Seelbach waren immer mit Bahnpersonal besetzt. Alle anderen Bahnhöfe und Haltestellen waren sogenannte Agenturen, die von Privatpersonen betreut wurden und dafür eine entsprechende Provision erhielten.

Streckenänderungen

Seit Betriebseröffnung blieb der Streckenverlauf, von zwei Änderungen abgesehen, bis zur Stilllegung 1952/59 unverändert.

1. Beseitigung der schienengleichen, rechtwinkligen Kreuzung mit der Staatsbahn im Bereich des Bahnhofs Dinglingen.

Der Streckenverlauf, wie er nachfolgend beschrieben wird, zwischen (Lahr-)Dinglingen und dem Hirschplatz, besteht erst seit den Jahren 1909/10. Bis zu diesem Zeitpunkt diente der spätere Fabrikanschluss Biermann als Streckengleis, das dann weiterführte und die Kreuzung der heutigen Biermannstrasse mit der Güterhallenstrasse passierte. Unmittelbar danach erfolgte gemeinsam mit der Landstrasse in Seitenlage die schienengleiche, rechtwinklige Kreuzung mit der Staatsbahn.

Das Schmalspurgleis und die Landstrasse waren gegenüber der Staatsbahn mittels Schranken geschützt. Zusätzlich wurde das schmalspurige Streckengleis mit zwei einflügligen Hauptsignalen gesichert.

Die östliche Anfahrt zum Bahnübergang ist heute noch sichtbar. Die Strecke führte weiter in Seitenlage durch die heutige Alte Rheinstrasse, danach durch die Eisenbahnstrasse, schwenkte nach Norden ab und überquerte auf eigener Brücke die Schutter, parallel zur Hirschbrücke (B 3), vorbei am Gasthaus «Hirsch», über den Hirschplatz und erreichte dort wieder die in östliche Richtung laufende Hauptstrasse von Dinglingen.

Im Rahmen einer Umbauaktion des Staatsbahnhofs Dinglingen wurde 1909/10 die heutige Staatsbahnüberführung erbaut. Von diesem Zeitpunkt an verlief die Strecke, wie sie hier beschrieben wird. Die ursprüngliche, nicht mehr benötigte Strecke wurde, bis auf den Anschluss Biermann, abgebrochen.

2. Mitte der fünfziger Jahre nahm man das Gleis im Bereich der Ortsdurchfahrt Langenwinkel aus dem Strassenplanum heraus und führte die Strecke auf eigener Trasse nördlich um das Dorf herum. Die Sanierung der Ortsdurchfahrt war nötig geworden, da man begann, die B 36 als provisorischen Autobahnzubringer für Lahr auszubauen.

Streckenverlauf

Die Strecke beginnt mit dem Gleisdreieck unmittelbar am Rhein mit Anschluss an das Kieswerk Vogel beim **km 0,0 Ottenheim Rheinufer:** Verladeanlagen für Steine, Waage, Lokschuppen.

Das Gleis läuft jetzt durch Wiesen auf eigenem Bahnkörper in östlicher Richtung und erreicht den Ortseingang von Ottenheim, weiter in Seitenlage in der Dorfstrasse bis **km 1,8 Ottenheim Bf:** Bahnhofsgebäude (2 Stockwerke, Massivbau), Güterschuppen, Rampe, Ausweichmöglichkeit. Von Norden kommend, mündet in scharfem Bogen die Strecke von Kehl in den Bahnhof ein.

Weiterer Streckenverlauf in südöstlicher Richtung auf eigenem Bahnkörper neben der Strasse, die kurze Zeit später gekreuzt wird, bis **km 4,5 Allmannsweier:** barackenähnlicher, einstöckiger Holzbau, Ausweiche, Verladerampe.

Das Gleis behält die südöstliche Richtung auf eigenem Bahnkörper in der Nähe der Strasse bei, die Unditz (Fluss) wird überquert, nun ein Stück in südlicher Richtung bis zum Ortseingang Langenwinkel, weiter auf der Strasse in Seitenlage durch das Dorf bis **km 7,5 Langenwinkel:** nur durchgehende Strecke, kein Bahnhofsgebäude, Bedienung durch ortsansässigen Gastwirt.

Die Strecke hat jetzt wieder die südöstliche Richtung auf eigenem Bahnkörper eingeschlagen. Unmittelbar neben der Strasse wird auf eigener Brücke der Schutterentlastungskanal überquert, unmittelbar danach **km 9,5 (Lahr-)Dinglingen Nebenbahn,** später **Lahr-Mittelbadische Eisenbahn:** Bahnhofsgebäude, Massivbau mit 2 Stockwerken, Güterhalle, Verladerampe, Waage, Portalkran, Umsetzanlage für Normalspurwagen auf schmalspurige Rollwagen, Werkstätte, Lok- und Wagenschuppen, Kohlebansen. Gleisanlagen teilweise dreigleisig für Normal- und Schmalspur.

Am westlichen Ende, wo die Strecke aus Ottenheim den Bahnhof erreicht, biegt nach Norden ein Anschlussgleis ab, überquert auf einer Brücke ebenfalls den Schutterentlastungskanal, führt weiter durch Äcker und Wiesen und teilt sich dann zum **km 0,7 Anschluss Flugplatz/Firma Beutler/Firma Kiefer (früher: Chr. Häussler):** Das Anschlussgleis vom Bahnhof aus war dreigleisig ausgeführt für Normal- und Schmalspurfahrzeuge. Die eigentlichen Fabrikanschlüsse, die sich auf dem jeweiligen Gelände nochmals verzweigten, wurden nur in Normalspur ausgeführt.

Am östlichen Ende, wo die Strecke aus dem Bahnhof heraus nach Lahr weiterführt, zweigt in südöstliche Richtung ein Anschlussgleis ab, überquert die Strasse und gabelte sich dann bei einer Weiche zum Anschluss Firma Biermann, während das andere Gleis nach Süden führt, parallel zur Staatsbahn läuft und am südlichen Ende in den Bahnhof (Lahr-)Dinglingen einmündet. Bei **km 0,8 Anschluss Staatsbahn/Biermann:** Anschluss bis zur Firma Biermann dreigleisig, zum Staatsbahnhof nur normalspurig.

Die Strecke verlässt den Bf. (Lahr-) Dinglingen Nebenbahn in östlicher Richtung auf der Strasse in Seitenlage. Nach einer starken Steigung erreichen Schienen und Strasse gemeinsam **km 9,8 (Lahr-)Dinglingen Überführung:** nur durchgehendes Streckengleis, Haltestelle unmittelbar auf der Brücke, Fussweg zum Staatsbahnhof (Lahr-)Dinglingen, Fahrkartenverkauf in kleiner Gastwirtschaft neben der Brückenauffahrt.

In starker Neigung verlassen Schienen und Strasse wiederum gemeinsam die andere Brückenrampe, überqueren die Schutter, der Hirschplatz wird gekreuzt, und beide erreichen **km 10,1 (Lahr-)Dinglingen «Linde»:** nur durchgehendes Streckengleis, Fahrkartenverkauf in der Gastwirtschaft.

Weiter auf der Hauptstrasse durch Dinglingen, nun ziemlich ansteigend, vorbei an der Schule und am Rathaus sowie der katholischen Kirche. Die Steigung hat nachgelassen, die evangelische Dinglinger Kirche wird passiert und unmittelbar danach folgt **km 11,1 (Lahr-)Dinglingen «Krone»:** nur durchgehendes Streckengleis, Fahrkartenverkauf in der Gastwirtschaft.

Nach kurzer Zeit wird die Gemeindegrenze Dinglingen/Lahr erreicht (bis zur Eingemeindung 1933). Auf der Kaiserstrasse in Seitenlage unter alten Kastanienbäumen vorbei am Lahrer Stadtpark wechselt etwa in Höhe der Jammstrasse das Gleis auf die andere Strassenseite. In dieser Lage, die nun durch die ganze Stadtmitte beibehalten wird, folgt **km 11,9 Lahr «Rössle»:** nur durchgehendes Streckengleis, Fahrkartenverkauf in der Gastwirtschaft.

An der Haltestelle Lahr «Rössle» zweigt ein Gleis von der Strecke ab und überquert die Strasse zum **Fabrikanschluss Firma Voelker:** Zichorienfabrik, Streckenlänge ca. 300 m.

Weiter geht es auf der Kaiserstrasse zum Stadtzentrum, vorbei an der Friedhof-, Goethe- und Schillerstrasse. Zwischen den beiden letztgenannten Strassen wird auf einer Länge von ca. 250 m ein besonders enges Wegstück zurückgelegt. Strasse und Schienen steigen nun gemeinsam in einer leichten S-Kurve an, das alte Rathaus kommt in Sicht, nach rechts zweigt die Marktstrasse ab, die Lahrer Hauptgeschäftsstrasse, und nach weiteren 100 m erreicht man **km 12,4 Lahr Urteilplatz («Rappen»):** nur durchgehendes Streckengleis, Fahrkartenverkauf in der Gastwirtschaft.

Vom Urteilsplatz aus mit seinen schönen, alten Bäumen, geht es weiter auf der Friedrichstrasse (die Verlängerung der Kaiserstrasse), links das Landratsamt und das Hauptzollamt, die Kreuzung mit der Burgheimer- und Gärtnerstrasse wird passiert. Strasse und das immer noch in Seitenlage befindliche Gleis steigen jetzt leicht an, und bald darauf erscheint, unmittelbar an der Strasse liegend **km 12,9 Lahr Schlüssel:** massives, dreistöckiges Bahnhofsgebäude mit Anbauten, Ausweichgleis und ein Ladegleis mit Waage. Annahme von Stückgut, zu diesem Zweck steht immer ein gedeckter Güterwagen am Ende des Ladegleises bereit. (In der Nacht vom 28. auf 29. Dezember **1917(!)** Fliegerangriff auf Lahr, eine Bombe beschädigt das Bahnhofsgebäude Lahr Schlüssel.)

Gleich nach der Ausfahrt aus dem Bahnhof schwenkt das Gleis über die Strassengabelung und begibt sich wieder in die Seitenlage. Die Friedrichstrasse nennt sich ab jetzt in der Verlängerung «Geroldsecker Vorstadt», denn wir nähern uns bereits dem östlichen Ortsausgang von Lahr in Richtung Seelbach.

Nach ca. 300 m zweigte nach links in das dortige Gelände ein Gleis ab beim **km 13,2 Fabrikanschluss Schuldis & Handschuh.** (Auf diesem Gelände befindet sich heute die Firma Watter, Strassenbau.)

Und weiter geht es durch die Geroldseckervorstadt, über die Kreuzung mit Langemarck- und Stefanienstrasse.

Unmittelbar nach dieser Kreuzung zweigte nach rechts ein Gleis ab, und zwar beim **km 13,4 Fabrikanschluss Malzfabrik Schnitzler.** (Heute Ölfabrik Lahr.)

Die Bebauung links und rechts der Strasse hat sich inzwischen gelichtet, von rechts nähert sich der Gewerbekanal.

Nach rechts zweigt ein Gleis über die Strasse ab und überquert auf einer Brücke den Gewerbekanal beim **km 13,6 Fabrikanschluss Firma Kiefer, Schaab & Scholder.** (Auf dem Gelände befindet sich heute die Firma Carl Padberg, Zentrifugenbau.)

Gewerbekanal und Schutter haben sich inzwischen vereinigt. Die rechte Strassenböschung zur Schutter hin ist mit schattigen Bäumen bepflanzt. Nach Süden zweigt die Strasse in Richtung Hohbergsee-Langenhard ab, unmittelbar beim **km 13,8 Lahr Walkenbuck/Hohbergsee:** nur durchgehendes Streckengleis, Fahrkartenverkauf in der dortigen Gastwirtschaft.

Direkt an der Haltestelle Lahr Walkenbuck/Hohbergsee überquert das Gleis nach rechts die Strasse und den Fluss Schutter beim **km 13,8 Fabrikanschluss Emil Waeldin AG, Lederfabrik.** (Heute Firma Heyl & Waeldin AG.)

Die Bebauung unmittelbar links und rechts der Strasse endet nach 100 m. Die Strasse hat jetzt den Charakter einer Landstrasse angenommen, die Gleise liegen seitlich auf Strassenniveau, die Lichtraumprofile überschneiden sich. Nach rechts zweigt ein Fabrikanschlussgleis ab, d. h. beim **km 14,3 Fabrikanschluss Schad & Blank.** (Möbelfabrik, existiert heute nicht mehr.)

Links neben der Strasse weitet sich das Gelände zu einem langgezogenen freien Platz beim **km 14,4 Lahr Schelmengässchen:** Steinverladeplatz mit Anschlussgleis zum Steinbruch, Ausweichgleis, Ladegleis mit Waage, nach Norden Anschlussgleis zum Steinbruch, der starken Steigung wegen mittels einer Bremsberganlage.

Unmittelbar nach der Anlage Schelmengässchen wird die Gemarkung Kuhbach erreicht. Die Gleise liegen jetzt wieder seitlich auf Strassenniveau, die seit dem Anfangspunkt Rheinufer eingehaltene östliche bzw. südöstliche Richtung wird nun verlassen und langsam die südliche Richtung eingeschlagen. Die ersten Häuser der heute zu Lahr gehörenden Gemeinde Kuhbach tauchen auf, das Gleis ist wieder in die Seitenlage der Strasse eingebaut, und wir erreichen **km 15,1 Kuhbach:** nur durchgehendes Streckengleis, Fahrkartenverkauf in der dortigen Gastwirtschaft.

Leicht ansteigend wird jetzt auf der Strasse der Ort durchquert, bis zum östlichen Ortsausgang bei **km 15,6 Kuhbach/Agentur (Steinladeplatz):** Ausweiche, Ladegleis und Rampe.

Seitlich auf Strassenniveau mit Lichtraumprofilüberschreitung weiter in langgezogener Kurve in südlicher Richtung bis Reichenbach, das heute ebenfalls ein Vorort von Lahr ist, bis **km 16,3 Reichenbach/Agentur (Steinladeplatz):** Ausweiche, Ladegleis und Rampe.

Wieder in Seitenlage auf der Hauptstrasse durch das Dorf bis **km 16,6 Reichenbach/Vorderdorf («Adler»):** nur durchgehendes Streckengleis, Fahrkartenverkauf in der dortigen Gastwirtschaft.

In Seitenlage auf der Strasse wieder leicht ansteigend durch den Ort zum östlichen Ausgang und zum **km 17,0 Reichenbach «Geroldseck»:** nur durchgehendes Streckengleis, Fahrkartenverkauf in der dortigen Gastwirtschaft.

Nachdem die letzten Häuser von Reichenbach zurückgeblieben sind, wird nach kurzer Wegstrecke der sog. «Dreispitz» erreicht, links die Strasse über den Schönberg ins Kinzigtal, rechts die Strasse nach Seelbach und weiter durchs Schuttertal nach Schweighausen. Die Gleise schwenken nun nach rechts, führen kurz vor der Kreuzung über die Strasse und verlaufen jetzt auf eigenem Bahnkörper in südlicher Richtung durch Wiesengelände in einiger Entfernung zur Strasse. Die ersten Häuser einer grösseren Gemeinde tauchen auf beim **km 18,3 Seelbach-Steinbach:** nur durchgehendes Streckengleis, Fahrkartenverkauf in der dortigen Gastwirtschaft.

Am westlichen Ortsrand wurden die letzten Meter durch Seelbach zurückgelegt, und der Endbahnhof auf 203,14 m ü. M., der höchste Punkt des ganzen Netzes, wird erreicht bei **km 19,2 Seelbach Bf.:** massives Bahnhofsgebäude, Ausweiche, Ladegleis, Seitenrampe, Lokschuppen.

Anmerkung: Der seit 1. 5. 1901 praktizierte Gemeinschaftsbetrieb mit der SSB führte zu einer merkwürdigen Betriebsabwicklung, die nicht selten Heiterkeit hervorrief. Der Grund dazu war, dass laut Konzession der LSB die Fahrzeuge auf dem Abschnitt Dinglingen–Lahr–Seelbach nicht breiter als 220 cm sein durften. Erst durch eine Sondergenehmigung der zuständigen Stellen durften die 250 cm breiten Strassburger Fahrzeuge verkehren und zwar unter Beachtung folgender Vorsichtsmassregeln: «An den engsten Stellen innerhalb Dinglingen, Lahr und Reichenbach ist die Zuggeschwindigkeit auf höchstens 6 km/h zu ermässigen und hat ein Bediensteter der Nebenbahn dem Zuge, eine Glocke läutend, vorauszugehen». 1910 versucht man dieses Kuriosum zu beseitigen, was jedoch abgelehnt wird. Lediglich braucht der Bedienstete nicht mehr die Handglocke zu läuten, «da ja das Dampfläutewerk der Lokomotive sowieso lauter töne». Endlich, 1916, darf das «Bähnle» ohne «Fussgängergeleit» durch die Stadt fahren.

Pläne zur Elektrifizierung

Bereits wenige Jahre nach der Jahrhundertwende wurden die ersten Anfragen gestellt, ob es nicht sinnvoll und wirtschaftlich wäre, die Strecken Rhein–Ottenheim–Lahr–Seelbach der Lahrer Strassenbahn zu elektrifizieren. Im Geschäftsbericht 1911/12 berichtet die LSB, dass man nach Eingang verschiedener Offerten in fester Verhandlung mit der Rheinischen Schuckert-Gesellschaft in Mannheim stünde. Diese Verhandlungen wurden jedoch abgebrochen, da ein neues Projekt in Sicht war. Es war beabsichtigt, das der Elektrizitätslieferungs-Gesellschaft in Berlin gehörende Lahrer Elektrizitätswerk, das die Stadt Lahr im Jahre 1916 übernehmen konnte, zusammen mit der Bahn im Anschluss an die bestehende Aktiengesellschaft zu betreiben. Die Verhandlungen zwischen der Stadt, der LSB und der Elektrizitätslieferungs-Gesellschaft «verliefen erfolgreich». In der ausserordentlichen Generalversammlung der Bahn vom 5. Mai 1914, wurde der Vorstand zum Abschluss der Verträge ermächtigt. Durch den kurz danach ausbrechenden Ersten Weltkrieg wurden jedoch alle Pläne zunichte. (Anmerkung: Der Einfluss dieses Kriegsbeginnes auf die Entwicklung der Bahnen in Europa war ganz erheblich, sogar in der neutralen Schweiz.) Hiermit verschwanden alle Elektrifizierungsprojekte in der berühmten «Schublade».

Im Spiegel der Presse

Der «Schlüssel» völlig abgebrannt

Lahr, 14. August 1911. Dichte Rauchwolken zogen heute früh unheilkündend über die Stadt, und Fetzen brennenden Heues, die der Wind weithin über die Dächer entführte, zeigten an, dass in einem landwirtschaftlichen Gebäude ein Brand ausgebrochen sein musste. Ein grosses Schadenfeuer war es auch, das die malerisch am Eingang zur Friedrich- und Bismarckstrasse stehende, ungefähr im Jahre 1800 erbaute Wirtschaft «zum Schlüssel», einen leichten Fachwerkbau, samt den dazu gehörenden Scheuern und Stallungen in Schutt und Asche legte.

Kurz vor sechs Uhr bemerkte der Wirt, dass im Schweinestall ein Brand ausgebrochen war; aber bevor die Nachbarschaft recht Kenntnis davon hatte, standen schon die mit Futtervorräten gefüllten Gebäulichkeiten in hellen Flammen, und diese ergriffen auch rasch die angebaute Wirtschaft. Als die Feuerwehr, die übrigens mit anerkennenswerter Geschwindigkeit zur Stelle war, auf dem Brandplatz erschien, brannte der ganze Gebäudekomplex lichterloh, und die Lohe verbreitete eine so intensive Hitze, dass es kaum möglich war, in die Nähe zu kommen. Trotzdem drangen Feuerwehrleute in das brennende Haus ein und retteten den grössten Teil der Fahrnisse, bis die Gefahr des Einsturzes sie zwang, zurückzuweichen. Die Haupttätigkeit der Wehr richtete sich darauf, das schwer bedrohte Direktionsgebäude der **Lahrer Strassenbahngesellschaft** zu schützen. Dies gelang denn auch glücklicherweise, so dass dieses Haus nur durch Wasser gelitten hat. Wie der Brand entstanden ist, konnte noch nicht festgestellt werden. (Lahrer Zeitung)

Strecke Ottenheim–Rheinufer als Pferdebahn

Lahr, 2. August 1900. In Aussicht ist genommen, die Strecke Ottenheim–Rheinufer versuchsweise nur als Pferdebahn zu befahren, da sie neben dem, dass sie die grössten Kosten verursachte, bisher die geringste Frequenz aufwies. (Lahrer Zeitung)

Strassen- gegen Staatsbahn

Lahr, 13. Januar 1903. Dass die Staatsbahn es mit unserer Strassenbahn nicht aufnehmen kann, zeigte ein Vorfall, der sich heute früh auf dem Dinglinger Geleisübergang abspielte. Als die Strassenbahn, von Langenwinkel kommend, das Staatsbahngeleise überfuhr, karambolierte sie auf eigentümliche Weise mit einem Güterwagen der Staatsbahn, der beim Rangieren die Stelle gerade passierte. Der letzte Packwagen der Strassenbahn ergriff den Güterwagen und schleppte ihn etwa zehn Meter weit neben dem Geleise mit sich. Die Puffer des Güterwagens und der Packwagen wurden beschädigt. (Lahrer Zeitung)

«Jetz' isch fertich!» Von Rolf Geha

Das Bähnle, das vor noch nicht allzulanger Zeit Bühl mit Kehl mitten durch das fruchtbare Hanauerland verband (bis 1966), war ein richtiges Bummelbähnle. Ein unförmiges Dampfrösslein war vorgespannt, das immer, wenn es eine Strasse überquerte oder durch ein Dorf fuhr, eifrig bimmelte, damit nur ja keiner bei dem rasenden Tempo überfahren werde und die Kuhfuhrwerke rechtzeitig ausweichen konnten. Und dann fuhr das Zügle stolz in die Station ein, um gehörig auszuschnaufen.

Eines Tages war auch ein Handlungsreisender zugestiegen, der es eilig hatte, nach Kehl zu kommen. Als man auf einer der Stationen besonders lange hielt, riss er ungeduldig das Fenster auf, streckte den Kopf hinaus und rief: «Zum Donnerwetter, ist's denn nicht bald fertig?»

Worauf der offenbar in seiner Amtswürde schwer gekränkte Schaffner zu dem Wägele eilte und hinaufschrie: «Wer ruft da fertig? Nix isch fertig! Nur i sag fertig! Jetz' isch fertig!» Holt tief Atem und ruft mit Feldherrnstimme: «Ferrrtich!» (Badisches Tagblatt)

Kehl–Altenheim–Ottenheim (SSB)

Erbaut durch: Strassburger Strassenbahn-Gesellschaft.

Erteilung der Konzession: 20. November 1896.

Streckeneröffnungen: 1. April 1898 Kehl–Altenheim–Ottenheim, 15. Juli 1898 Zweigstrecke Altenheim–Offenburg.

Gründung der MEG: 30. Juni 1923 durch Eintrag in das Handelsregister beim Amtsgericht Lahr.

Übernahme durch die MEG: 1. November 1923.

Betriebseinstellungen: 1. Juni 1957 Schutterwald–Offenburg, 15. März 1959 Kehl–Altenheim, 1. Oktober 1959 Altenheim–Ottenheim–Lahr (ME), 11. Juli 1961 noch verbliebener Inselbetrieb Altenheim–Müllen–Schutterwald.

Entfernen der Schienen: Unmittelbar nach der Betriebseinstellung, in Offenburg liegen die Schienen heute noch überteert im Strassenpflaster der Hauptstrasse.

Gesamtlänge der Strecke: 24,715 km Kehl–Altenheim–Ottenheim. 11,282 km Zweigstrecke Altenheim–Offenburg. 35,997 km Gesamtlänge.

Fabrikanschlüsse

Bei Marlen Anschlussgleis zum Rhein/Steinlagerplatz, bei Bahnhof Schutterwald-Ort: Anschlussgleis Heuberger.

Lage der Gleise

Ausserhalb der Ortschaften auf eigenem Bahnkörper, innerhalb der Ortschaften teilweise auf der Strasse in Seitenlage (Kehl, Offenburg usw.).

Hinweise zum Streckenverlauf

Die nachfolgende Beschreibung des Streckenverlaufs entspricht dem Betriebszustand, wie er während des Zweiten Weltkriegs und danach bis zur Betriebseinstellung vorherrschte. Frühere betriebliche Besonderheiten sind jeweilen extra aufgeführt.

Streckenänderungen

Seit Betriebseröffnung blieb der Streckenverlauf, von kriegsbedingten Verkürzungen im Bereich der Stadt Kehl abgesehen, unverändert bis zur Stillegung.

Verkehr

Der Personenverkehr und Güterverkehr wurde auf der Gesamtstrecke durchgeführt. Die Strecke Kehl–Altenheim–Ottenheim konnte mit Rollwagen (aufgeschemelte Normalspurgüterwagen) befahren werden. Auf der Zweigstrecke Altenheim–Offenburg wurde nur zwischen Altenheim und Schutterwald Rollwagenverkehr durchgeführt. Umsetzanlage in Kehl, nach dem Zweiten Weltkrieg für diese Strecke nur noch in Lahr ME.

Bahnhöfe, Haltestellen

Nur die Bahnhöfe Kehl Nb., Altenheim, Offenburg Nb. und Ottenheim waren mit Bahnpersonal besetzt. Alle anderen Bahnhöfe und Haltestellen waren sogenannte Agenturen, die von Privatpersonen betreut wurden, welche dafür eine entsprechende Provision erhielten.

Streckenverlauf

Unmittelbar am Rhein gelegen, im Norden begrenzt durch die Brückenauffahrt zur Rheinbrücke, beginnt die Strecke bei **Kehl Güterabfertigung (Nb.):** Werkstatt, Lok- und Wagenschuppen, Güterhalle, Rampe, Waage, (Anschluss Güterverkehr zur Staatsbahn und zum Rheinhafen).

Die Strecke verlässt jetzt in einer leichten Rechtskurve den Betriebsbahnhof und führt in Seitenlage auf die Bahnhofstrasse zum **km 0,0 Kehl (A/Stadt) Strassenbahnhof:** Kleines Bahnhofsgebäude mit Fahrkartenverkauf und Gastwirtschaft. Von Westen aus Richtung Rheinbrücke kommt die zweigleisige Strecke der SSB und vereinigt sich mit dem Gleis der beschriebenen Linie (Anschluss für Personen zur Staatsbahn).

Nach einer kurzen Strecke biegt die noch zweigleisige Strecke nach Südosten in die Hauptstrasse ab. Die zwei Gleise vereinigen sich wieder und führen rechts in Seitenlage auf der Hauptstrasse weiter bis **km 0,8 Kehl (B/Dorf) Rathaus:** Nur durchgehendes Streckengleis. (Nach links zweigt mittels einer langgezogenen Kurve das Gleis in Richtung Schwarzach ab.)

Die Gleislage auf der Hauptstrasse sowie die südöstliche Richtung werden weiterhin beibehalten, die Bebauung links und rechts der Strasse lichtet sich. Es folgt **km 1,5 Kehl (D/Dorf) «Hirsch» (Riedstr.):** nur durchgehendes Streckengleis.

Das Gleis und die Strasse nähern sich jetzt gemeinsam dem südöstlichen Ortsausgang von Kehl. Die Schienen verlassen die Strasse nach rechts und führen ein kurzes Stück neben dieser her, um dann nach Süden abzubiegen, während die B 36 weiter die südöstliche Richtung beibehält. Die Strecke beschreibt hier einen Bogen und erreicht den westlichen Ortsrand von Sundheim beim **km 3,0 (Kehl-) Sundheim:** Bahnhofsgebäude, massiv, Güterhalle, Rampe, Ausweichmöglichkeiten. (Nach dem Zweiten Weltkrieg wurde noch ein Lokschuppen erstellt.)

Weiter in südlicher Richtung, abseits der Strasse, die mehr östlich verläuft, durch Wiesen und Felder des Hanauer Landes. Mittels einer leichten S-Kurve rückt die Trasse näher zum Rhein hin bis zum westlichen Rand bei **km 7,2 Marlen:** Bahnhofsgebäude, massiv, Güterhalle, Rampe, Waage, Ausweichmöglichkeiten.

Nach 500 Metern zweigt von der Hauptstrecke ein **Anschlussgleis** in Richtung Rhein ab beim **km 7,7 Marlen/Anschlussgleis Rhein:** Anschluss mit Umsetzgleis zur Bedienung des Steinlagerplatzes.

Südlich von Marlen rücken Schienen und die B 36 wieder näher zusammen. Das Gleis liegt jetzt unmittelbar rechts neben der Strasse und erreicht gemeinsam mit dieser die Doppelgemeinde bei **km 8,9 Goldscheurer–Kittersburg:** Massives Bahnhofsgebäude, Güterhalle, Rampe, Ausweichgleis.

Die Strecke führt weiter, immer die südliche Richtung beibehaltend, auf eigener Trasse rechts der heutigen B 36. Zur Rechten tritt ein Waldstück, der sog. «Untere Wald», bis an den Bahndamm heran, das Gleis kreuzt jetzt die Strasse, unmittelbar danach eine kleine Brücke. Während die Strasse nun auf die Ortsmitte von Altenheim zuläuft, strebt die Bahntrasse auf den östlichen Ortsrand zu. Ein Hauptsignal taucht auf, und man erreicht **km 14,3 Altenheim:** Bahnhofsgebäude, massiv, 2 Stockwerke, Güterschuppen, Rampe, Ausweichmöglichkeit, Lokschuppen. Von Osten mündet die Zweigstrecke aus Offenburg in den Bahnhof ein. Altenheim ist der einzige Bahnhof der MEG, welcher mittels mechanisch gestellter Hauptsignale abgesichert ist.

Nachdem das südliche Einfahrtssignal passiert ist, kreuzt die Trasse die B 36 und führt rechts in einiger Entfernung zur Strasse auf den Ortsrand von Dundenheim zu und erreicht **km 15,8 Dundenheim:** Bahnhofsgebäude, massiv, Güterschuppen, Rampe, Waage, Ausweichgleis.

Weiter in südlicher Richtung, rechts in einiger Entfernung zur Strasse auf eigener Trasse durch die Ortsmitte bis **km 17,5 Ichenheim:** Bahnhofsgebäude, massiv, Güterschuppen, Rampe, Ausweichmöglichkeiten.

Nach Durchfahrung der Gemeinde Ichenheim verläuft die Bahntrasse weiter in südlicher Richtung. Kreisstrasse und Bundesstrasse 36 führen östlich ausser Sichtweite nach Süden. Nach etwa 1,5 km mit Richtungsänderung nach Westen führt das Gleis durch den sog. «Niederwald». Kurz danach wird wieder die südliche Richtung eingenommen, und zwischen Feldern und Wiesen erreichen wir den Ortsrand von Meissenheim. Von Osten kommt wieder die Kreisstrasse heran, die jetzt innerhalb des Dorfes scharf nach Süden abbiegt. Genau in dieser Kurve überqueren die Schienen die Strasse und führen nun links in Seitenlage durch die Gemeinde. Links, am südlichen Ortseingang, etwas abseits der Strasse folgt **km 21,8 Meissenheim:** Bahnhofsgebäude, massiv, Güterschuppen, Rampe, Ausweichmöglichkeit.

Weiter in südlicher Richtung links neben der Kreisstrasse auf eigener Trasse. Nach etwa 1,5 km kreuzt das Gleis die Strasse und führt jetzt rechts davon weiter. Es folgt der Ortseingang von Ottenheim. Das Gleis liegt wieder in Seitenlage in der Strasse, und es folgt nach kurzer Fahrstrecke **km 24,2 Ottenheim «Hirsch»:** nur durchgehendes Streckengleis, Fahrkartenverkauf in der Gastwirtschaft.

Nach einer kurzen Wegstrecke wird das Strassenplanum wieder verlassen. Zwischen Bauernhäusern und Gärten windet sich die Strecke in scharfem Bogen nach Osten und erreicht **km 24,7 Ottenheim Bf.** (Betriebseinrichtungen, siehe Strecke: Rhein–Ottenheim–Lahr–Seelbach).

Zweigstrecke Altenheim–Offenburg (SSB)

Streckenverlauf

Diese Zweigstrecke beginnt beim **km 14,3 (0,0) Altenheim** (Betriebseinrichtungen siehe Strecke: Kehl–Altenheim–Ottenheim).

Mittels einer langgezogenen Kurve verlässt die Strecke auf eigener Trasse den nördlichen Ausgang des Bahnhofs Altenheim und schlägt die östliche Richtung ein. Zwei Wasserdurchlässe werden überquert, und gleich darauf taucht ein Bahnhofsgebäude auf, das etwas ausserhalb der Ortschaft liegt, und zwar beim **km 16,0 (1,7) Müllen:** massives Bahnhofsgebäude, Güterschuppen, Rampe, Ausweichgleis (km 18,6 [4,3], früher noch ein Ladegleis, das jedoch später entfernt wurde).

Durch Wiesengelände geht es weiter auf eigener Trasse in östlicher Richtung, auf einer Brücke wird die Schutter überquert und kurz darauf ein Waldstück durchfahren. Nach kurzer Fahrzeit wird der nördliche Ortsrand von Schutterwald erreicht beim **km 20,1 (5,8) Schutterwald:** Bahnhofsgebäude massiv, Güterschuppen, Rampe, Ausweichgleis, Anschlussgleis Heuberger.

Nach etwa 1 km wird mittels einer Kurve die nordöstliche Richtung eingeschlagen, und weiter geht es am Rand eines grösseren Waldgebietes entlang. Die Stadt Offenburg kommt in Sicht. Von Süden nähert sich die Bundesstrasse 3 aus Richtung Lahr und schwenkt jetzt mit scharfem Knick nach Osten auf die Stadt zu. Das aus Schutterwald kommende Gleis überquert die Strasse und führt rechts auf dem Strassenplanum in Seitenlage über die Kinzig. (Nach dem Zweiten Weltkrieg vorläufiger Endpunkt der Strecke bis zum Wiederaufbau der gesprengten Kinzigbrücke.) Die Bebauung links und rechts der Strasse beginnt, die Brückenrampe wird verlassen und die Strecke erreicht **km 24,0 (9,7) Offenburg, Ausweiche an der Landwirtschaftlichen Halle:** Betriebsausweiche und Ladegleis.

Weiter durch die Hauptstrasse, rechts in Seitenlage bis zum Fuss des sog. «Stadtbuckels» beim **km 24,2 (9,9) Offenburg, «Grüner Baum»:** nur durchgehendes Streckengleis, Fahrkartenverkauf in der Gastwirtschaft.

Gleis und Strasse schlagen jetzt nach einer scharfen Kurve die nördliche Richtung ein und erklimmen gemeinsam die Steigung des Stadtbuckels. In Höhe des Rathauses schwenkt das Gleis auf die linke Seite, nachdem sich die Strasse zum Marktplatz ausgeweitet hat, und erreicht **km 24,7 (10,4) Offenburg Marktplatz:** nur durchgehendes Streckengleis.

Auf der linken Strassenseite weiter durch die Offenburger Hauptstrasse bis vor den Staatsbahnhof bei **km 25,5 (11,2) Offenburg Staatsbahnhof:** nur durchgehendes Streckengleis, Anfangs- und Endpunkt der Personenzüge aus und in Richtung Altenheim.

Das Gleis läuft jetzt noch ein Stück auf der Hauptstrasse. Während diese dann rechtwinklig nach Westen abbiegt, behält das Gleis die nördliche Richtung bei und befindet sich jetzt auf dem Gelände der Staatsbahn. Mittels einer leichten Linkskurve verschwindet das Gleis zwischen Gärten und erreicht den etwas abseits liegenden Endpunkt der Strecke bei **km 25,6 (11,3) Offenburg Nebenbahnhof:** Güterschuppen, Rampe, normalspuriger Gleisanschluss zum Staatsbahnhof Offenburg.

(Offenburg Nebenbahnhof diente nur dem Güterverkehr. Der Personenverkehr begann und endete an der Haltestelle «Offenburg Staatsbahnhof».)

Schwarzach–Rastatt (SSB)

Erbaut durch: Strassburger Strassenbahn-Gesellschaft.

Erteilung der Konzession: 1. August 1906. In der Konzessionsurkunde ist auch ein Hinweis auf die Möglichkeit der elektrischen Zugförderung enthalten.

Streckeneröffnungen: 2. Mai 1909 Schwarzach–Rastatt. 30. Juni 1967 Abzweigung Stollhofen–Greffern / DOW-Chemicals GmbH (nur für den Werksgüterverkehr).

Gründung der MEG: 30. Juni 1923 durch Eintrag in das Handelsregister beim Amtsgericht Lahr.

Übernahme durch die MEG: 1. November 1923.

Streckenstilllegungen: 1. Juni 1938 Rastatt Staatsbf.–Rastatt ME (Gesamtverkehr). 15. April 1970 Rastatt ME–Schwarzach (Personenverkehr), Rastatt ME–Rastatt Übergabe (Güterverkehr). 11. September 1972 Rastatt Übergabe–Söllingen und Stollhofen–Schwarzach.

Anmerkung: Das Zwischenstück Söllingen–Stollhofen bleibt erhalten für die Bedienung des Flugplatzes. Die Kesselwagen kommen jetzt auf der umgespurten Strecke Bühl–Schwarzach–Stollhofen –Greffern zur neuen Rollschemelanlage in Stollhofen und von dort aufgeschemelt nach Söllingen.

9. April 1973 Söllingen–Stollhofen.

Dieses Reststück mit Rollwagenanlage bei Stollhofen entfällt jetzt, da inzwischen der normalspurige Abzweig nach Söllingen in Betrieb ist.

Somit ist der gesamte Schmalspurbetrieb nördlich Schwarzach eingestellt, und der Normalspurbetrieb hat teilweise die Arbeit übernommen.

Streckenänderungen: Zwischen Söllingen und Hügelsheim war Mitte der 50er Jahre eine Trassenverschiebung nach Westen erforderlich, weil die Bahnlinie den nordwestlichen Teil des NATO-Flugplatzes Söllingen durchquerte. Auf den einzelnen Bahnhöfen wurden die Gleisanlagen nach Bedarf den jeweiligen Erfordernissen entsprechend angepasst.

Entfernen der Schienen: Teilweise sofort nach der jeweiligen Gesamtbetriebseinstellung, teilweise nur dort, wo diese der neuen Normalspurstrecke im Wege lagen.

Streckenlänge: 20,400 km (bis 1938 / Rastatt Staatsbahnhof). 18,800 km bis Rastatt ME (nach SbV 1962). 4,600 km Nebengleise. Grösste Steigung: 15,2 ‰ = 1 : 66 auf rund 100 m.

Hinweise zum Streckenverlauf

Die folgende Beschreibung des Streckenverlaufs entspricht dem Betriebszustand, wie er nach dem Zweiten Weltkrieg bis zur Betriebseinstellung herrschte. Frühere betriebliche Sonderheiten sind jeweils besonders aufgeführt.

Verkehr

Der Personen- und Güterverkehr wurde auf der Gesamtstrecke durchgeführt, ebenso der Betrieb mit Rollwagen (aufgeschemelte Normalspurgüterwagen). Umsetzanlage bis 1938 bei Rastatt Staatsbahnhof, ab 1938 in Rastatt Übergabe.

Fabrikanschlüsse

Anschlussgleis Söllingen/Kiesgrube (Anfang der 30er Jahre aufgehoben).
Anschlussgleise Bauernverein, Gaswerk und Brauerei Franz, Rastatt.

Bahnhöfe, Haltestellen

Nur die Bahnhöfe Schwarzach, Rastatt Staatsbahnhof (bis 1938), Rastatt Übergabe (ab 1938) und Rastatt ME (ab 1938) waren mit Bahnpersonal besetzt. Alle anderen Bahnhöfe und Haltestellen waren sogenannte Agenturen, die von Privatpersonen betreut wurden, welche dafür eine entsprechende Provision erhielten.

Streckenverlauf

An der östlichen Ausfahrt des Bf. Schwarzach überqueren beide Gleise die Strasse nach Hildmannsfeld. Während die Strecke nach Bühl nach Osten führt, schlägt die Trasse nach Rastatt einen grossen Bogen um die Gemeinde Schwarzach. Das Gleis verläuft jetzt in nördlicher Richtung. In einem Wiesengrundstück wird der Mühlbach überbrückt. Die mit einer Blinklichtanlage gesicherte Strasse nach Schwarzach wird überquert, durch ein Neubaugebiet im Norden Schwarzachs führt die Trasse weiter durch Felder auf den Hohlerwald zu, der von Süden nach Norden durchquert wird. Der südliche Ortsrand von Stollhofen kommt in Sicht, das Gleis schwenkt scharf nach Westen und kreuzt kurz vor Stollhofen die ebenfalls mit einer Blinklichtanlage gesicherte B 36. Nun wieder eine Kurve nach Norden, Scheidgraben und Sulzbach werden mittels Brücken überquert. Von links kommend, mündet das Gleis aus Greffern in die Hauptstrecke ein. Unmittelbar darauf die Einfahrt in den am westlichen Ortsrand, abseits der Strasse liegenden Bahnhof bei **km 2,9 Stollhofen:** massives Bahnhofsgebäude, Güterschuppen, Laderampe, Ausweiche.

Anschlussgleis: Kurz nach der südlichen Ausfahrt von Stollhofen zweigt das Anschlussgleis nach Greffern ab, mittels einer Brücke wird nochmals der Scheidgraben überquert, durch Felder und Wiesen in südwestlicher Richtung. Die Gemeinde Greffern sowie das Chemiewerk werden nicht berührt, da sie weiter südwestlich bzw. südlich liegen. Dieses schmalspurige Anschlussgleis endet auf freiem Felde bei **Greffern/Rhein Übergabe** (Streckenlänge ca. 2,0 km): zwei Umsetzanlagen, Abstellgleise, keine Hochbauten, als Aufenthaltsraum für das Personal dient der ausrangierte zweiachsige Triebwagen T 6. Der weitere Anschluss zum Chemiewerk ist bereits in Normalspur ausgeführt. Der Transport zum Werk wird mit einer werkseigenen Kleindiesellok durchgeführt. Diese Anlage dient ausschliesslich dem Güterverkehr zum Chemiewerk.

Hauptgleis: Gleich nach der nördlichen Ausfahrt von Stollhofen rückt wieder die B 36 heran, das Gleis verläuft unmittelbar daneben in nördlicher Richtung. In Fahrtrichtung taucht die Gemeinde Söllingen auf. Während die B 36 rechts am Ort vorbeiführt, folgt die Trasse einer Strasse, welche in die Ortschaft hineinführt. Kurz vor Erreichen der ersten Häuser wird diese Strasse nochmals gekreuzt und somit der östliche Ortsrand erreicht bei **km 4,4 Söllingen Ladegleis (Flugplatz)** (dient nur zur Versorgung des Flugplatzes mit Treibstoff): Ladegleis als Ausweiche ausgebildet, Pumpstation mit mehreren Anschlüssen für die unterirdischen Treibstofflager, keine weiteren Hochbauten.

Weiter am östlichen Ortsrand nach Norden zum etwas ausserhalb gelegenen Bahnhof **km 4,8 Söllingen,** massives Bahnhofsgebäude, Laderampe, Güterschuppen, Seitenrampe, Ausweiche, Ladegleis.

Nach Kreuzung mit einer Gemeindeverbindungsstrasse neigt sich die Trasse in eine Senkung hinab, um gleich darauf mittels einer Kurve nach rechts die von Süden herankommende B 36 zu erreichen. Die Strecke steigt wieder aus der Senke heraus und legt sich links neben die B 36. Unmittelbar rechts neben der Strasse liegt das weitläufige Flugplatzgelände. Am nördlichen Ende des rechteckigen Flugplatzgeländes biegen Strasse und Bahntrasse scharf nach Osten, auf einer dammartigen Aufschüttung wird der Nordrand des Flugplatzes umgangen. Nach einer leichten Kurve in Richtung Norden tauchen nach kurzer Fahrzeit die Häuser von Hügelsheim auf. Das Gleis liegt jetzt links in Seitenlage auf der mit Kopfsteinen gepflasterten Strasse. (Sehr schöne, strassenbahnähnliche Strecke, der Ort wird auf der ganzen Länge auf der Strasse durchfahren.) Etwa in Ortsmitte **km 9,0 Hügelsheim Ort:** kleines Gebäude für Fahrkartenverkauf, Warteraum, Stückgutabfertigung, nur durchgehendes Streckengleis.

Unmittelbar am nördlichen Dorfrand, links neben der Strasse erreichen wir **km 9,4 Hügelsheim:** Ausweiche, Laderampe, keine weiteren Hochbauten.

Nun weiter in nördlicher Richtung, immer links neben der B 36. Mittels einer Brücke wird der Sandbach überquert, rechts mündet die Strasse aus Baden-Baden in die B 36 ein. Während die Bundesstrasse die Gemeinde Iffezheim rechts umgeht, biegen Kreisstrasse und Bahntrasse nach Westen. Die Trasse fällt dammartig nach links ab, und der südliche Ortsrand von Iffezheim wird erreicht. Die Kreisstrasse wird jetzt im südlichen Ortsteil nochmals von links nach rechts gekreuzt, und die Strecke schiebt sich zwischen Häusern und Strassen hindurch bis zur Ortsmitte bei **km 12,9 Iffezheim:** massives Bahnhofsgebäude, Güterschuppen, Laderampe, Ladegleis, Ausweichmöglichkeiten.

Die Trasse verlässt den Bahnhof in nördlicher Richtung, es folgen zwei gefährliche und unübersichtliche Strassenübergänge. Links unterhalb der Bahntrasse liegt jetzt die weltbekannte Pferderennbahn von Iffezheim. Weiter abseits der Strasse auf eigener Trasse durch Wiesen wird der in nördlicher Fahrtrichtung liegende Niederwald erreicht. In diesem Waldgebiet beginnt die Strecke zu steigen; wir nähern uns der Staatsbahnstrecke Rastatt–Wintersdorf, die nun mittels einer Brücke überquert wird. Unmittelbar nach der Brücke eine scharfe Kurve, und die Trasse neigt sich nach Osten in eine von Wald umgebene Mulde bei **km 16,5 Rastatt Übergabebahnhof:** nach Auflassung der Anlagen bei Rastatt Staatsbahnhof 1937/38 angelegt. Der Übergabebahnhof dient nur dem Güterverkehr. Das frühere, massive Dienstgebäude sowie die überdachte Umladerampe für Stückgüter zwischen Normal- und Schmalspur mussten Mitte der 60er Jahre einer dritten Umsetzanlage weichen. Als Dienstraum fungiert ein ausgemusterter 4achsiger Personenwagen. Die Übergabe von Stückgütern wurde nach Bühl verlegt. Ausweichmöglichkeiten, Abstellgleise, drei Umsetzanlagen für Normalspurgüterwagen auf schmalspurige Rollwagen. (Als Zubringer dient die Staatsbahnstrecke Rastatt–Wintersdorf, die parallel zum Übergabebahnhof läuft und mit diesem durch ein Anschlussgleis verbunden ist.)

Von Süden nähert sich jetzt wieder die B 36, mittels einer leichten Nordkurve legt sich das Gleis wieder links neben die Strasse, während die Staatsbahnstrecke von Wintersdorf die Strasse kreuzt und in nordöstlicher Richtung direkt auf den Staatsbahnhof Rastatt zuläuft. Die Schmalspurstrecke folgt weiter der Strasse, rechts die ersten Häuser von Rastatt, links eine Parkanlage, die Trasse rückt etwas von der Strasse ab und durchfährt diese Anlagen. Einige Strassen werden noch gekreuzt. Gleich darauf die Einfahrt in den abseits der Strasse liegenden Bahnhof bei **km 18,8 Rastatt M. E.:** massives Bahnhofsgebäude, Lok- bzw. Triebwagenschuppen, Ausweichmöglichkeiten, Abstellgleise, Anschluss zum Gaswerk. Unbesetzte Güterladestelle bis 1938, seither Endbahnhof in Rastatt.

Strecke zwischen **km 18,8 Rastatt Lokalbahnhof (M. E.) bis km 20,4 Rastatt Staatsbahnhof** bis 1938 (dann ersatzlos gestrichen).

Nach Verlassen von km 18,8 Rastatt Lokalbahnhof (M. E.) schwenkt das Gleis wieder auf die Kehler Strasse in Seitenlage, Strasse und Bahnlinie überqueren gemeinsam mittels der Badener Brücke die Murg, weiter in nordöstlicher Richtung durch die Kapellenstrasse. Das Gleis wechselt von links nach rechts über die Strasse und schwenkt in die dortigen Anlagen ein, jetzt weiter auf dem Murgdamm, vorbei an der Franzbrücke, dort ein Gleisanschluss zur Brauerei Franz. Die östliche Fahrtrichtung wird beibehalten, es folgt eine niveaugleiche Kreuzung mit Normalspur, die Rollwagenanfahrt zur Umsetzanlage mit einer Drehscheibe. Nun eine Schwenkung nach Norden in die Merkurstrasse, rechts Ausweichmöglichkeiten, Ladegleise, Güterschuppen und Laderampe parallel zum Staatsbahnhof Rastatt. Nach ca. 200 Meter endete die Strecke mit einer Ausweiche auf dem Bahnhofsplatz vor dem Staatsbahnhof (km 20,4).

Weitere Haltestellen für den Personenverkehr zwischen Rastatt Lokalbahnhof (M. E.) und Rastatt Staatsbahnhof: Rastatt «Bären», Rastatt «Sonne».

Müllheim–Badenweiler Eisenbahn

Strecke: Müllheim Staatsbahnhof–Müllheim Stadt–Badenweiler.

Streckenlänge: 7,6 km, Gesamtgleislänge: 9,2 km.

Betriebseröffnung: 15. Februar 1896.

Bau und Betrieb: Lokalbahn Müllheim–Badenweiler.

Spurweite: 1000 mm.

Verkehr: Bis zum Jahr 1913 Personenverkehr und Güterverkehr mittels Dampflokomotiven. 1912/13 Elektrifizierung der Gesamtstrecke (Gleichstrom 1060 V). Personen- und Güterverkehr dann durch schwere, strassenbahnähnliche Überlandtriebwagen mit Beiwagen. Ein Transport von normalspurigen Güterwagen auf Rollschemel oder Rollwagen hat nicht stattgefunden.

Änderung der Besitzverhältnisse: 1. Januar 1955 Übernahme durch die Mittelbadische Eisenbahnen AG, Lahr.

Betriebseinstellung: 22. Mai 1955.

Heutiger Verkehr: Nach Einstellung des Schienenbetriebes, Übernahme des Personenverkehrs durch Omnibusse und des Güterverkehrs durch LKW der MEG, bzw. ab 1. Oktober 1971 durch deren Nachfolgerin, die SWEG, bis zum heutigen Tage.

Nebenbahn Zell–Todtnau

Strecke: Zell (Wiesental)–Todtnau.
Streckenlänge: 18,8 km, Gesamtgleislänge: 24,7 km.
Betriebseröffnung: 6. Juli 1889.

Bau und Betrieb: Firma Hermann Bachstein, Berlin. Bereits 1897 wurde die Bahn an die Süddeutsche Eisenbahn-Gesellschaft, Darmstadt, verkauft.

Spurweite: 1000 mm.

Verkehr: Personen- und Güterverkehr mittels Dampflokomotiven. Ende der zwanziger Jahre Einsatz eines Triebwagens, der sich jedoch nicht bewährte. 1955 Anschaffung eines schweren, vierachsigen Triebwagens. Berufsverkehr und der schwere Güterverkehr wurden weiterhin mittels Dampftraktion durchgeführt. Normalspurige Güterwagen wurden auf Rollwagen transportiert.

Änderung der Besitzverhältnisse: 1. Januar 1953 Übernahme durch die Mittelbadische Eisenbahnen AG, Lahr.

Betriebseinstellung: 23. September 1967.

Heutiger Verkehr: Betrieb wird heute mit Omnibussen der Deutschen Bundesbahn durchgeführt.

Kaiserstuhlbahn

Strecke: Riegel–Riegel Ort–Breisach sowie Riegel Ort–Gottenheim.

Streckenlänge: 40,1 km, Gesamtgleislänge: 48,7 km.

Betriebseröffnung: 15. Dezember 1894.

Bau und Betrieb: Firma Hermann Bachstein, Berlin. Bereits 1897 wurde auch diese Bahn an die Süddeutsche Eisenbahn-Gesellschaft, Darmstadt, verkauft.

Spurweite: 1435 mm.

Verkehr: Bis 1925 Personen- und Güterverkehr ausschliesslich mittels Dampflokomotiven. 1925 erster Triebwagen, 1935, 1956 und 1960 Einsatz weiterer Triebwagen, ausserdem 1956 Beschaffung einer Diesellok.

Änderung der Besitzverhältnisse: 1. Januar 1953 Übernahme durch die Mittelbadische Eisenbahnen AG, Lahr. Am 1. Oktober 1971 übernimmt die Nachfolgerin der MEG, die SWEG, den Betrieb.

Heutiger Verkehr: Der Personenverkehr wird heute mit Triebwagen durchgeführt, die oftmals auch als Schleppfahrzeuge im leichten Güterverkehr dienen. Berufsverkehr und schweren Güterdienst übernimmt die Diesellokomotive. Die letzte noch in Reserve stehende Dampflok wurde gegen Ende der sechziger Jahre abgestellt. Zu bemerken ist noch, dass einige Triebwagenzüge auf der Strecke Riegel Ort–Gottenheim über die anschliessende Bundesbahnstrecke bis Freiburg Hbf. geführt werden.

Bregtalbahn

Strecke: Donaueschingen–Hüfingen–Furtwangen. Der Streckenabschnitt Donaueschingen–Hüfingen (2,6 km) wurde 1902 durch die damalige badische Staatsbahn angekauft, nach Verlängerung der Höllentalbahn von Neustadt in Richtung Donaueschingen. Seither wird dieser Abschnitt gemeinsam befahren.

Streckenlänge: 29,7 km (+ 2,6 km), Gesamtgleislänge: 39,2 km.

Betriebseröffnung: 20. Oktober 1892.

Bau und Betrieb: Firma Hermann Bachstein, Berlin. Auch diese Bahn wurde bereits 1897 an die Süddeutsche Eisenbahn-Gesellschaft, Darmstadt, verkauft.

Spurweite: 1435 mm.

Verkehr: Bis Ende der zwanziger Jahre Personen- und Güterverkehr ausschliesslich mittels Dampflokomotiven. 1929 erster Triebwagen, 1959 Anschaffung einer schweren Diesellok, 1961 Kauf des zweiten Triebwagens.

Änderung der Besitzverhältnisse: 1. Januar 1953 Übernahme durch die Mittelbadische Eisenbahnen AG, Lahr. Am 1. Oktober 1971 übernimmt die Nachfolgerin der MEG, die SWEG, den Betrieb.

Heutiger Verkehr: Die beiden Triebwagen versehen heute den Personenverkehr, während die Diesellokomotive die Berufszüge und das tägliche Güterzugpaar befördert. Die Dampflokreserve wurde anfangs der siebziger Jahre ausgemustert.

Letzte Meldung von der Bregtalbahn: Am 1. Oktober 1973 stellte die SWEG den gesamten Schienenverkehr auf der Bregtalbahn überraschend ein. Jetzt hat die Landesregierung in Stuttgart die SWEG von ihrer Betriebspflicht auf der Schiene für dauernd entbunden.

Badische Eisenbahnkarte von 1910 (nächste Seite)

1 Diese Karte zeigt im linken unteren Viertel die in diesem Buch dargestellte **Stammbahn der MEG** zwischen den Orten Rastatt, Kehl, Lahr und Seelbach. Seit 1953 betrieb und besass die MEG noch die folgenden, auf badischem Gebiet liegenden ehemaligen SEG-Strecken: Die **Bregtalbahn** Donaueschingen–Furtwangen, die **Kaiserstuhlbahn** Gottenheim–Riegel und Breisach (beides Normalspurbahnen), die Nebenbahn **Zell–Todtnau** und seit 1955 die elektrisch betriebene Lokalbahn **Müllheim–Badenweiler** (beide Schmalspur). Alle diese Strecken sind in der Karte eingetragen.

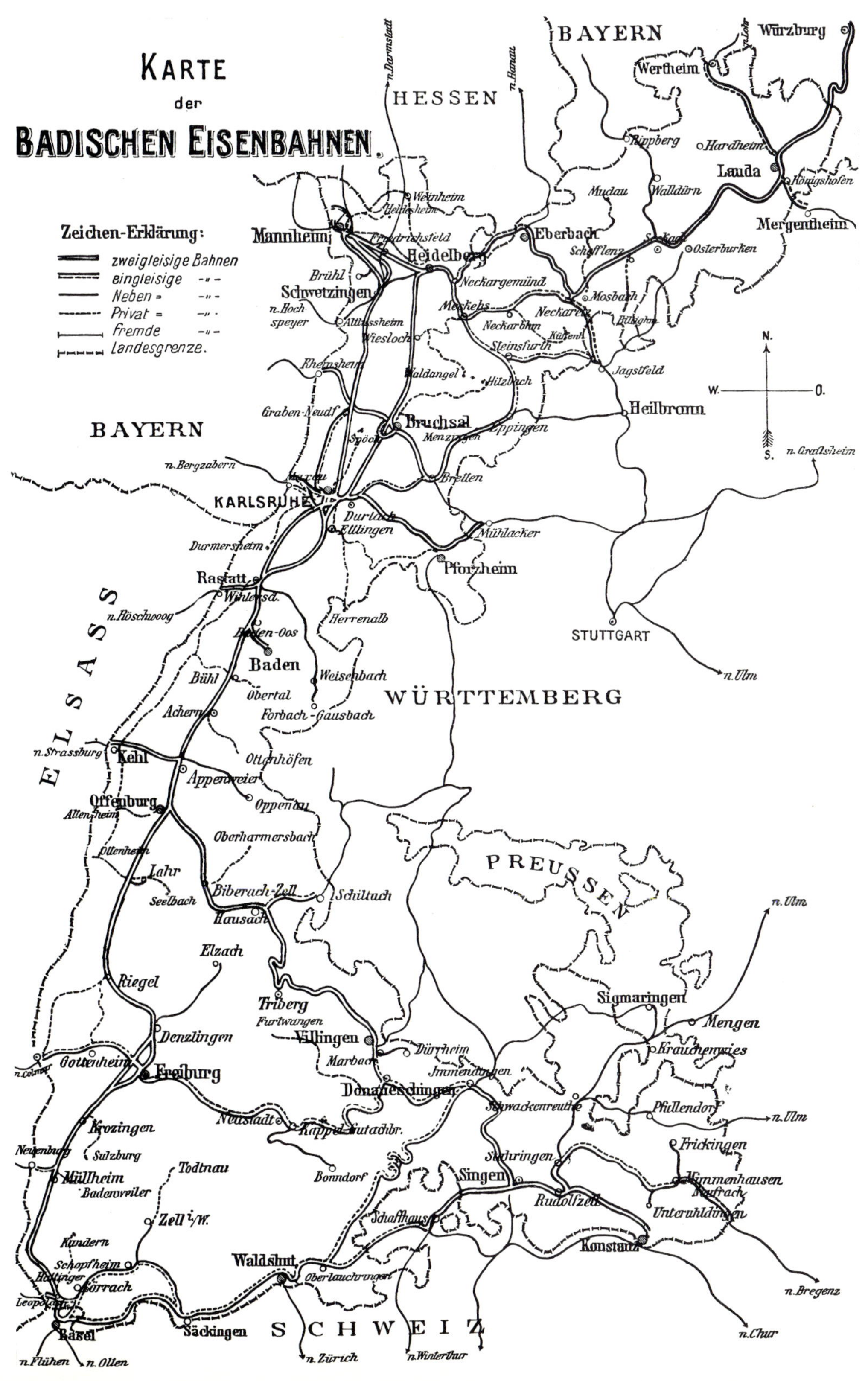
KARTE
der
BADISCHEN EISENBAHNEN.
Zeichen-Erklärung:
zweigleisige Bahnen
eingleisige -„-
Neben = -„-
Privat = -„-
fremde -„-
Landesgrenze.
BAYERN
HESSEN
BAYERN
ELSASS
WÜRTTEMBERG
PREUSSEN
SCHWEIZ
Würzburg
Wertheim
Hardheim
Lauda
Königshofen
Mergentheim
Walldürn
Mudau
Eberbach
Osterburken
Mannheim
Weinheim
Heidelberg
Friedrichsfeld
Brühl
Schwetzingen
Neckargemünd
Mosbach
Neckarelz
Jagstfeld
Heilbronn
Wiesloch
Bruchsal
Eppingen
Bretten
n. Bergzabern
KARLSRUHE
Durlach
Mühlacker
Pforzheim
Durmersheim
Rastatt
n. Röschwoog
Herrenalb
Baden-Oos
Baden
STUTTGART
n. Ulm
Bühl
Achern
Forbach-Gausbach
n. Strassburg
Kehl
Appenweier
Ottenhöfen
Offenburg
Oppenau
Oberharmersbach
Lahr
Seelbach
Biberach-Zell
Schiltach
Hausach
Elzach
Riegel
Triberg
Furtwangen
Villingen
Dürrheim
Denzlingen
Gottenheim
Freiburg
Donaueschingen
Immendingen
Sigmaringen
Mengen
Krauchenwies
Pfullendorf
n. Ulm
Neustadt
Krozingen
Sulzburg
Müllheim
Badenweiler
Todtnau
Zell i/W.
Bonndorf
Singen
Radolfzell
Frickingen
Schaffhaus
Konstanz
n. Bregenz
Kandern
Schopfheim
Lörrach
Waldshut
Säckingen
Basel
n. Zürich
n. Winterthur
n. Chur
n. Flühen
n. Olten
N.
W.
O.
S.

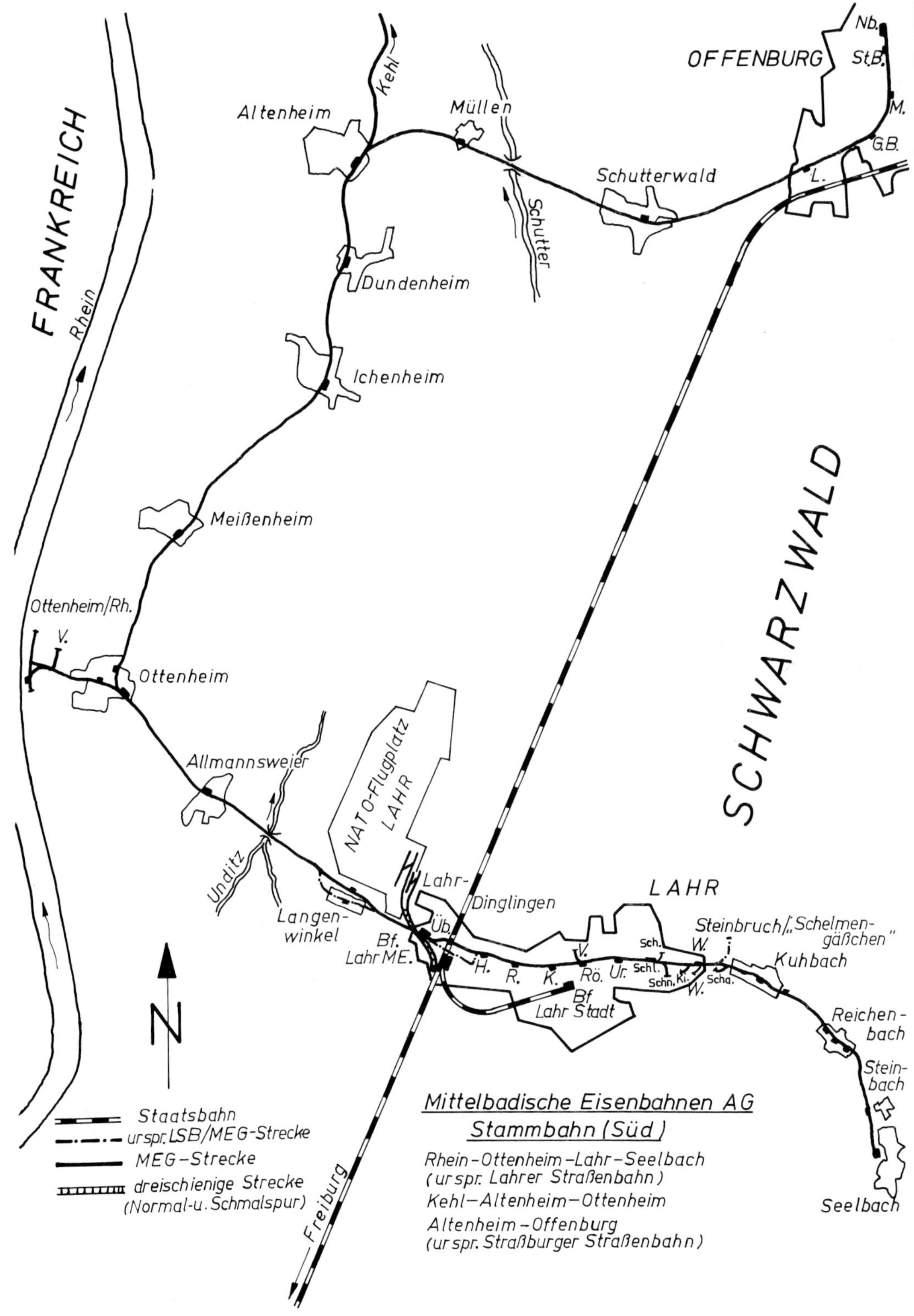
FRANKREICH
Rhein
Kehl
Altenheim
Müllen
OFFENBURG
Nb.
St.B.
M.
G.B.
L.
Schutterwald
Schutter
Dundenheim
Ichenheim
SCHWARZWALD
Meißenheim
Ottenheim/Rh.
V.
Ottenheim
Allmannsweier
NATO-Flugplatz LAHR
Unditz
Langen-winkel
Lahr-Dinglingen
LAHR
Üb.
Bf. Lahr ME.
H.
R.
K.
V.
Rö.
Ur.
Sch.
Schl.
Schn.
Ki.
W.
Scha.
W.
Steinbruch / „Schelmen-gäßchen"
Kuhbach
Bf Lahr Stadt
Reichen-bach
Stein-bach
Seelbach
N
Freiburg
Staatsbahn
urspr. LSB/MEG-Strecke
MEG-Strecke
dreischienige Strecke (Normal- u. Schmalspur)
Mittelbadische Eisenbahnen AG
Stammbahn (Süd)
Rhein-Ottenheim-Lahr-Seelbach (urspr. Lahrer Straßenbahn)
Kehl-Altenheim-Ottenheim
Altenheim-Offenburg (urspr. Straßburger Straßenbahn)

FRANKREICH

N

Rhein

Lichtenau-Süd

Ulm

Gbf

Scherzheim

Helmlingen

Rench

Muckenschopf

Memprechtshofen

Freistett

Neufreistett

Diersheim

Rheinbischofsheim

-Süd (Oberdiersheim)

Honau

Mittelbadische Eisenbahnen AG

Stammbahn (Nord)

Kehl-Freistett-Schwarzach-Bühl

Schwarzach-Rastatt

(urspr. Straßburger Straßenbahn)

SCHWARZWALD

Leutesheim

Auenheim

Kinzig

Kehl-Hafen

Staatsbahn

urspr. MEG-Strecke/SSB-Strecke

MEG-Strecke

Appenweier

Nb. R. T. KEHL

H.

Sundheim

Altenheim

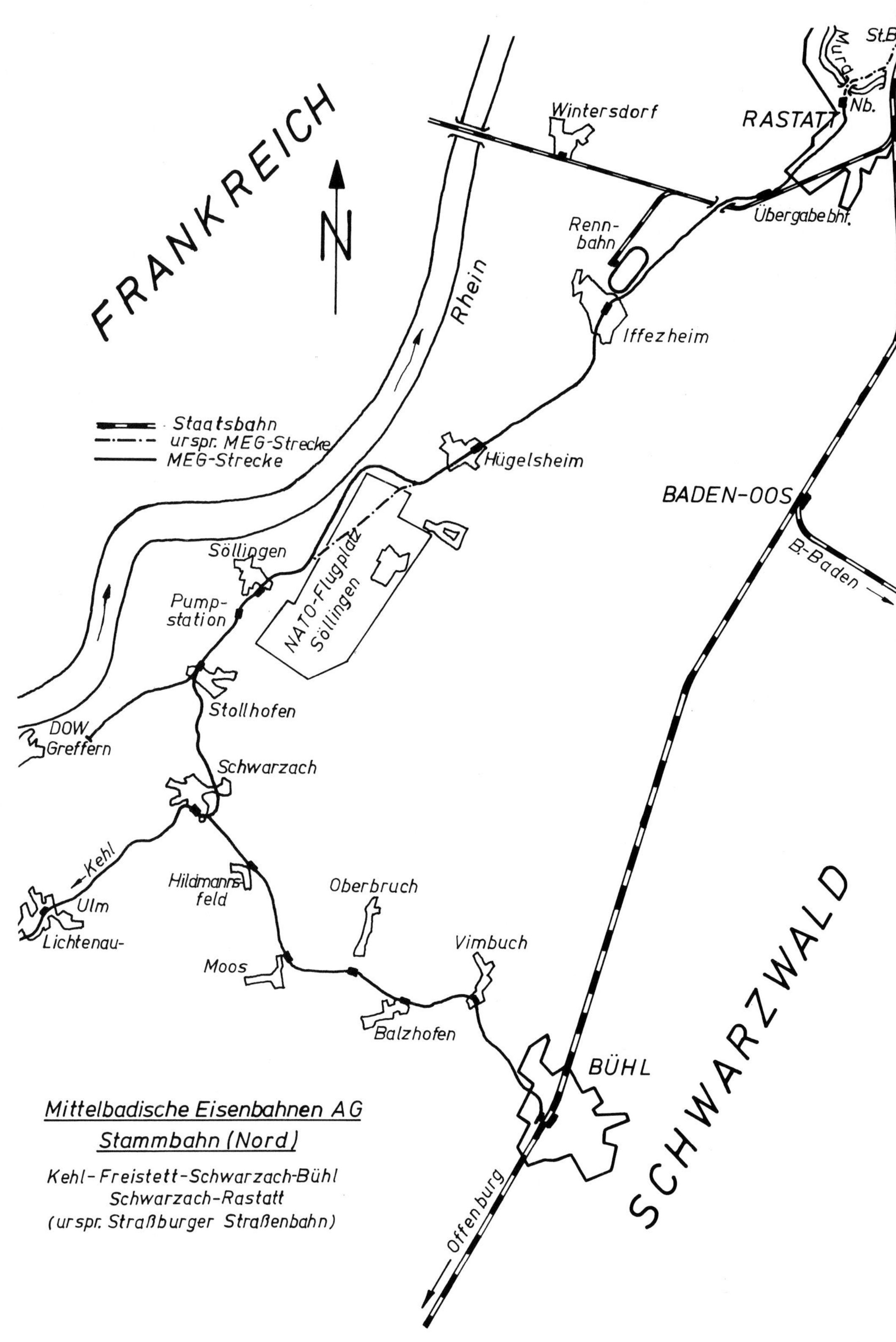
FRANKREICH
N
Rhein
Wintersdorf
RASTATT
St.B.
Murg
Nb.
Übergabebhf.
Renn-
bahn
Iffezheim
Staatsbahn
urspr. MEG-Strecke
MEG-Strecke
Hügelsheim
BADEN-OOS
B.-Baden
Söllingen
NATO-Flugplatz
Söllingen
Pump-
station
Stollhofen
DOW
Greffern
Schwarzach
Kehl
Hildmanns-
feld
Ulm
Lichtenau-
Oberbruch
Vimbuch
Moos
Balzhofen
BÜHL
SCHWARZWALD
Offenburg
Mittelbadische Eisenbahnen AG
Stammbahn (Nord)
Kehl-Freistett-Schwarzach-Bühl
Schwarzach-Rastatt
(urspr. Straßburger Straßenbahn)

Von Vorgängerbahnen der MEG

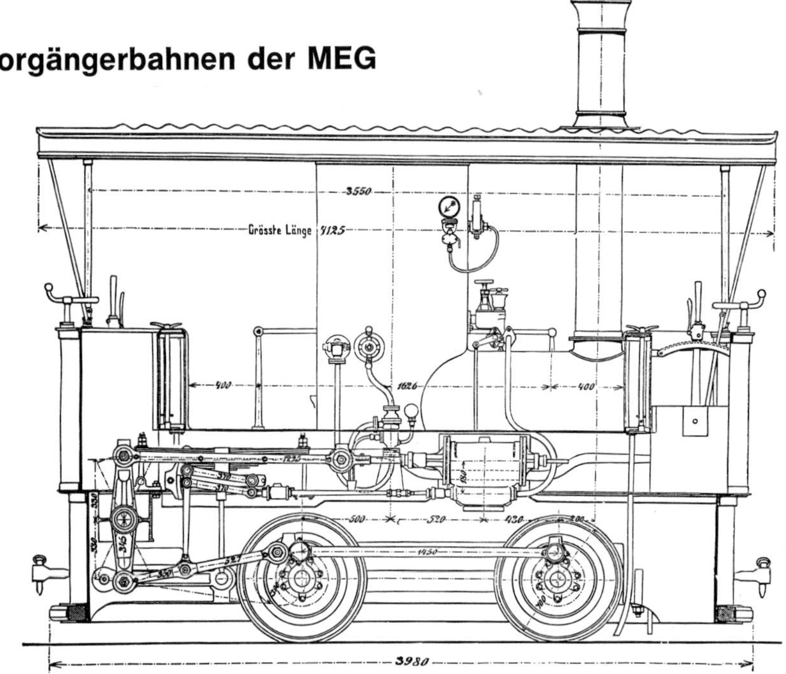

5 Normalspuriger Strassenbahnzug der Strassburger Strassenbahn (SSB) vor dem badischen Staatsbahnhof in Kehl bzw. dem Eingang zur «Übergangssteuerstelle».
Der Zug besteht aus der **SLM-Tramwaydampflokomotive Nr. 13** und den Personenwagen Nr. 42, 39, 47 und 38. Er ist abfahrbereit Richtung Strassburg, aufgenommen im Jahre 1895. Diese wie auch zahlreiche andere Maschinen der SSB lieferte die Schweizerische Lokomotiv- und Maschinenfabrik Winterthur (vgl. Liste, Legende 30). Die Personenwagen stammen von der Schweizerischen Industrie-Gesellschaft (SIG), Neuhausen am Rheinfall.
Um die Lieferungen dieser verschiedenen Tramway-Dampflokomotiven entstand einst ein heftiger Konkurrenzkampf, ebenso eine Diskussion um die Zweckmässigkeit der SLM-Maschinen. Diese Kontroverse veranlasste die SLM zum Druck einer umfangreichen Schrift mit besonderer Berücksichtigung der SSB-Lieferungen. Resultat: zu dieser Zeit waren die verschiedenen SLM-Tramway-

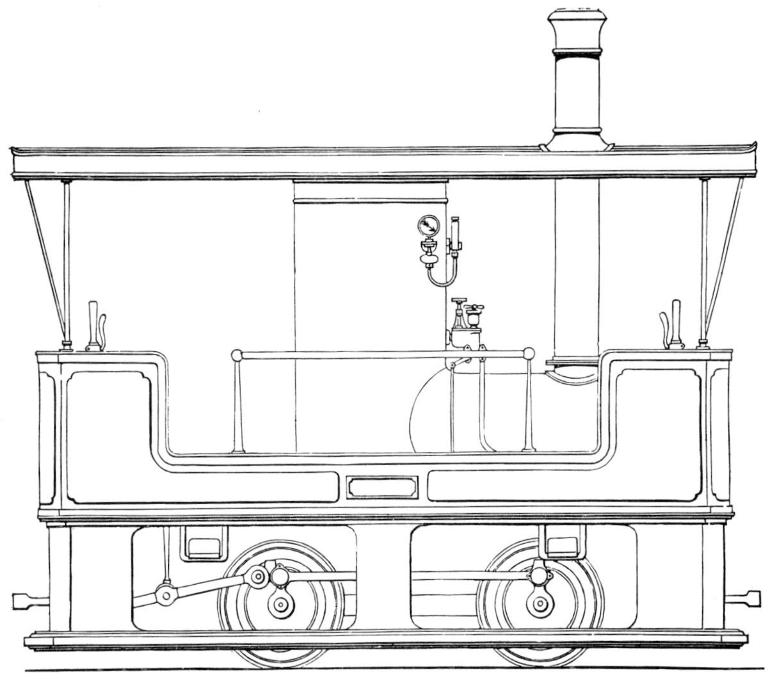

lokomotiven in fast jeder Hinsicht führend und die Käufer sehr zufrieden. (Original im Besitz des Verlages.)

6 Typenzeichnung der **SLM-Tramway-Lokomotive Nr. 13** der SSB. Die Verkleidungsbleche wurden auf dieser Abbildung weggelassen, um einen Blick auf Zylinder und Antriebsorgane zu gewährleisten. (Zeichnung SLM)

7 Ausschnittvergrösserung: Die Lokomotive Nr. 13 der SSB in Kehl, 1895. Die Maschine wurde im Jahr 1880 von Winterthur geliefert. (Archiv des Verlages)

8 **SLM-Lokomotive Nr. 13**; Typenzeichnung mit Verkleidung, dienstbereit, 1880.

9 Die gleiche Tramway-Dampflokomotive Nr. 13, Längsschnitt durch den Kessel mit einigen Massangaben. (Zeichnungen SLM)

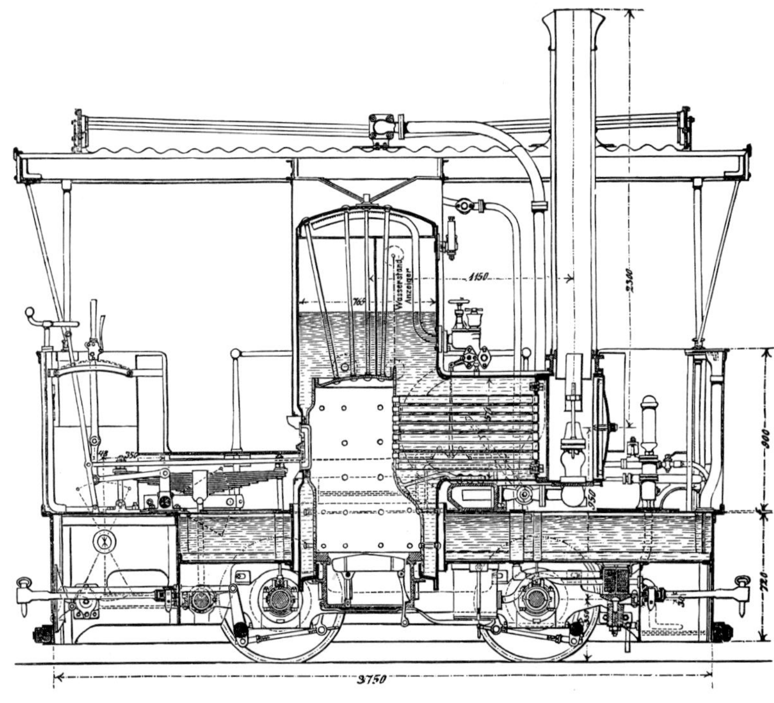

S. S. G.
Rastatt-Bären
Söllingen
3. Kl.
15 km
Rastatt-Bären - Söllingen
007109

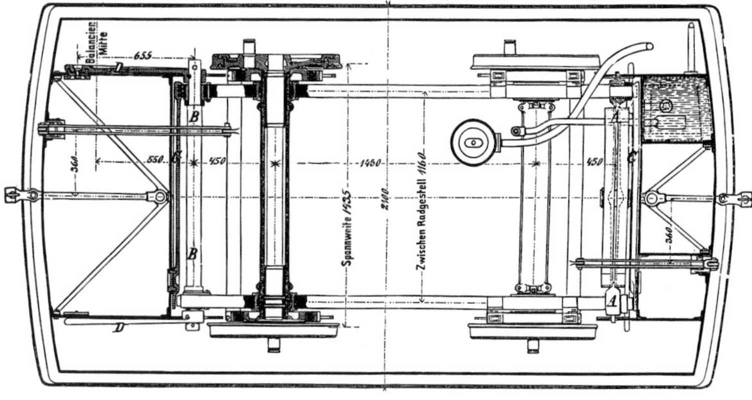

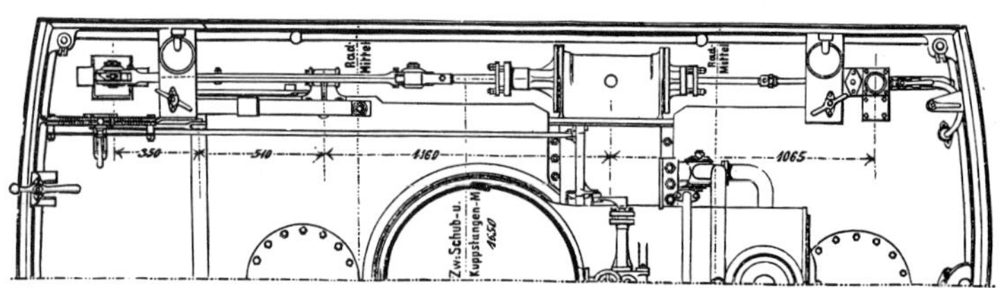

10/11 Oben: Horizontalschnitte durch das zweiachsige Untergestell der **SLM-Dampflokomotive Nr. 13** der SSB. Halber Grundriss durch die Lokomotive.
Da wir in diesem Buch die MEG beschreiben, streifen wir die Vorgängerbahnen lediglich fragmentarisch am Rande.

12 Unten: Elektrisch betriebener Strassenbahnzug, bestehend aus Motorwagen (neu) und zwei Sommerwagen aus der Dampflokzeit der Strassburger Strassenbahn. Blick auf die Kehler Hauptstrasse. Erst rund ein halbes Jahr vor Entstehen dieses Fotos wurde dieser Abschnitt, welcher Anschluss an die Linien der späteren MEG bot, von Normalspur auf Schmalspur (1000 mm) umgebaut. Aufnahme 1898.

(Sammlungen Dr. Marx, H. D. Menges)

Kehl.

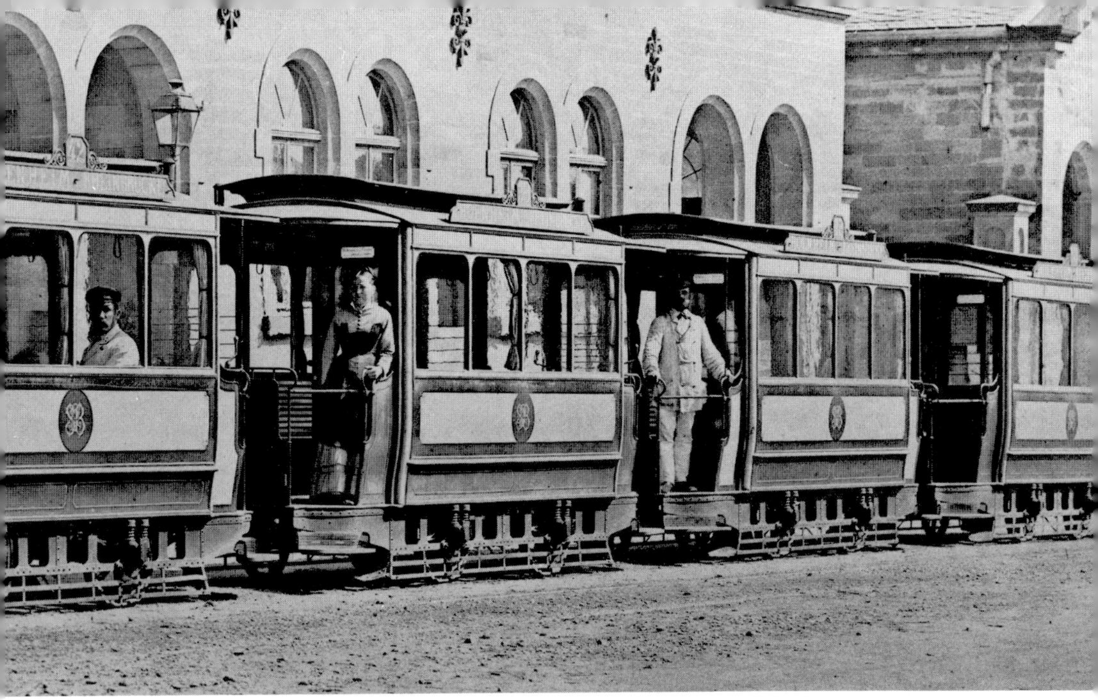

13 **Fahrkarte 7155** vom 13. Juni 1918, also aus einer Zeit, da der grösste Teil des späteren MEG-Netzes noch zur Strassburger Strassenbahn (SSB) gehörte.

13a **Fahrkarte 7109** vom 19. März 1924. Zur Zeit der Ausgabe dieses Fahrscheines hatte die MEG die Strecken der SSB und LSB übernommen. Die damals noch vorhandenen Fahrkarten mit dem alten Aufdruck SSG (Strassburger Strassenbahn-Gesellschaft) wurden jedoch noch auf Jahre hinaus verwendet und solchermassen die alten Bestände aufgebraucht. Der Fahrpreis war wahrscheinlich der täglich ins uferlose steigenden Preise wegen (Inflation) nicht aufgedruckt.

14 Diese vier Personenwagen der SSB besitzen die Nummern 42, 39, 47 und 38. Sie wurden in den Jahren 1878/79 durch die Firma SIG, Neuhausen am Rheinfall, geliefert, Kehl 1895. Man vergleiche Bild Nr. 5. (Archiv des Verlages)

15 Hier ein Personenzug der SSB im Bahnhof **Rheinbischofsheim** um die Jahrhundertwende, abfahrbereit in Richtung Schwarzach. Vorgespannt ist eine Lokomotive der Serie Nr. 41–44. (Foto Stark)

16 Eine Lokomotive der Serie **Nr. 31–34** der SSB vom linksrheinischen Netz mit Bahnpersonal, in Strassburg/Lokalbahnhof. (Archiv MEG)

17 **Probefahrt** auf der Kehl–Bühl-Strecke am 15. Dezember **1891.** Der Zug wird angeführt von der SSB-Lokomotive Nr. 42, und angehängt ist ein zweiklassiger Personenwagen der Serie Nr. 19–24 (Malines), später Nr. 71–76. Das Foto trägt folgenden Vermerk: «Der erste Zug ins Hanauerland mit der Localbahn im 15. 12. 1891. Er entgleiste auf der Rückfahrt bei Lichtenau.» (Archiv E. Fingado/Abel)

18 Der Bahnhof **Bühl** im Jahre 1891. Links ein Zug der SSB mit Lokomotive Nr. 42. Rechts daneben ein Zug der Badischen Staatseisenbahn.

19 Blick auf den Bahnhof von **Rheinbischofsheim,** Anno 1892.

20 Diese Abbildung zeigt das Aufnahmegebäude von **Schwarzach** im gleichen Jahre.
(«Wanderungen durch das Hanauerland», A. Klatte, Strassburg, 1892)

21 Eröffnungszug der **Lahrer Strassenbahn-Gesellschaft,** am 29. November 1894. Unser Foto entstand an diesem Tag im Bahnhof Lahr Schlüssel mit den bekränzten Personenwagen 3. Klasse Nr. 4 und 2 sowie einer Lokomotive der Serie Nr. 1–4. Die Wagen wurden 1893/94 bei Zypen & Charlier in Köln gebaut. (Archiv MEG)

22 Ein Güterzug der Lahrer Strassenbahn-Gesellschaft, geführt von der Lokomotive Nr. 5, hier in der Kaiserstrasse, Fahrtrichtung Lahr Schlüssel, um 1902 aufgenommen. (Foto Dieterle)

Lahrer Straßenbahngesellschaft in Lahr.

Fahrplan der Lokalzüge der Nebenbahn Rhein-Lahr-Seelbach

für die Zeit vom 8. Februar 1915 bis auf Weiteres.

Richtung Seelbach—Lahr Kehl. Werktags 30	32	36	38	40	42	44	Sonntags 30	34	38	40	44	46		Zug No.		Richtung Kehl Lahr—Seelbach. Werktags	33	35	37	39	41		Sonntags 33	35	37	41	43
—	—	8^{25}	11^{40}	—	$6^{\underline{06}}$	$8^{\underline{32}}$	—	7^{39}	11^{40}	3^{40}	$8^{\underline{10}}$	—	ab	**Seelbach**	an	—	8^{04}	11^{07}	3^{49}	—	$8^{\underline{02}}$	—	7^{15}	11^{16}	3^{13}	$7^{\underline{30}}$	—
—	—	8^{36}	11^{53}	—	$6^{\underline{17}}$	$8^{\underline{43}}$	—	7^{50}	11^{51}	3^{51}	$8^{\underline{21}}$	—	„	Reichenbach, Vorderdorf	ab	—	7^{53}	10^{54}	3^{36}	—	$7^{\underline{51}}$	—	7^{04}	11^{05}	3^{02}	$7^{\underline{20}}$	—
—	—	8^{43}	12^{00}	—	$6^{\underline{26}}$	$8^{\underline{49}}$	—	7^{57}	11^{57}	3^{57}	$8^{\underline{28}}$	—	„	Kuhbach, Lamm	ab	—	7^{47}	10^{48}	3^{30}	—	$7^{\underline{45}}$	—	6^{58}	10^{59}	2^{56}	$7^{\underline{13}}$	—
—	—	8^{52}	12^{09}	—	$6^{\underline{35}}$	$8^{\underline{59}}$	—	8^{07}	12^{07}	4^{07}	$8^{\underline{38}}$	—	an	Lahr, Bahnhof	ab	—	7^{37}	10^{38}	3^{20}	—	$7^{\underline{35}}$	—	6^{48}	10^{49}	2^{46}	$7^{\underline{03}}$	—
—	—	8^{53}	12^{10}	4^{27}	$6^{\underline{36}}$	$9^{\underline{00}}$	—	8^{08}	12^{08}	4^{08}	$8^{\underline{39}}$	$9^{\underline{30}}$	ab	„ „	an	—	7^{36}	10^{37}	3^{18}	4^{12}	$7^{\underline{32}}$	—	6^{47}	10^{48}	2^{45}	$7^{\underline{02}}$	$9^{\underline{24}}$
—	—	8^{56}	12^{14}	4^{30}	$6^{\underline{40}}$	$9^{\underline{03}}$	—	8^{11}	12^{11}	4^{11}	$8^{\underline{42}}$	$9^{\underline{33}}$	„	„ Urteilsplatz	ab	—	7^{33}	10^{33}	3^{15}	4^{09}	$7^{\underline{29}}$	—	6^{44}	10^{45}	2^{42}	$6^{\underline{59}}$	$9^{\underline{21}}$
—	—	8^{59}	12^{18}	4^{33}	$6^{\underline{44}}$	$9^{\underline{06}}$	—	8^{14}	12^{14}	4^{14}	$8^{\underline{45}}$	$9^{\underline{36}}$	„	„ Gymnasium	ab	—	7^{30}	10^{29}	3^{12}	4^{06}	$7^{\underline{26}}$	—	6^{41}	10^{42}	2^{39}	$6^{\underline{56}}$	$9^{\underline{18}}$
—	—	9^{03}	12^{22}	4^{37}	$6^{\underline{48}}$	$9^{\underline{10}}$	—	8^{17}	12^{17}	4^{17}	$8^{\underline{48}}$	$9^{\underline{40}}$	„	„ Stadtpark	ab	—	7^{26}	10^{25}	3^{08}	4^{02}	$7^{\underline{22}}$	—	6^{37}	10^{39}	2^{36}	$6^{\underline{52}}$	$9^{\underline{14}}$
—	—	9^{15}	12^{34}	4^{49}	$7^{\underline{00}}$	$9^{\underline{22}}$	—	8^{28}	12^{28}	4^{29}	$8^{\underline{59}}$	$9^{\underline{51}}$	an	Dinglingen, Staatsb.	ab	—	7^{15}	10^{13}	2^{56}	3^{50}	$7^{\underline{10}}$	—	6^{25}	10^{28}	2^{25}	$6^{\underline{40}}$	$9^{\underline{03}}$
—	$5^{\underline{30}}$	—	12^{38}	4^{50}	$7^{\underline{05}}$	—	$5^{\underline{00}}$	8^{29}	12^{30}	4^{30}	—	$9^{\underline{52}}$	ab	„ Nebenbahnhof	an	—	7^{07}	10^{08}	2^{53}	—	$7^{\underline{03}}$	-	6^{12}	10^{26}	2^{23}	$6^{\underline{38}}$	$9^{\underline{00}}$
—	$5^{\underline{35}}$	—	12^{44}	4^{56}	$7^{\underline{11}}$	—	$5^{\underline{05}}$	8^{35}	12^{35}	4^{36}	—	$9^{\underline{57}}$	„	Langenwinkel	ab	—	7^{02}	10^{03}	2^{48}	—	$6^{\underline{58}}$	—	6^{07}	10^{21}	2^{18}	$6^{\underline{33}}$	$8^{\underline{55}}$
—	$5^{\underline{46}}$	—	12^{55}	5^{07}	$7^{\underline{22}}$	—	$5^{\underline{16}}$	8^{46}	12^{46}	4^{47}	—	$10^{\underline{08}}$	„	Allmannsweier	ab	—	6^{51}	9^{52}	2^{37}	—	$6^{\underline{47}}$		$5^{\underline{56}}$	10^{10}	2^{07}	$6^{\underline{22}}$	$8^{\underline{44}}$
—	$5^{\underline{52}}$	—	1^{01}	5^{13}	$7^{\underline{28}}$	—	$5^{\underline{22}}$	8^{52}	12^{52}	4^{53}	—	$10^{\underline{14}}$	an	Ottenheim, Bahnhof	ab	—	6^{45}	9^{45}	2^{30}	—	$6^{\underline{40}}$	—	$5^{\underline{50}}$	10^{03}	2^{00}	$6^{\underline{15}}$	$8^{\underline{37}}$
$5^{\underline{24}}$	6^{15}	—	1^{06}	5^{16}	$7^{\underline{29}}$	—	$5^{\underline{30}}$	8^{54}	12^{54}	4^{55}	—	—	ab	„ „	an	—	6^{44}	9^{40}	2^{28}	—	$6^{\underline{35}}$	—	—	10^{00}	1^{58}	$6^{\underline{12}}$	$8^{\underline{35}}$
$5^{\underline{33}}$	6^{25}	—	1^{15}	5^{25}	$7^{\underline{38}}$	—	$5^{\underline{40}}$	9^{04}	1^{04}	5^{05}	—	—	an	Meissenheim	ab	—	6^{35}	9^{30}	2^{18}	—	$6^{\underline{25}}$	—	—	9^{50}	1^{48}	$6^{\underline{02}}$	$8^{\underline{25}}$
$5^{\underline{45}}$	—	—	1^{27}	5^{37}	$7^{\underline{50}}$	—	$5^{\underline{52}}$	9^{16}	1^{16}	5^{17}	—	—	„	Ichenheim	ab	—	—	9^{18}	2^{06}	—	$6^{\underline{13}}$	—	—	9^{38}	1^{36}	5^{50}	$8^{\underline{13}}$
$5^{\underline{54}}$	—	—	1^{37}	5^{42}	$7^{\underline{55}}$	—	$5^{\underline{57}}$	9^{21}	1^{21}	5^{22}	—	—	„	Dundenheim	ab	—	—	9^{10}	2^{01}	—	$6^{\underline{05}}$	—	—	9^{33}	1^{31}	5^{45}	$8^{\underline{08}}$
$5^{\underline{59}}$	—	—	1^{42}	5^{47}	$8^{\underline{00}}$	—	6^{01}	9^{25}	1^{25}	5^{26}	—	—	„	Altenheim	ab	—	—	9^{05}	1^{56}	—	$6^{\underline{00}}$	—	—	9^{28}	1^{26}	5^{40}	$8^{\underline{03}}$
6^{48}	—	—	2^{35}	$6^{\underline{35}}$	$8^{\underline{50}}$	—	6^{48}	10^{15}	2^{10}	$6^{\underline{15}}$	—	—	„	**Kehl**	ab	—	—	8^{10}	1^{05}	—	4^{55}	—	—	8^{40}	12^{40}	4^{40}	$7^{\underline{15}}$

Die unterstrichenen Minuten bedeuten die Zeit von 6 Uhr abends bis 5^{59} Uhr morgens.

Die Haltestellen Steinbach, Reichenbach Geroldseck, Kuhbach Kreuz, Lahr Walkenbuck und Dinglingen-Schutterbrücke gelten als Haltestellen nach Bedarf.

24 Lahrer Strassenbahn-Gesellschaft: Dieses Foto zeigt eine Zugsentgleisung in Lahr/Geroldseckervorstadt, bei der Haltestelle Walkenbuck/Hohbergsee. Die Lokomotive Nr. 5 «raste» mit «15 Sachen» auf den Gehsteig und blieb an einem Baum hängen, 1910. (Sammlung H. D. Menges)

25 Die Originalunterschrift zu dieser Aufnahme lautet: «Erinnerungsfoto an den **Localbahnbau in Rastatt 1909»** (SSB-Strecke). (Sammlung Walter)

26 Eine B-gekuppelte **Feldbahn-Tenderlokomotive** mit zwei Puffern, wahrscheinlich von Orenstein & Koppel gebaut, mit Personal der **Lahrer Strassenbahn-Gesellschaft.** Diese Lokomotive diente zum Kiestransport während des Baues der Staatsbahnüberführung in Dinglingen, 1910.

(Foto Storz)

27 Während der Übergangszeit: Ein Personenzug mit der Lokomotive Nr. 46 der SSB in der **Station Scherzheim** im Jahre 1922. Auf der Maschine der Lokomotivführer K. Franz und der Lok-Heizer K. Hetzel, daneben auf der Strasse der Zugführer M. Bauer und der Schaffner F. Karch.

(Sammlung Hetzel)

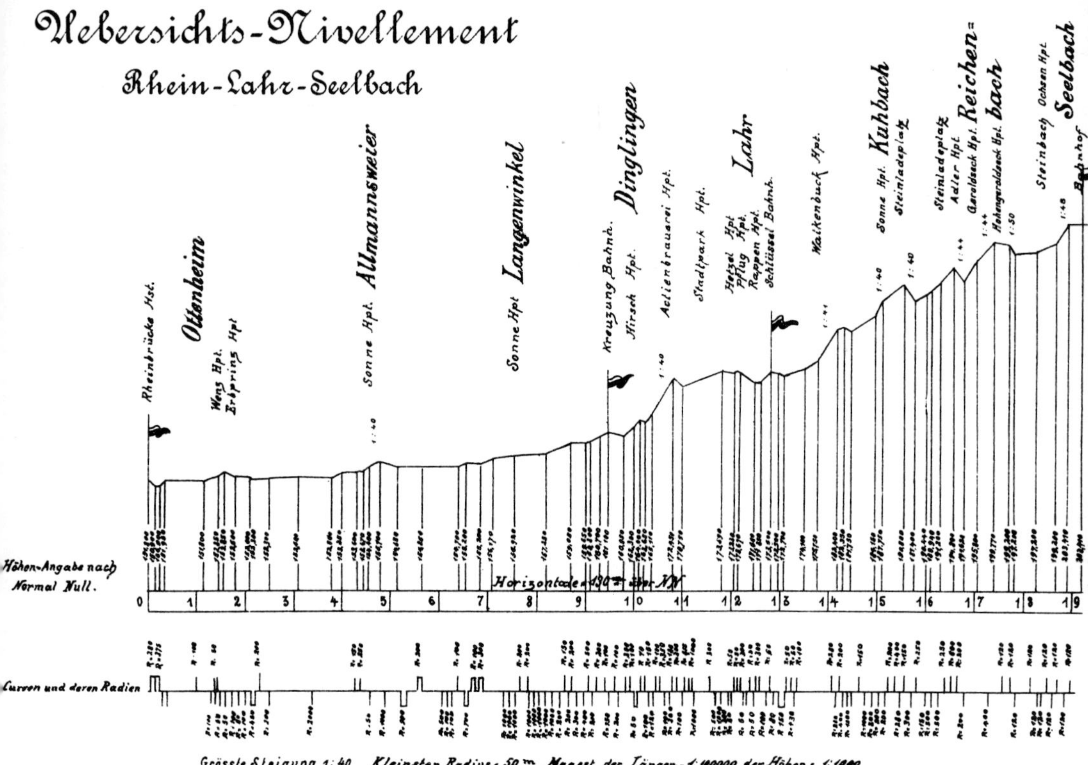

28 Längen- und Höhenprofil mit Kurvenradien für die Strecke Rhein–Lahr–Seelbach.

29 Aus einem Reiseprospekt von **1898** haben wir hier den gültigen **Tarif** aus mehreren Seiten zusammengestellt. («Streifzüge durch die Ortenau», A. Klatte, Strassburg, 1898, Sammlung Dr. Marx.)

VI.

Verkehrsverhältnisse, Tarif.

Es verkehren täglich 4 bis 6 Nebenbahnzüge in jeder Richtung zwischen Strassburg (Lokalbahnhof) und Lahr oder Offenburg bezw. Bühl. Die Fahrzeit beträgt nach Lahr 2½, nach Offenburg 1½, nach Bühl 2¼ Stunden. Zwischen Strassburg und Kehl kann auch die Trambahn benutzt werden, die den Vorteil gewährt, sogleich mit dem Innern der Stadt Strassburg zu verkehren. Die Fahrkarten der Nebenbahn gelten jedoch nicht auf der Trambahn, da sonst diese von den Reisenden der Nebenbahn allein überfüllt würde und die Nebenbahnzüge zwischen Strassburg und Kehl wohl leer bleiben würden. Die Nebenbahnzüge fahren in der Regel den Trambahnzügen nach, halten jedoch nicht bei den Trambahn-Haltestellen, mit Ausnahme derjenigen beim Kleinen Rhein (Kehler Thor).

Im Verkehr mit dem Lokalbahnhof kostet die Fahrt aus und nach der ganzen Altstadt Strassburg nur 10 Pfennige.

Fahrpreise in Mark ab Strassburg (Lokalbahnhof)

	II. Kl.		III. Kl.	
nach Station	Einfach	Retour	Einfach	Retour
Kehl (Bahnhof)	0.30	0.40	0.20	0.30
Bühl	2.10	3.10	1.40	2.10
Altenheim	1.05	1.55	0.70	1.05
Offenburg	1.45	2.20	0.95	1.45
Ottenheim	1.50	2.25	1.00	1.50
Lahr	2.35	3.95	1.45	2.40
Grafenstaden	0.40	0.55	0.25	0.40
Erstein-Rheinstrasse	1.20	1.80	0.80	1.20
Gerstheim	1.35	2.00	0.90	1.35

Der Tarif ist ein Staffeltarif, dessen Einheitssätze für das Km. III. Kl. 3,2 bis 4,4 Pfg., II. Kl. 4,8 bis 6,6 Pfg. betragen.

An Sonn- und gesetzlichen Feiertagen sind einfache Fahrkarten auf den Linien der Strassburger Strassenbahnen zur unentgeltlichen Rückfahrt gültig.

Die von Strassburg nach Ottenheim gelösten Rück- und Sonntagsfahrkarten sind zur Rückfahrt von Gerstheim über Erstein-Rheinstrasse—Grafenstaden gültig und umgekehrt.

Die Verkehrsordnung für die Eisenbahnen Deutschlands ist massgebend. Im Wesentlichen sind also die Transportbedingungen dieselben wie bei den Hauptbahnen.

Im Expressgutverkehr hat die Strassenbahn ein sogenannter Botendienst eingerichtet. Gegen eine kleine Bestellgebühr kann man sich ab beliebigen Stationsorten Gegenstände aus Geschäftshäusern u. s. w. kommen lassen. Dieses sehr bequeme Verfahren verdient besondere Beachtung.

Auch im Güterverkehr sind sehr billige Sätze eingeführt. Für den Verkehr mit Strassburg gelten z. B. folgende Ansätze in Mk. für je 100 kg:

	Bühl	Altenheim	Offenburg	Ottenheim	Lahr
Eilgut	1.22	0.64	0.88	0.88	1.46
Stückgut (allg.)	0.61	0.32	0.44	0.44	0.73
Stückgut (Futtermittel, Getreide, Holzwaren, Metalle u. s. w.)	0.48	0.26	0.35	0.35	0.57

Bezüglich des Wagenladungsverkehrs wird auf den Tarif verwiesen.

Personen-Fahrpreise der Lahrer Strassenbahn von Station Ottenheim

nach Station	II. Kl.	III. Kl.	Militär und Kinder im Alter von 4—10 Jahren III. Kl.
Almannsweier	25 Pf.	15 Pf.	15 Pf.
Dinglingen	65 »	35 »	20 »
Kuhbach	105 »	55 »	30 »
Lahr	85 »	45 »	25 »
Langenwinkel	45 »	25 »	15 »
Reichenbach	125 »	65 »	35 »
Rheinufer	20 »	15 »	15 »
Seelbach	145 »	75 »	40 »

Liste der Dampflokomotiven der Strassburger Strassenbahn[5])

(Die restlichen Lokomotiven sind im MEG-Typenskizzenbuch beschrieben)

Betriebs-Nr.	Baufirma	Lieferjahr	Achsfolge	Spurweite	Fabrik-Nr.	Zylinder-durchmesser	Kolbenhub	Länge über Puffer	Achsstand	Rostfläche	Totale Heizfläche	Dampfdruck	Rad-durchmesser	Betriebsvorräte Kohle	Betriebsvorräte Wasser	Dienstgewicht	Höchstge-schwindigkeit [2])
						mm	mm	mm	mm	m²	m²	atm.	mm	t	m³	t	km/h
1–9	SLM	1878	B	1435	127— 132 147— 149	140	300	4060	1500	0,35	8,0	15	600	0,20	0,5	8,5	16
10	SLM	1879	B	1435	151	140	300	4060	1500	0,35	8,0	15	600	0,20	0,5	8,5	16
11	SLM	1877	B	1435	124	140	300	3840	1500	0,27	8,0	15	600	0,20	0,5	6,0	16
12	SLM	1879	B	1435	152	140	300	4060	1500	0,34	8,0	15	700	0,20	0,9	8,5	16
13 (Abb.)	SLM	1879	B	1435	158	160	300	3920	1450	0,15	7,5	15	700	0,20	0,9	8,0	16
14	SLM	1880	B	1435	190	160	300	4060	1500	0,34	7,5	15	600	0,20	0,5	8,5	16
15	Krauss	1880	B	1435	910	170	300	3500	1500	0,28	7,7	15	630	0,20	0,6	9,0	16
16	Karlsruhe	1883	B	1435	1084	180	300	4500	1500	0,30	10,9	15	690	0,30	0,8	10,0	16
17—20	SLM	1884	B	1435 [4])	387— 381	150	300	4500	1500	0,34	9,0	15	600	0,20	0,5	10,5	16
21+22 [3])	EMG (G)	1895	B	1000	4724+4725	260	320	5720	1600	0,44	25,0	12	850	1,50	0,4	16,0	40
24+30	Krauss	1886	B	1000	1630+1770	210	300	5350	1500	0,35	20,5	15	750	0,50	1,1	11,0	25
25—29	SLM	1886	B	1435 [4])	436— 440	150	300	4450	1500	0,28	9,0	15	700	0,20	0,9	12,5	16
31—34	EMG (M)	1887	B	1000	3985—3988	240	320	5420	1600	0,45	24,5	10	850	0,35	1,4	12,0	30
35	EMG (G)	1887	B	1000	3824	205	300	5385	1600	0,45	20,0	12	720	0,35	1,4	14,0	30
36+37	SLM	1887+ 1886	C	1000	468+ 445	220	350	5160	1700	0,40	25,0	14	740	0,30	1,5	16,0	30
38—40	EMG (G)	1888	B	1000	3846—3848	220	320	5420	1600	0,44	25,0	10	880	0,35	2,0	15,0	40

[1]) Diese Daten entnahmen wir Listen und Angaben der Lokomotiv-Baufirmen.

[2]) Die Dampflokomotiven sind natürlich in der Lage gewesen, diese Höchstgeschwindigkeit zu überschreiten. Aufgeführt ist die technisch günstigste und betrieblich vorgeschriebene Höchstgeschwindigkeit.

[3]) Die Betriebs-Nr. 21 war zweimal belegt, anfänglich von einer Werklok Nr. 21 I mit Spurweite 1000 mm (keine Daten zu eruieren).

[4]) Die Dampflokomotiven Nr. 16–20, 25, 26, 28 und 29 wurden 1900 in der Hauptwerkstätte Strassburg auf 1000 mm Spurweite umgebaut.

[5]) **Anmerkung:** Diese Lokomotiven sind **nur auf dem linksrheinischen Netz (Elsass)** der Strassburger Strassenbahn eingesetzt worden, nicht aber im Bereich der späteren MEG. Der Klarheit halber verweisen wir nochmals auf die besonderen Umstände der SSB-Strecken beidseits des Rheines. Unser Buch befasst sich vorwiegend mit dem rechtsrheinischen Netzteil, eben der späteren MEG. Der Zusammenhänge wegen müssen wir gelegentlich zur SSB abschweifen.

Badisches

Gesetz- und Verordnungs-Blatt

Ausgegeben zu Karlsruhe, Dienstag den 15. August 1922.

Inhalt.

Gesetze: zur Aufhebung des Gesetzes vom 31. Juli 1919 (Gesetz- und Verordnungsblatt Seite 457) über die Übernahme von Reichs-, Militär- und badischen Hofbeamten sowie von den Angehörigen der elsaß-lothringischen Landesverwaltung in den badi[illegible]n Staatsdienst; über die Besteuerung des Liegenschafts- und Betriebsvermögens durch die Gemeinden und Kreise im Rechnungsjahr 1922; über das Übereinkommen mit der Reichsregierung zur Neuregelung der Eigentums- und Betriebsverhältnisse der in Baden gelegenen Linien der Straßburger Straßenbahngesellschaft; über die zweite Änderung des badischen Ausführungsgesetzes vom 6. Oktober 1921 in der Fassung des Gesetzes vom 13. Juni 1922 zum Wohnungsabgabegesetz.

Übereinkommen

zwischen dem Reich und Baden zur Neuregelung der Eigentums- und Betriebsverhältnisse der in Baden gelegenen Linien der Straßburger Straßenbahngesellschaft (S. S. B.).

§ 1.

Nachdem die S. S. B. in Straßburg durch die französische Regierung die Konzessionen für ihre in Baden gelegenen Bahnlinien aufgrund des Artikel 75 des Friedensvertrages als aufgelöst hat bezeichnen lassen, und nachdem sie den Betrieb dieser Bahnlinien am 15. August 1920 eingestellt hat, nachdem ferner die badische Regierung von der S. S. B. vor dem deutsch-französischen gemischten Schiedsgerichtshof auf Schadenersatz verklagt wurde, nachdem endlich Vorsorge getroffen werden muß, daß die Bahn im besetzten Gebiet des Brückenkopfes Kehl im Betrieb bleibt, wird zwischen dem Reich, welches seit dem genannten Zeitpunkt den Betrieb der erwähnten Bahnen auf Rechnung dessen, den es angeht, geführt hat, und Baden folgendes Übereinkommen abgeschlossen.

§ 2.

Baden übernimmt es, mit der S. S. B. Verhandlungen zwecks Abschluß eines möglichst günstigen Vergleiches zu führen und die in Baden gelegenen Linien der S. S. B. am 1. Oktober 1922 einem anderen Betriebsführer zu übergeben.

§ 3.

Baden hält seinen Rechtsstandpunkt, daß es sich um eine Bahn des allgemeinen Verkehrs handelt, die nach Artikel 89 der R. V. zu behandeln ist, und daß eine Verurteilung durch das Schiedsgericht als Folge des Friedensvertrags anzusehen ist, für die das Reich einzutreten hat (vergl. Schreiben des Reichskanzlers vom 28. 9. 1919 Rk. 8170) grundsätzlich aufrecht, ist aber zur Ermöglichung des Übereinkommens bereit, dem Verlangen des Reichs entsprechend die Konzessionen in der Weise zu ändern, daß die bezeichneten Bahnen als Kleinbahnen im Sinne des badischen Eisenbahngesetzes vom 23. Juni 1900 bezeichnet werden. Hierbei setzt Baden voraus, daß eine Abschaffung der bestehenden direkten Tarife seitens des Reichs nicht verlangt wird.

§ 4.

Unter der Voraussetzung, daß die aufgrund des Vergleichs an die S. S. B. zu zahlende Summe den Betrag von 3,3 Millionen Franken, das sind 92,4 Millionen Mark (Kurs 1 Fr. = 28 ℳ), nicht übersteigt, beteiligt sich das Reich an der Bezahlung der Vergleichssumme und an den anläßlich der Neuregelung der Eigentums- und Betriebsverhältnisse dieser Bahnen entstehenden Kosten nach folgendem Schlüssel:

a) würde die Vergleichssumme 110 Millionen Mark betragen, so soll der Anteil des Reiches an der Tragung dieser Summe

50 Prozent der ersten 60 Millionen

und

60 Prozent der weiteren 50 Millionen,

im ganzen also 60 Millionen, der Anteil Badens demnach 50 Millionen sein,

b) soweit die Vergleichssumme unter dem Betrage von 110 Millionen Mark bleibt, soll die Ersparnis so verteilt werden, daß drei Fünftel derselben von dem Reichsbeitrag (60 Millionen) und zwei Fünftel derselben von dem Landesbeitrag (50 Millionen) abgezogen werden, wobei jedoch der Landesbeitrag in keinem Falle größer sein soll, als der Reichsbeitrag,

c) von den gemäß b) sich ergebenden Ersparnissen überläßt das Reich Baden Beträge bis zur Gesamthöhe von 25 Millionen Mark zur Abgeltung von Betriebsfehlbeträgen des Unternehmers während der Dauer der Besetzung des Brückenkopfes Kehl mit der Einschränkung, daß vom 1. Oktober 1924 ab nur vier Fünftel der jährlichen Betriebsfehlbeträge des Unternehmers angerechnet werden dürfen.

d) Außer den Leistungen gemäß a) bis c) stellt das Reich an Baden zur Verfügung:

1. sofort nach Vergleichsabschluß mit der S. S. B. einen Betrag von 10 Millionen Mark = 50 Prozent der auf 20 Millionen Mark geschätzten Einrichtungskosten, von dem die bis zum Zeitpunkt der Neuregelung vom Reich vorgelegten Betriebsausfälle abzuziehen sind.
2. die Hälfte der Prozeßkosten.

e) Alle unter a) bis d) genannten vom Reich zu tragenden Summen werden als Beträge à fonds perdu geleistet mit Ausnahme von 2,5 Millionen Mark aus der unter b) und 10 Millionen Mark der aus d) 1. sich ergebenden Beträge des Reiches. Diese 12,5 Millionen Mark gelten als Darlehen, das mit 4 Prozent zu verzinsen ist, von denen 1 Prozent als Tilgung gilt.

f) Bei allen unter a) und b) genannten Markbeträgen ist ein Frankenkurs von 28 ℳ für einen Frank zugrunde gelegt. Ändert sich dieser Kurs, so ändern sich in demselbem Verhältnis alle unter a) und b) erwähnten Markbeträge.

§ 5.

Baden wird im Vergleich eine Stundung der Hälfte des Erwerbspreises in auf eineinhalb Jahre verteilte Raten anstreben, dabei aber die Möglichkeit früherer Zahlung vorbehalten. Das Reich stellt die erforderlichen Devisen für die erste Zahlung und für die Ratenzahlungen, vorbehaltlich der Abrechnung mit Baden, zur Verfügung. Baden behält sich vor, denjenigen Teil der Kosten der Devisenbeschaffung, welcher ihm gemäß § 4 a) und b) zufällt, in einer Summe zu dem am Fälligkeitstage der ersten Zahlung in Berlin notierten Kurs dem Reiche zu erstatten.

31 Badisches Gesetz- und Verordnungs-Blatt vom 15. August 1922. Es nimmt Bezug auf die Neuregelung der Eigentums- und Betriebsverhältnisse der entstandenen MEG. Wir verweisen auf § 4, der den Wechselkurs von 1922 festhält. (Stadtarchiv Lahr)

Die MEG in den zwanziger und dreissiger Jahren

32 Zwei Aufnahmen der **Kinzigbrücke.** Die Strecke von Offenburg nach Altenheim führte bis zur Zerstörung im Jahre 1945 über diese herrliche Eisenbrücke. Sie ist 1909 unter der Grossherzoglichen Regierung gebaut worden. Blickrichtung Schutterwald, mit MEG-Zug und der Lokomotive Nr. 50.

(Fotos Stober)

33 Das untere Bild zeigt einen Richtung Offenburg fahrenden Zug.

34 Hier sind wir in der Offenburger Innenstadt, anfangs der dreissiger Jahre. Die **Lokomotive Nr. 50** mit GmP unterwegs. (Fotos Stober)

35 MEG-Zug mit der Lokomotive Nr. 50 (ex SSB) in der **Offenburger Hauptstrasse,** unterwegs in Richtung Altenheim, aufgenommen um 1930.

36 Amateuraufnahme der **Lokomotive Nr. 53** in der ursprünglichen Ausführung, aufgenommen am 22. April 1928, nach dem Ankauf von der Strassburger Strassenbahn-Gesellschaft. (Archiv MEG)

37 Schon sehr früh wurde die Beschriftung zu Reklamezwecken eingeführt, die stets defizitäre Bahn schöpfte alle Möglichkeiten aus. **Personenwagen BC4i Nr. 91,** Baujahr 1928 von Heine und Holländer. (Archiv MEG)

38 Die **MEG-Motorlokomotive Nr. 61.** Sie wurde für den Personen- und Güterverkehr auf weniger frequentierten Streckenteilen sowie für Rangieraufgaben eingesetzt. (Sammlung Weisslogel)

39 Ein **MEG-Zug** mit Personen- und Güterwagen am Offenburger «Stadtbuckel». Man beachte den Bremser auf dem letzten Wagen, dem OOm Nr. 282. Aufgenommen um 1930. (Archiv MEG)

40 In **Rastatt,** Kapellenstrasse, in der Mitte der dreissiger Jahre: Die **Lokomotive Nr. 49** mit Rollwagen auf der Fahrt nach Rastatt Staatsbahnhof zur Umsetzanlage. (Sammlung Vogel)

41 Hier verlässt die **Lokomotive Nr. 41** den Bahnhofsbereich **Lahr Schlüssel** zur Fahrt in Richtung Stadtmitte, um 1935. (Foto Biehler)

42 Ein **Hochwasser** beeinträchtigte den MEG-Betrieb am 24. und 25. April 1935. Hier der Triebwagen Nr. 1 im überschwemmten Bahnhof Schwarzach. (Foto Ebert)

43 Der Triebwagen Nr. 2 durchpflügt in Schwarzach das Wasser aus Richtung Rastatt kommend. (Foto Ebert)

44 Die **Dampflokomotive Nr. 47** (ex SSB) mit Personenzug aus Bühl kommend, durchfährt am 25. April 1935 die Fluten des Hochwassers im Bahnhof Schwarzach. (Foto Ebert)

45 Diese interessante Aufnahme zeigt Fahrzeuge dreier Spurweiten. Sie entstand im März 1934 im Bahnhof Lahr-(Dinglingen) M. E. Links die MEG-Lokomotive Nr. 5 der früheren LSB, rechts daneben auf schmalspurigem MEG-Rollwagen ein normalspuriger Reichsbahnwagen. Darauf ein Feldbahnzug für 600 mm Spurweite. Dieser war für den Westwallbau bestimmt. (Sammlung Vogel)

46 Die **MEG-Lokomotive Nr. 44** vor dem Zweiten Weltkrieg in der Kehler Hauptwerkstätte. (Sammlung Weisslogel)

47 Der Fotograf traf um 1930 die MEG-Lokomotive Nr. 51 (ex SSB) in **Offenburg** auf dem Marktplatz. (Archiv MEG)

48/49 Diese beiden Aufnahmen zeigen die **MEG-Lokomotive Nr. 50** im Betrieb, Mitte der dreissiger Jahre. Gebaut wurde sie 1900 durch die Elsässische Maschinenbau-Gesellschaft Grafenstaden. (Fotos Stober, Archiv MEG)

50 Der **Triebwagen T 1** mit Gepäckwagen der Serie 11–16 auf der im Umbau befindlichen Badener Brücke, um 1935. (Fotos Kohm/Archiv Vogel)

51 Eine andere Ansicht der **Badener Brücke** von Rastatt, um 1935. Sie wird während des Umbaus von einem Güterzug mit Lokomotive Nr. 50 befahren. Die Güterwagen tragen Werbeaufschriften.

52 Im Jahre 1934 entstand dieses Foto: An diesem Tag wurde der **Triebwagen Nr. 1** vom Hersteller abgeliefert und von der MEG abgenommen. (Foto Dorner)

53 Hier posiert der **Triebwagen T 3** in der Hauptstrasse von Offenburg für eine Werbeaufnahme, 1935. (Archiv Menges)

54 Der **Triebwagen T 11** bei der Ausweichstelle Offenburg/Landwirtschaftliche Halle mit zwei **Beiwagen der Serie Nr. 44–47,** um 1937. (Archiv MEG)

55 Die Offenburger Hauptstrasse mit ihren Häuserreihen ist Kulisse für die Aufnahme des **Triebwagens T 3** um 1935. (Foto Dorner)

56 Bereits wenige Wochen nach der Ablieferung des **Triebwagens T 1** wurde er am 19. August 1934 im Wahlkampf für Adolf Hitler mit Plakaten verziert. (Foto Ebert/Sammlung Vogel)

57 Die Hauptstrasse von **Offenburg** vor dem Zweiten Weltkrieg. Der **Triebwagen T 11** an der Haltestelle unterwegs Richtung Bahnhof mit zwei Personenwagen der Serie Nr. 44–47, um 1937. (Foto Stober)

58 Ein weiteres Bild der **Offenburger Hauptstrasse** mit der MEG-Strecke und einem Personenzug, bestehend aus Triebwagen, Pack- und Personenwagen, um 1935. (Foto Stober)

59 Die **MEG-Lokomotive Nr. 53** (ex SSB), geschmückt und bekränzt für einen 1.-Mai-Feiertag vor dem Zweiten Weltkrieg. Flaggenschmuck aus dem «tausendjährigen Reich». (Foto Weisslogel)

60 Am 14. Dezember 1939 kam es zu einem Zusammenstoss zwischen einem Personenzug mit der **MEG-Lokomotive Nr. 50** und einem Lastwagen der Organisation «TODT», einer halbmilitärischen Baueinheit dieser Zeit. (Archiv MEG)

61 Die MEG hatte auch zum Truppentransport Züge zu stellen, hier eine MEG-Dampflokomotive vor einem Zug mit Wehrmachts-Angehörigen um 1939. (Foto Wendling)

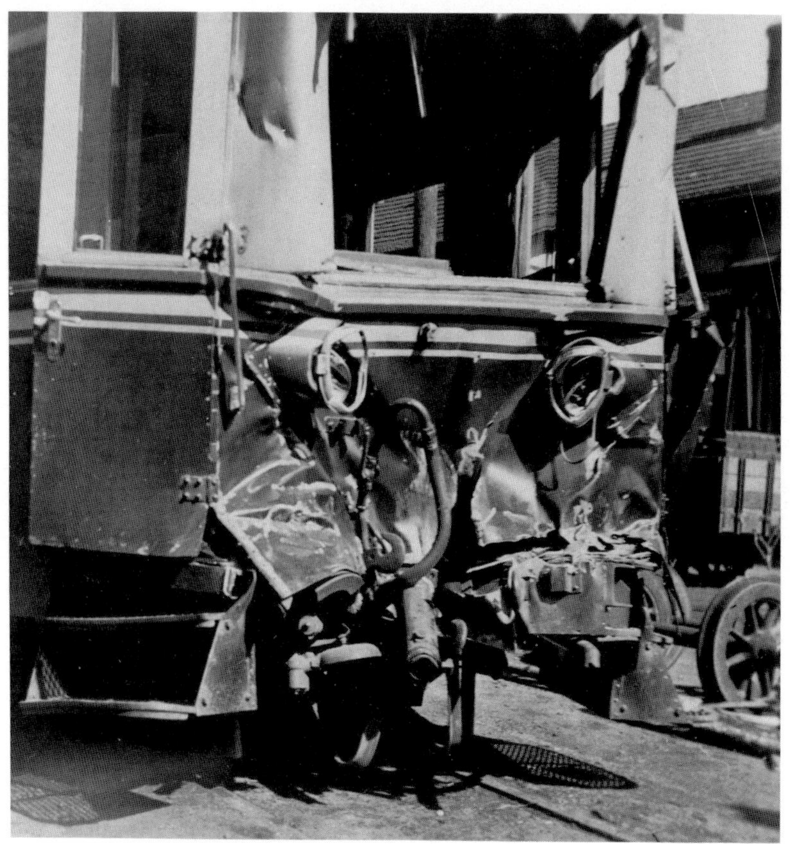

62 Der **Triebwagen T 5** wurde nach einem Zusammenstoss schwer beschädigt. Hier steht er am 19. Oktober 1938 in der Kehler Hauptwerkstätte. (Archiv MEG)

63 Der **Triebwagen T 7** wird nach einem Zusammenstoss mit einem Omnibus bei Altenheim, am 5. Februar 1941, mit Hilfe einer Dampflokomotive wieder aufgerichtet. (Archiv MEG)

64 Als 1942 der Rhein **Hochwasser** führte, wurde das Gleis zwischen Kehl und Auenheim unterspült und unterbrochen. (Archiv MEG)

65 Im Jahre 1946 war der **Triebwagen T 12** in Lahr M. E. infolge Treibstoffmangels abgestellt. (Foto Liebherr)

66 Die **MEG-Dampflokomotive Nr. 49** beim Lokschuppen im Bahnhof Seelbach, aufgenommen 1946. (Fotos Liebherr)

67 Die **MEG-Lokomotive Nr. 45** verlässt den Schuppen in Lahr M. E., im Jahre 1946.

68 Hier eine ganz besonders interessante Aufnahme aus der Zeit des Zweiten Weltkrieges: Infolge Treibstoffmangels erhielt der **Triebwagen T 7** im Jahre 1942 eine **Holzvergaseranlage.** Aufgenommen im Bahnhof Lahr Schlüssel, 1944. (Foto Liebherr)

69 Ein Personenzug mit **Lokomotive Nr. 51** und **Personenwagen Nr. 30.** Diese einklassigen Wagen wurden von Louvain, Belgien, in den Jahren 1897–1899 geliefert. Die Lüftungsklappen wurden über jedem Fenster eingebaut. (Sammlung Vogel)

Notbrücken

70 Nach der Sprengung von 1945 wurde diese Behelfsbrücke über den Schutter-Entlastungskanal bei Lahr M. E. (Dinglingen) erstellt. Segen des Krieges!

71 Behelfsbrücke über die Schutter in Lahr-Dinglingen, nachdem die ordentliche Brücke in den letzten Kriegstagen gesprengt worden war. Aber auch eine ganze Anzahl anderer Brücken musste zum Betrieb notdürftig wieder hergerichtet werden. (Fotos Dorner)

Die MEG-Strecken

Mit Bildern und Karten führen wir in diesem Kapitel den interessierten Leser der MEG-Stammstrecke entlang.

Seelbach–Lahr–Ottenheim

72 1928 aufgenommen, präsentiert sich auch heute noch das Aufnahmegebäude **Seelbach** unverändert. (Archiv MEG)

73 Plan der Gleisanlage des Bahnhofs von Seelbach, einstige Endstelle der Lahrer Strassenbahn.

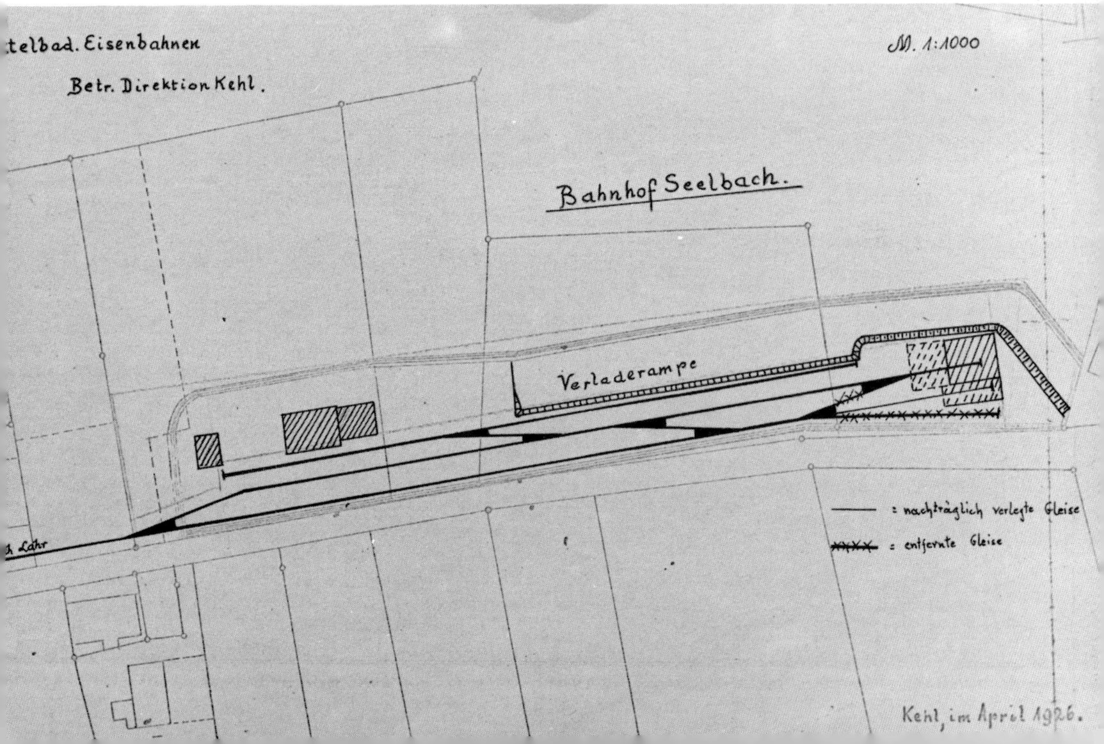

74 Dieser Lokomotivschuppen stand einst in **Seelbach.** Nach der Betriebseinstellung im Jahre 1952 wurde er abgerissen und durch eine Parkanlage ersetzt; das Bild entstand 1947. (Foto Dorner)

75 Planzeichnung der Gleisanlage beim **Verladeplatz Reichenbach.** (Archiv MEG)

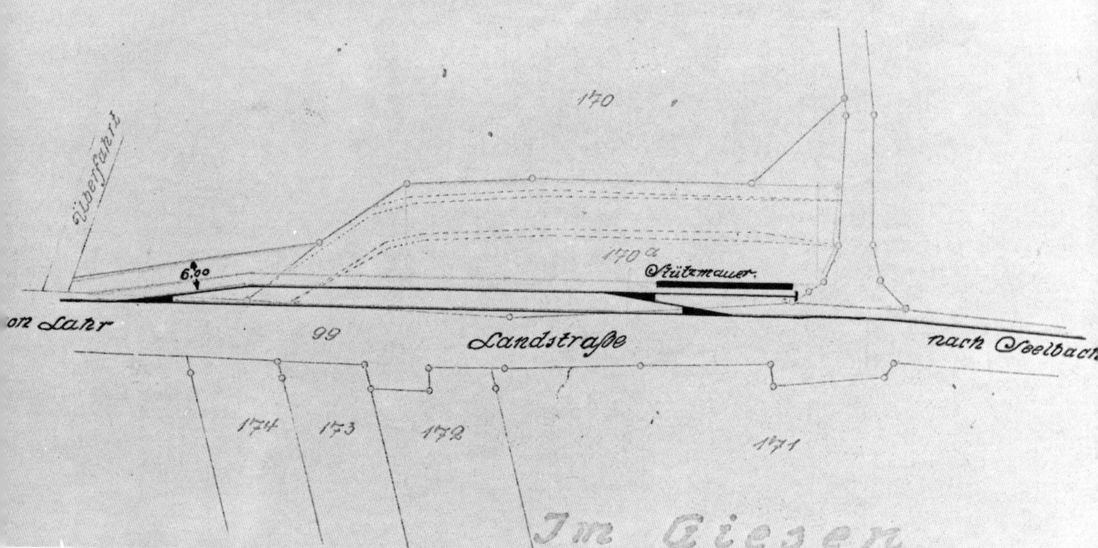

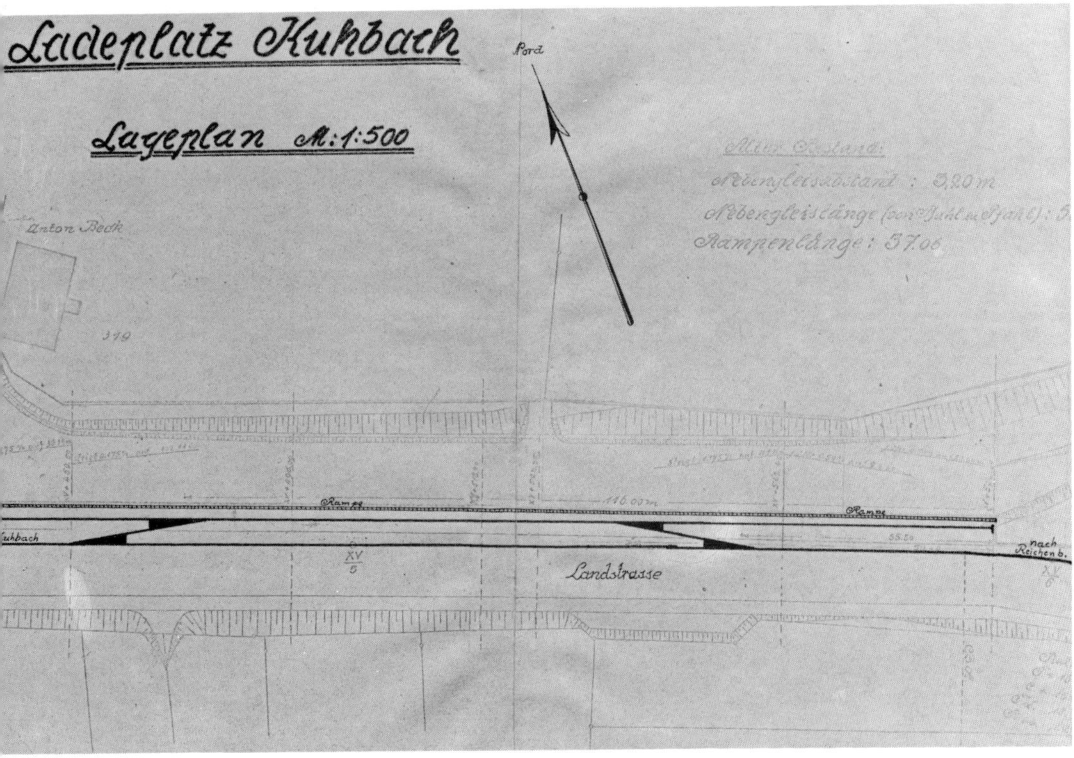

76 Plan vom **Ladeplatz Kuhbach.** Diese Gleisanlage diente lediglich dem Güterverkehr, hauptsächlich zum Verlad von Steinen. (Archiv MEG)

Anmerkung: Alle diese Planzeichnungen wurden von H. D. Menges nachgezeichnet und nötigenfalls ergänzt. Durch die Verkleinerung stimmen die Massstabangaben nicht mehr genau.

76a Drei **Fahrkarten der MEG.** (Sammlung H. D. Menges)

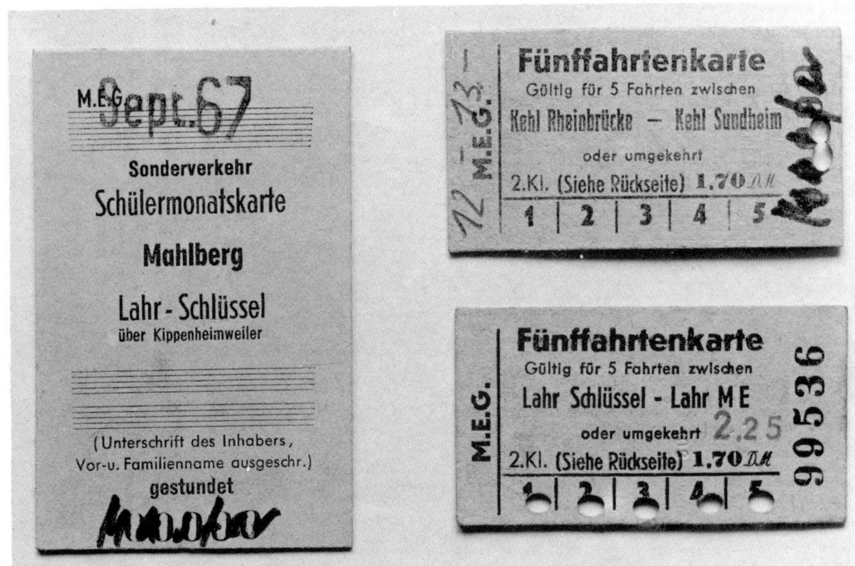

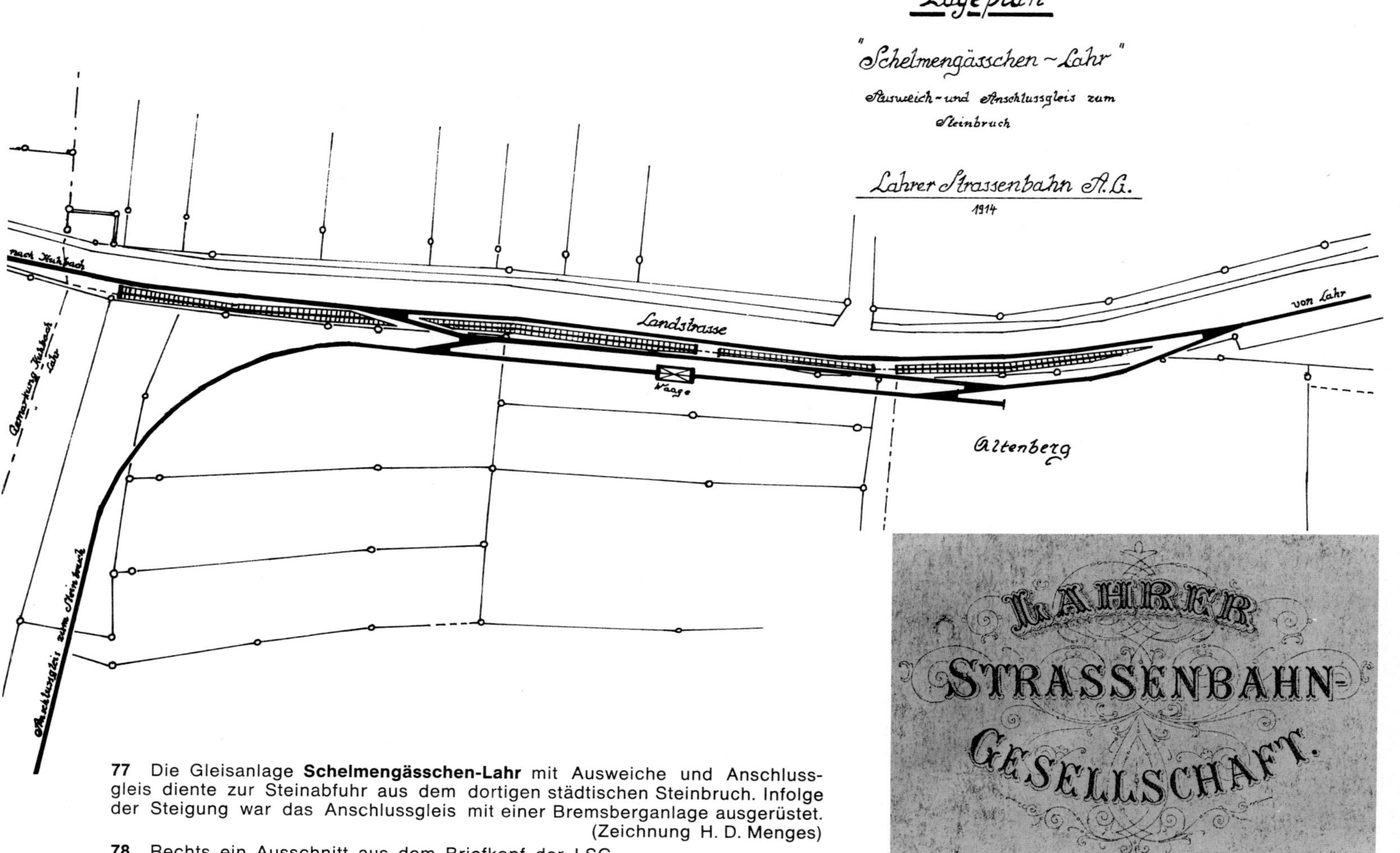

77 Die Gleisanlage **Schelmengässchen-Lahr** mit Ausweiche und Anschlussgleis diente zur Steinabfuhr aus dem dortigen städtischen Steinbruch. Infolge der Steigung war das Anschlussgleis mit einer Bremsberganlage ausgerüstet. (Zeichnung H. D. Menges)

78 Rechts ein Ausschnitt aus dem Briefkopf der LSG.

79 Der Bahnhof **Lahr Schlüssel** vor dem Zweiten Weltkrieg. Das Aussehen des Platzes hat sich bis zur Betriebseinstellung im Jahre 1952 nicht mehr verändert. (Sammlung Biehler)

80 Planzeichnung der Gleisanlage des Bahnhofs Lahr Schlüssel, der einst wichtigsten Bahnstation innerhalb des Lahrer Stadtgebietes. Der Autor H. D. Menges wohnt gegenüber dem Bahnhof.

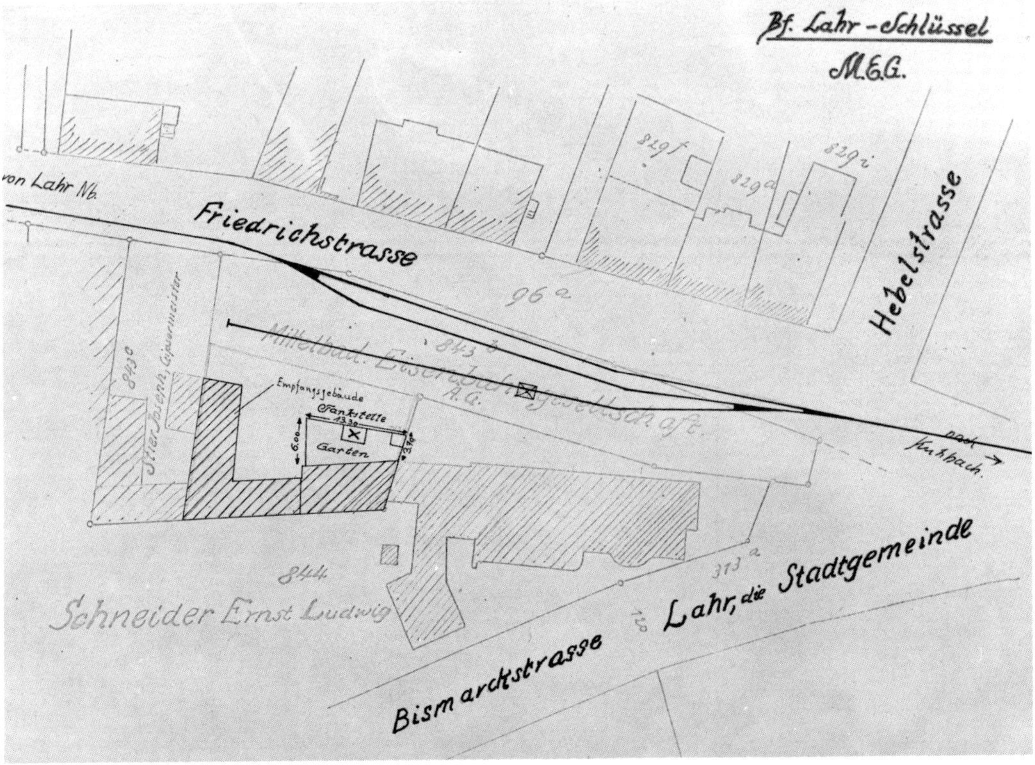

81 Der **Triebwagen T 7** in der Lahrer Friedrichstrasse auf der Fahrt in Richtung Lahr-Dinglingen, 1951. (Sammlung Mochel)

82 Eine weitere Aufnahme des Bahnhofs **Lahr Schlüssel,** im Jahre 1938 aufgenommen. In Bildmitte die Lokomotive Nr. 45 beim Wasserfassen. (Foto Biehler)

83 Diese Postkarte entstand Ende der zwanziger Jahre. Sie zeigt die **Lahrer Kaiserstrasse** mit der MEG-Strecke, Blickrichtung altes Rathaus/Schlüssel. (Sammlung Kiefer)

84 Eine weitere Postkarte der Kaiserstrasse mit der MEG-Linie in Lahr um 1928. Blick vom gleichen Standpunkt wie oben, jedoch in Gegenrichtung Lahr-Dinglingen.

85 Die **MEG-Lokomotive Nr. 41** vor einem **G**üterzug **m**it **P**ersonenbeförderung (GmP), Richtung Seelbach fahrend. Aufgenommen um 1930 in der Lahrer **Kaiserstrasse** an einem engen Strassenstück zwischen der Goethe- und der Schillerstrasse.
(Sammlung Längle)

86 Noch einmal die Kaiserstrasse in Lahr, um 1920. Abzweigung zur ehemaligen Zichorienfabrik, Haltestelle Gasthaus zum Rössle.
(Sammlung Menges)

87 Um 1913 wurde dieser Zug mit der **Lokomotive Nr. 6** der Lahrer Strassenbahn-Gesellschaft am **Hirschplatz** in (Lahr)-Dinglingen aufgenommen. (Sammlung Dorner)

88 Ein seltenes Bilddokument: Rechtwinklige, niveaugleiche Kreuzung der Lahrer Strassenbahnstrecke mit derjenigen der Badischen Staatsbahn Karlsruhe–Basel im Bahnhofbereich Dinglingen. Wir beachten die Sicherung durch Signal und Schranke mit Bahnwärterhäuschen. Die Sanierung dieser Kreuzung mit einer Überführung von Strasse und Bahn erfolgte in den Jahren 1909/10. (Sammlung Menges)

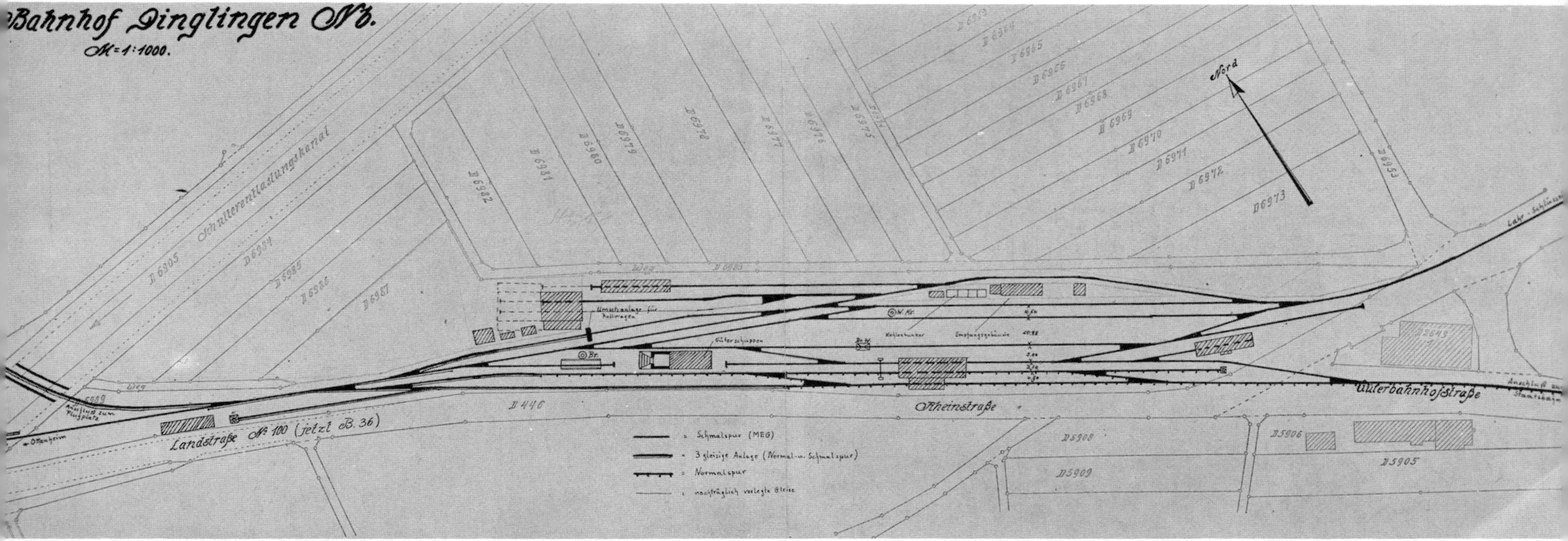

Bahnhof Dinglingen Nb.
M = 1:1000.

- Schmalspur (MEG)
- 3gleisige Anlage (Normal- u. Schmalspur)
- Normalspur
- nachträglich verlegte Gleise

89 Die Gleisanlagen des Bahnhofs Lahr Mittelbad. Eisenbahn (früher Dinglingen Nb.). Einst stand hier der Betriebsbahnhof der Lahrer Strassenbahn, dann bis zur Einstellung der wichtigste und grösste Bahnhof der MEG-Stammbahn Süd. Bis auf einige unbedeutende Änderungen blieb er mit seinen Gleisanlagen bis zur Stillegung im Jahr 1959 unverändert.

89a Zwei **MEG-Fahrkarten,** eine mit handgeänderter Preisaufschrift.

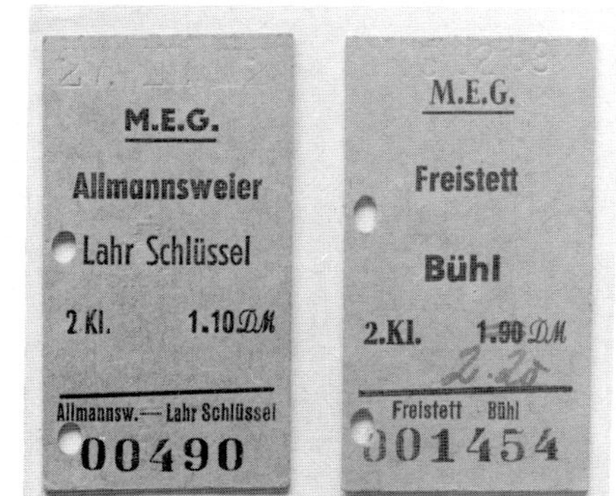

90 Das Bahnhofareal und das Aufnahmegebäude von **Lahr M. E. (Dinglingen),** aufgenommen kurze Zeit vor der Betriebseinstellung im Jahre 1959. (Sammlung Dorner)

91 **Schwerer Güterzug** mit Normalspurwagen auf Rollwagen, vorgespannt ist die Lokomotive Nr. 54. Kurz vor der Abfahrt in Richtung Ottenheim, 1949 in Lahr M. E. (Archiv MEG)

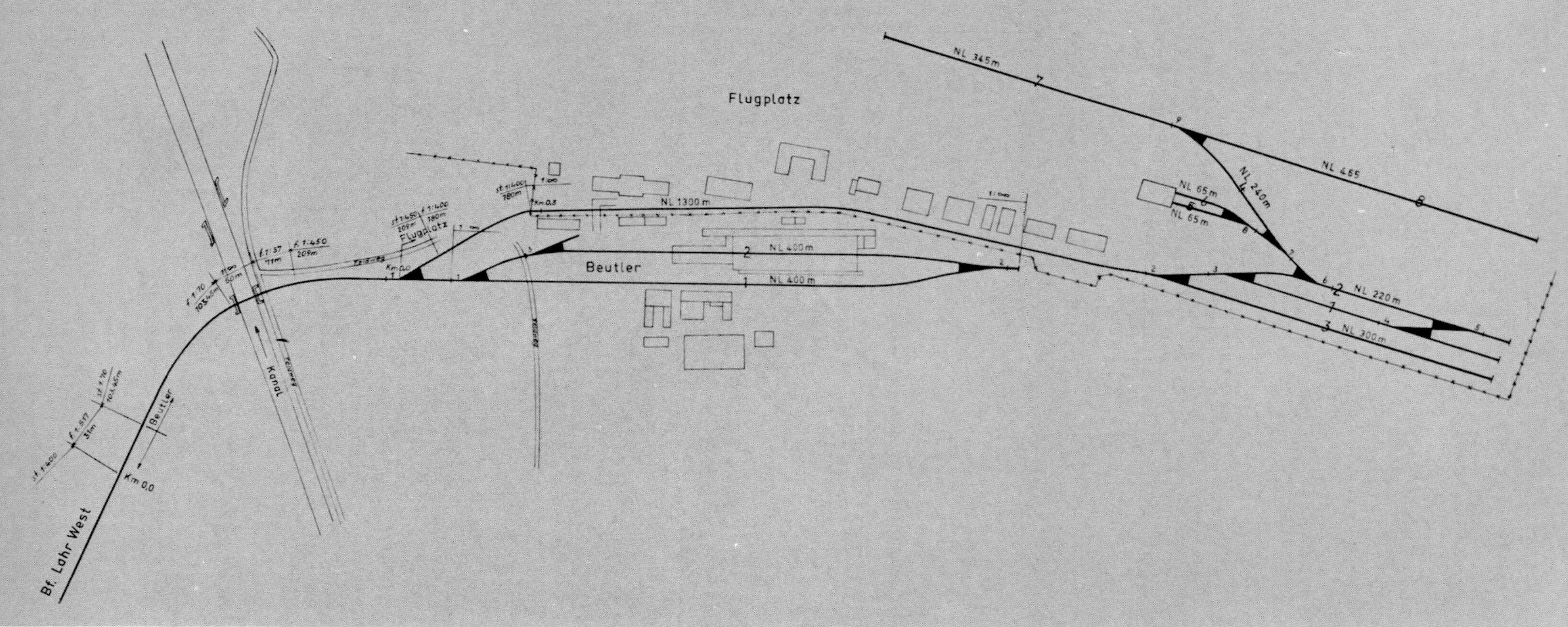

92 Gleisplan des **Anschlussgleises** der Firma Eisenwerk Beutler mit dem Nebenanschluss Flugplatz. Auch nach der Stillegung der MEG-Strecke von 1959 blieb dieser Anschluss erhalten. Die Bedienung erfolgt heute noch mit einer jeweils gemieteten DB-Kleindiesellokomotive vom Bahnhof Lahr/Schwarzwald. (Archiv MEG)

93 Im Frühjahr 1953 entstand dieses Foto. Es zeigt die Umfahrungsstrecke nördlich von **Langenwinkel,** ausgeführt wegen des Ausbaues der B 36. Die neue Linie kreuzt hier die alte, noch von Zügen befahrene Strecke. (Archiv MEG)

94 Die gleiche «Kreuzung» wie oben. Noch ist die ursprüngliche Strecke befahrbar. Die neue Linienführung ist im Bau. Der **Triebwagen T 6** mit **Personenwagen der Serie Nr. 54–56** der 3. Klasse fährt vorüber. (Archiv MEG)

95 Der **Triebwagen T 13** vor dem Lokschuppen im Bahnhof **Lahr M. E.,** aufgenommen 1956. (Sammlung Dorner)

96 Nach der Stillegung von 1959 wird die Strecke Lahr M. E.–Altenheim gänzlich abgebaut. Unser Bild, in Allmannsweier im Herbst 1960 entstanden, zeigt den Ausbau. (Archiv MEG)

97 Die Gleisanlage des Bahnhofs **Allmannsweier.** Das barackenähnliche, hölzerne Aufnahmegebäude ist auf diesem Plan noch nicht nachgetragen, da es erst später errichtet wurde.

98 Der Bahnhof von Ottenheim ist zwar von besonderem Interesse gewesen, doch die Gleisanlage war eher bescheiden ausgefallen. An diesem Knotenpunkt trafen sich einst bis 1922 die Strassburger und die Lahrer Strassenbahn. Schon sehr früh kam es zu einem Gemeinschaftsbetrieb.

98a Abbildung des Aufnahmegebäudes von **Ottenheim,** entstanden ist das Foto Anno 1898.

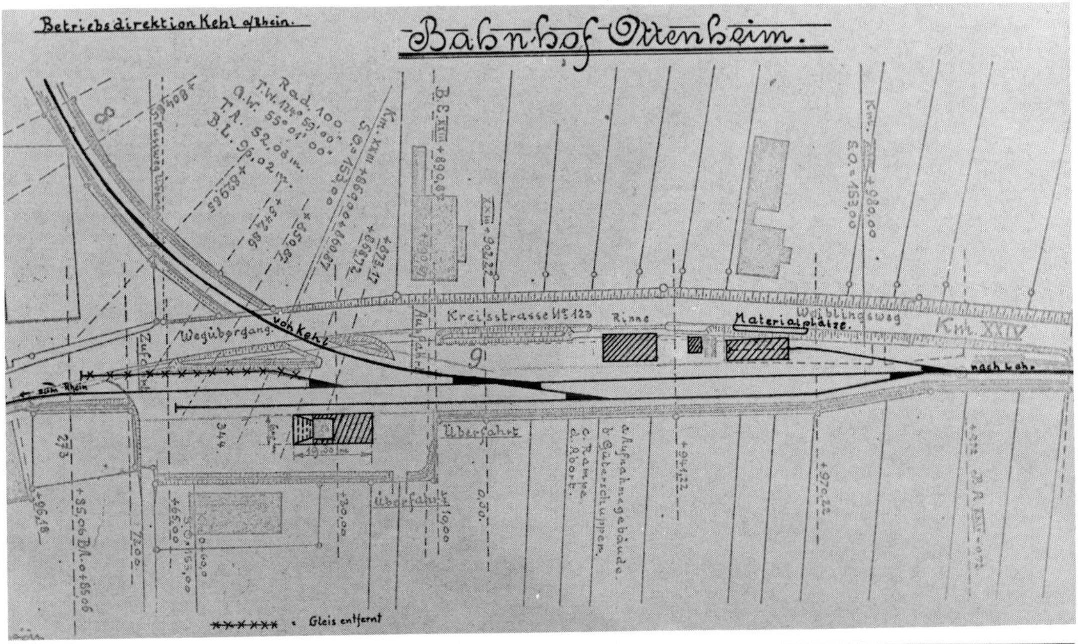

Betriebsdirektion Kehl a/Rhein.
Bahnhof Ottenheim.
Kreisstrasse Nr. 123
Rinne
Materialplätze
Weiblingsweg
Km. XXIV
nach Lahr
von Kehl
Wegübergang
zum Rhein
Überfahrt
Gleis entfernt

99 Der **Lokomotivschuppen** zwischen Allmannsweier und Ottenheim, kurz vor der Station Ottenheim. (Foto Dorner)

100 Gleisplan der Anlage am **Rhein/Ottenheim.** Hier sind Umsetzmöglichkeiten über ein Gleisdreieck gegeben. Wir beachten aber auch den Lokomotivschuppen.

Ottenheim–Altenheim–Kehl und Altenheim–Offenburg

Folgende Seite:

101 Gleisplan der Stationsanlage von **Meissenheim.**

102 Plan der Gleisanlage für den Bahnhof **Jchenheim.**

103 Die einfache Anlage des Bahnhofes von **Dundenheim.**

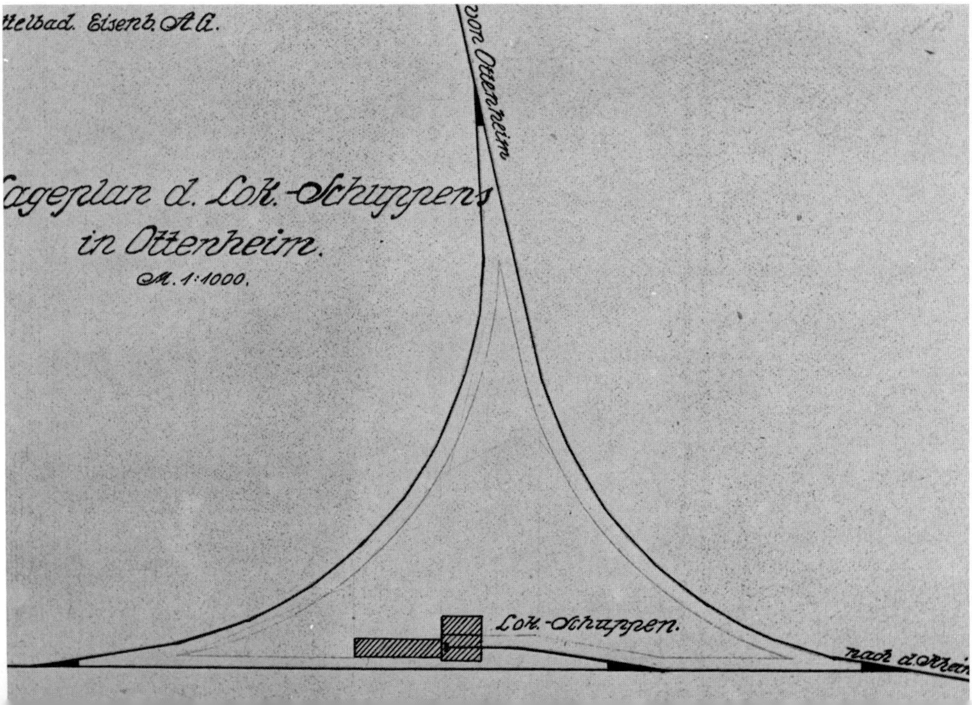

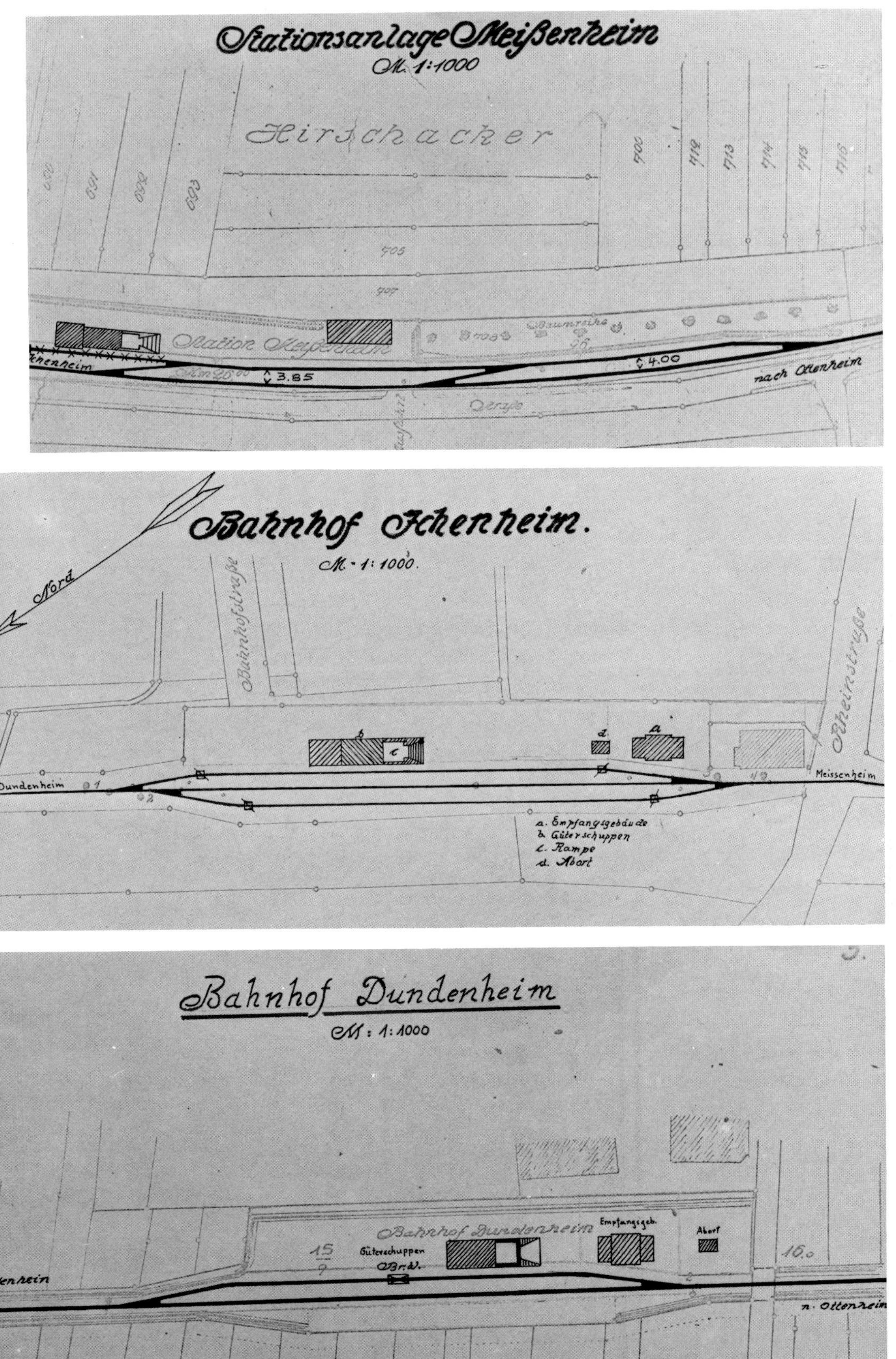
Stationsanlage Meißenheim
M. 1:1000
Hirschacker
691
692
693
700
713
714
715
716
705
707
Baumreihe
Station Meißenheim
3.85
4.00
nach Ottenheim
Bahnhof Ichenheim.
M. 1:1000.
Nord
Bahnhofstraße
Rheinstraße
Dundenheim
Meissenheim
a. Empfangsgebäude
b. Güterschuppen
c. Rampe
d. Abort
Bahnhof Dundenheim
M: 1:1000
Bahnhof Dundenheim
Empfangsgeb.
Abort
Güterschuppen
15
9
16.0
n. Ottenheim

104 Der mit Hauptsignalen abgesicherte Bahnhof von **Altenheim** besass ein stattliches Aufnahmegebäude. (Sammlung H. D. Menges)

105 Gleisplan des Bahnhofes von Altenheim mit Abzweigung nach Offenburg. Hier ist ein für eine Schmalspurbahn beachtliches Stationsnetz vorhanden.

Folgende Seite:

106 Abbildung des Lokomotivschuppens von **Altenheim,** davor ein Triebwagen. Rechts die **Lokomotive Nr. 48** vor einem Güterzug mit gedecktem Güter- und einem Gepäckwagen. (Sammlung Dorner)

107 Blick auf die Stationsanlage des Bahnhofes von Altenheim, Richtung Kehl, links der Wagen Nr. 85, nach rechts führt die Abzweigung nach Offenburg, um 1955. (Sammlung Vogel)

108 Noch einmal im Bahnhof Altenheim: links ein Zug nach Offenburg, in der Mitte (leicht verdeckt) ein Zug aus Lahr und rechts der Zug nach Kehl, um 1955. (Sammlung Vogel)

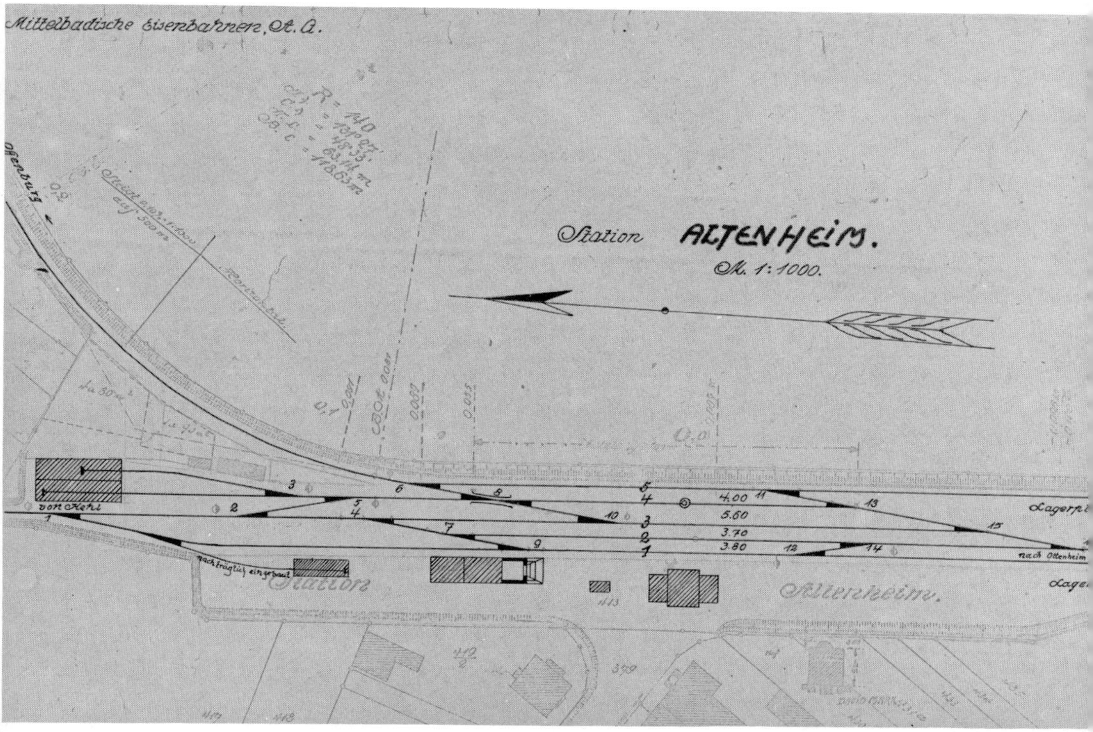

Mittelbadische Eisenbahnen, A. G.

Station ALTENHEIM.

M. 1:1000.

Offenburg

von Kehl

4.00

5.60

3.70

3.80

nach Offenburg

Station Altenheim.

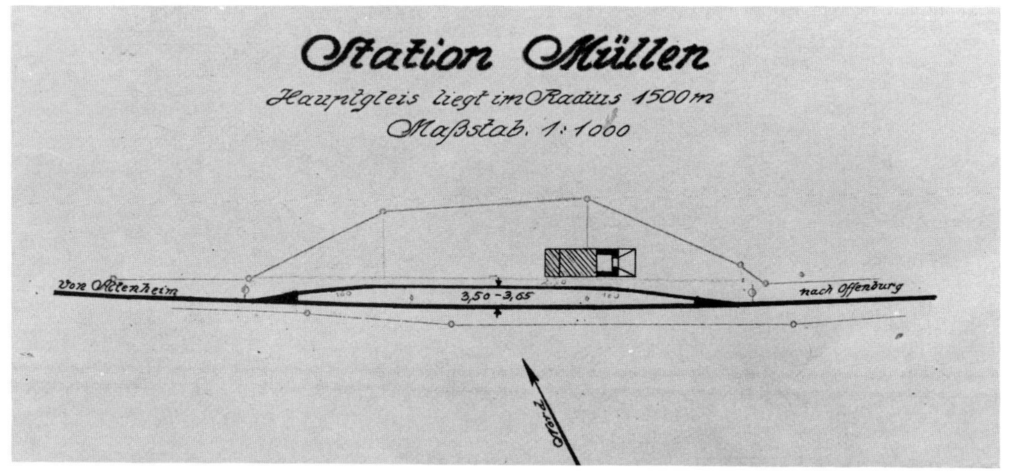

109 Gleisplan der einfachen Anlage des Bahnhofs von **Müllen.**

110 Bild des Aufnahmegebäudes von **Schutterwald-Ort** mit dem Güterschuppen. (Archiv MEG)

Folgende Seite:

111 Streckenbereisung der Betriebsführung mit dem **Triebwagen T 6,** hier in Schutterwald. (Foto Dorner)

112 Planzeichnung der Gleisanlage des Bahnhofs **Schutterwald-Ort.** Der Zusatz «Ort» wurde dem Stationsnamen beigefügt, um eine Verwechslung mit dem Haltepunkt Schutterwald an der Staatsbahn Karlsruhe–Basel zu vermeiden.

113 Gleisplan der Ausweiche **Offenburg-Landwirtschaftliche Halle.**

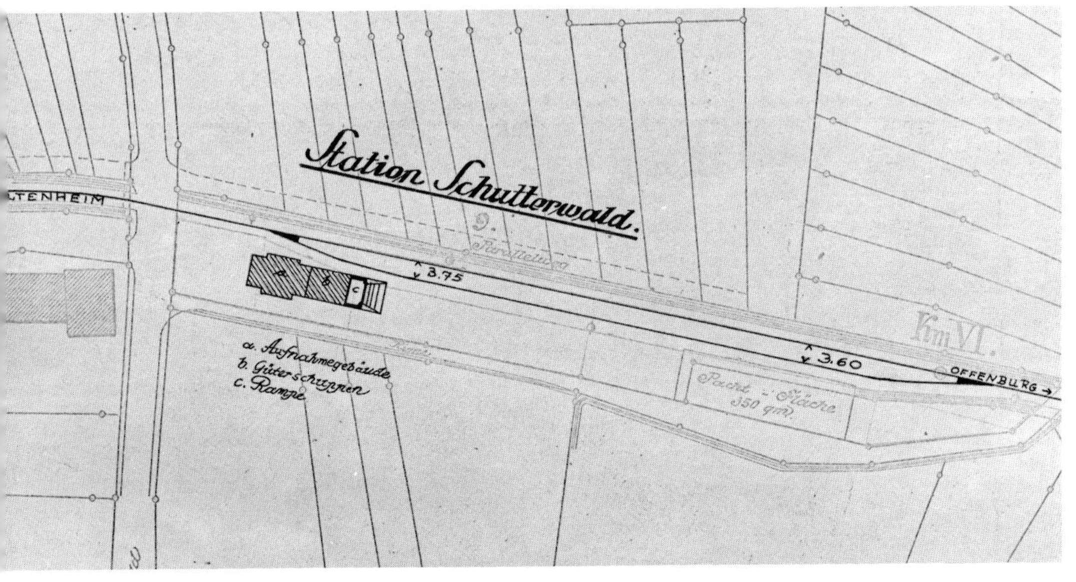
Station Schutterwald.
3.75
3.60
Km VI.
OFFENBURG →
a. Aufnahmegebäude
b. Güterschuppen
c. Rampe
Pacht - Fläche
350 qm

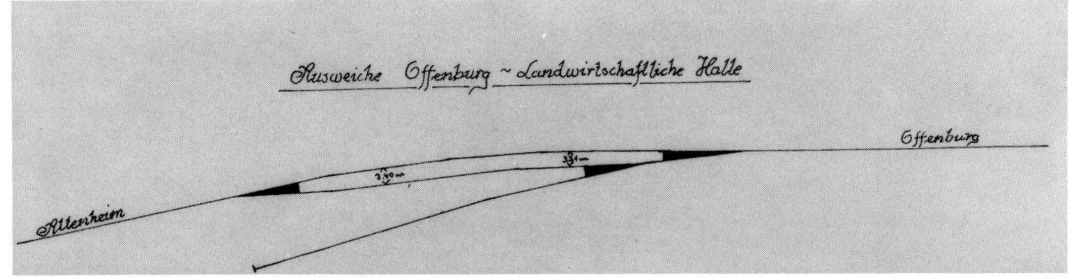
Ausweiche Offenburg ~ Landwirtschaftliche Halle
Offenburg
Altenheim

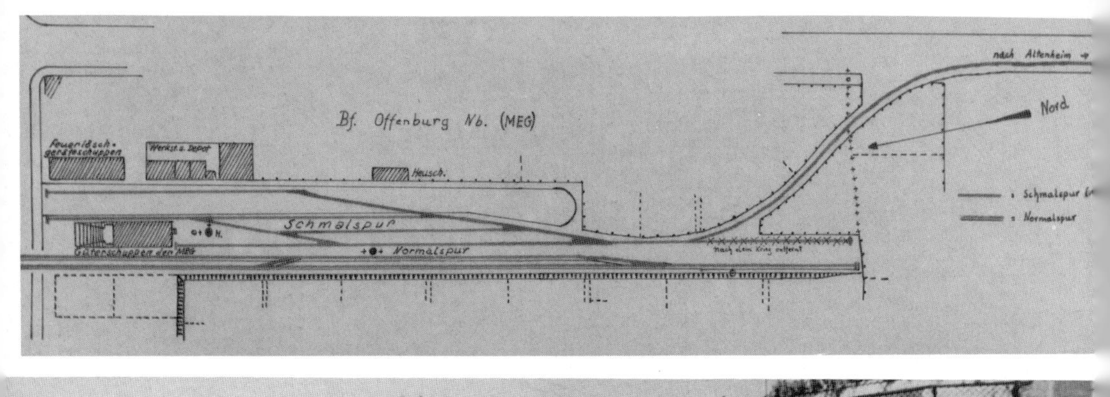

Bf. Offenburg Nb. (MEG)
Feuerlösch-
geräteschuppen
Werkst. u. Depot
Heusch.
Schmalspur
Güterschuppen der MEG
Normalspur
nach Altenheim
Nord
Nach dem Krieg entfernt
= Normalspur

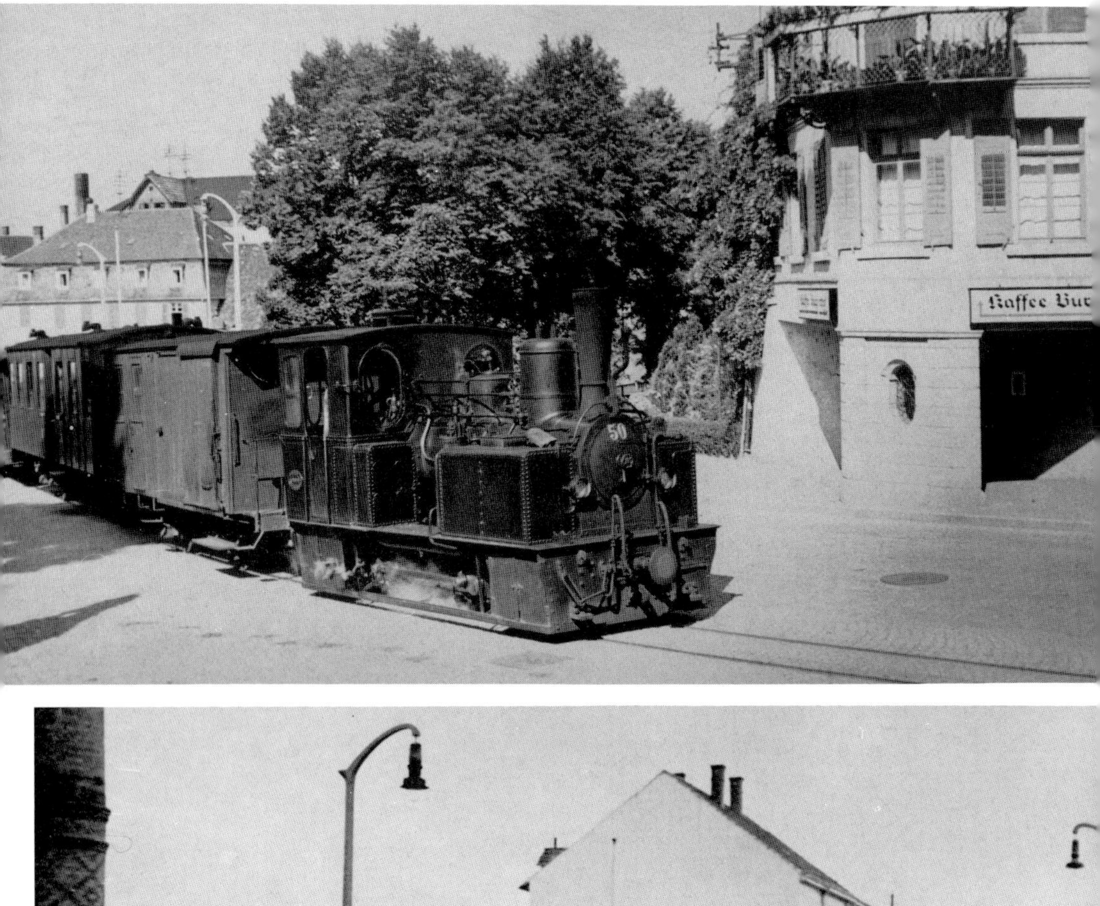

Freiburg

Altenheim–Offenburg

114 Die Gleisanlage des Bahnhofs **Offenburg Nb. (MEG).** Diese Station diente lediglich als Betriebsbahnhof und als Stückgutumladestelle für den Güterverkehr mit der normalspurigen Staatsbahn. (Zeichnung H. D. Menges)

115 Ein gemischter Zug in der Hauptstrasse von Offenburg, anfangs der dreissiger Jahre. **Lokomotive Nr. 50,** dahinter ein Packwagen. Dieser Typ wurde später als Spezialwagen (Sw) Nr. 400 und 401 weiter verwendet. (Foto Stober)

116 Zur gleichen Zeit entstand dieses Bild mit der Lokomotive Nr. 50, Packwagen, Personenwagen Nr. 1 (ex LSB) und Güterwagen der Gattung OOm in der Offenburger Innenstadt. (Archiv MEG)

117 Diese Seite: Ein langer abendlicher Berufszug in **Offenburg,** angeführt vom Triebwagen T 14, dahinter die Personenwagen Nr. 85 (ex GGm 161), Nr. 64 (ex Nr. 84/Nr. 5 LSB), Nr. 8 (ex T 11) und Nr. 6 (ex OOm 272) in der Offenburger Hauptstrasse. (Foto Stober/Archiv MEG)

118 Der Bahnhof **Goldscheuer-Kittersburg** und seine Gleisanlage.

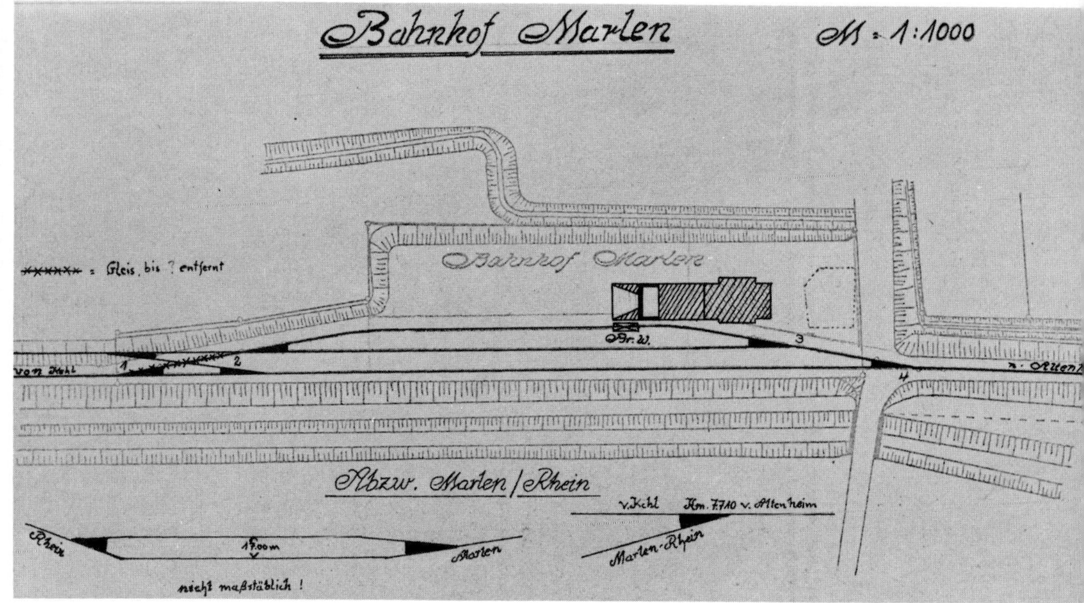

119 Die Bahnhofanlage von **Marlen** mit der Abzweigung Marlen/Rhein Kiesverladung.

120 Das Aufnahmegebäude von Marlen, aufgenommen 1949. (Archiv MEG)

Folgende Seite:

121 Normalspuriger Güterwagen auf einem **Rollwagen** (Rollschemel) der **Serie Nr. 26–50,** aufgenommen 1948 im Bahnhof Marlen anlässlich der Weisskrautverladung nach der Ernte.

122 Ein beschädigter **Triebwagen der Serie T 1–8** im Bahnhof Goldscheuer nach dem Zusammenstoss mit einer Dampflokomotive am 5. September 1951. (Archiv MEG)

123/124 Plan der Bahnhofanlage **(Kehl-)Sundheim.** Dieser Bahnhof war während der Besetzung der Stadt Kehl nach dem Zweiten Weltkrieg einige Jahre lang Endpunkt des Südnetzes. Darunter Gleisplan der Abzweigung **Kehl-Rathaus.**

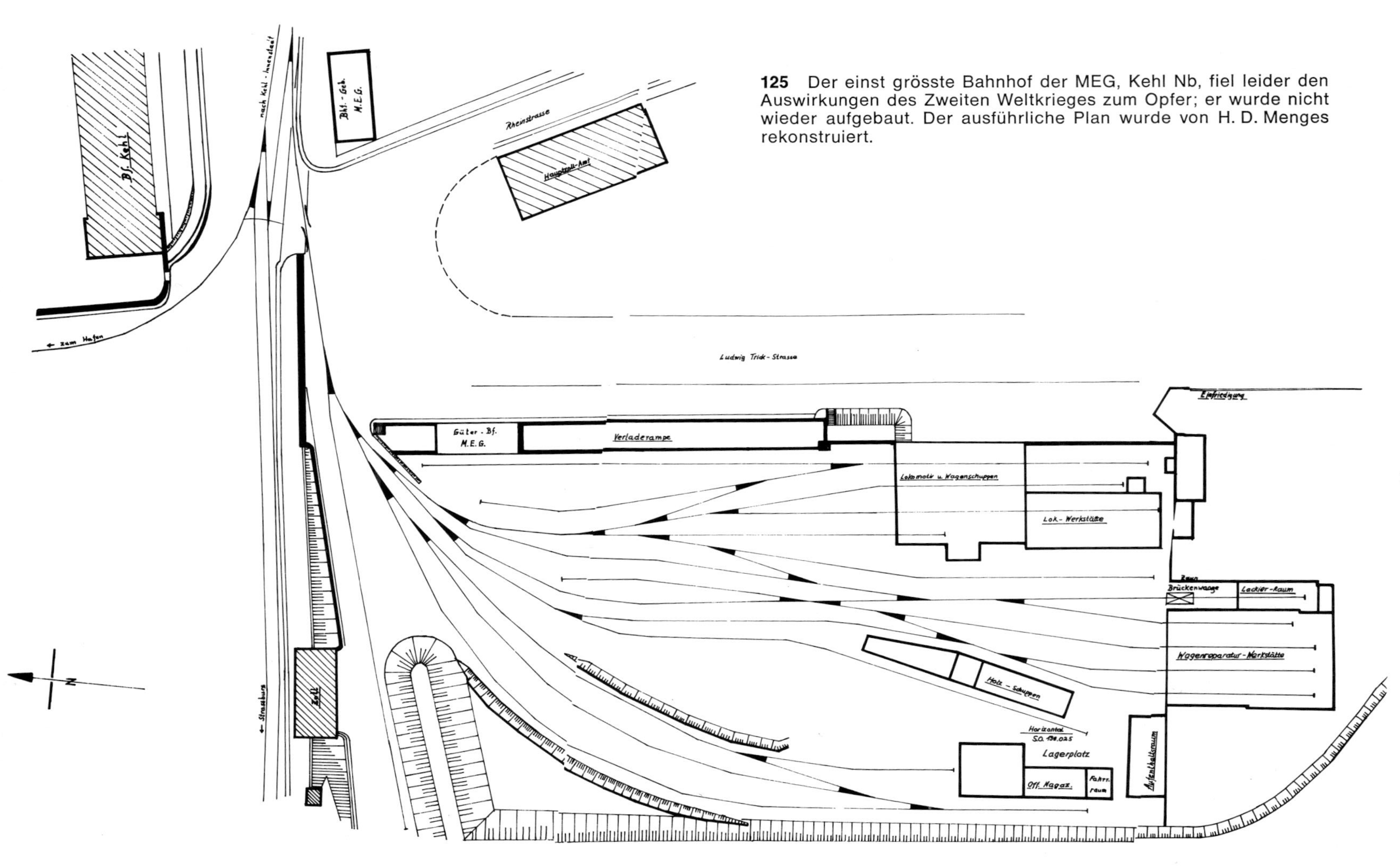

125 Der einst grösste Bahnhof der MEG, Kehl Nb, fiel leider den Auswirkungen des Zweiten Weltkrieges zum Opfer; er wurde nicht wieder aufgebaut. Der ausführliche Plan wurde von H. D. Menges rekonstruiert.

126 Der Bahnhof **Kehl-Güterabfertigung** mit Einfahrt in die Werkstätte, aufgenommen 1928. Die Anlage ist durch Einwirkungen des Zweiten Weltkrieges völlig zerstört worden (vgl. Legende 125). (Archiv MEG)

127 Der **Betriebsbahnhof Kehl** im Jahre 1928. Links das Dach der Güterabfertigung (vgl. 126), im Hintergrund die Hauptwerkstätte. Die ganze Anlage wurde 1945 zerstört. (Archiv MEG)

In Kehl, unmittelbar am Rhein, lag die grosse Hauptwerkstatt der MEG. Sie ging aus der ehemaligen SSB-Werkstatt Kehl hervor. Hier konnten alle Wartungs- und Reparaturarbeiten sowie Neu- und Umbauten durchgeführt werden. Unser Plan zeigt anschaulich die Grösse dieser Anlage, die kurz vor Ende des Zweiten Weltkrieges restlos zerstört wurde. Ein Wiederaufbau wurde nicht mehr durchgeführt. Die MEG-Werkstätten in Lahr und Schwarzach teilen sich in die anfallenden Arbeiten.

128 Drehbank zum Abdrehen der Radsätze in der Kehler Hauptwerkstatt.
128a Blick in die Lokomotivwerkstatt.

129 Die alte Kehler Rheinbrücke, die einzige Strassenbrücke über den Rhein der Gegend. Im Vordergrund der Güterwagen Om 303 auf einem Stumpengleis, direkt am Rheinufer.
(Sammlung Walter)

130 Blick über den einstigen **Betriebsbahnhof** der MEG auf die im Hintergrund abgebildete **Rheinbrücke** und die Stadt Strassburg. Links ein vierachsiger Personenwagen der Serie Nr. 91–95 mit Werbeaufschrift. Im letzten Krieg wurde die Anlage zerstört! (Sammlung Biehler)

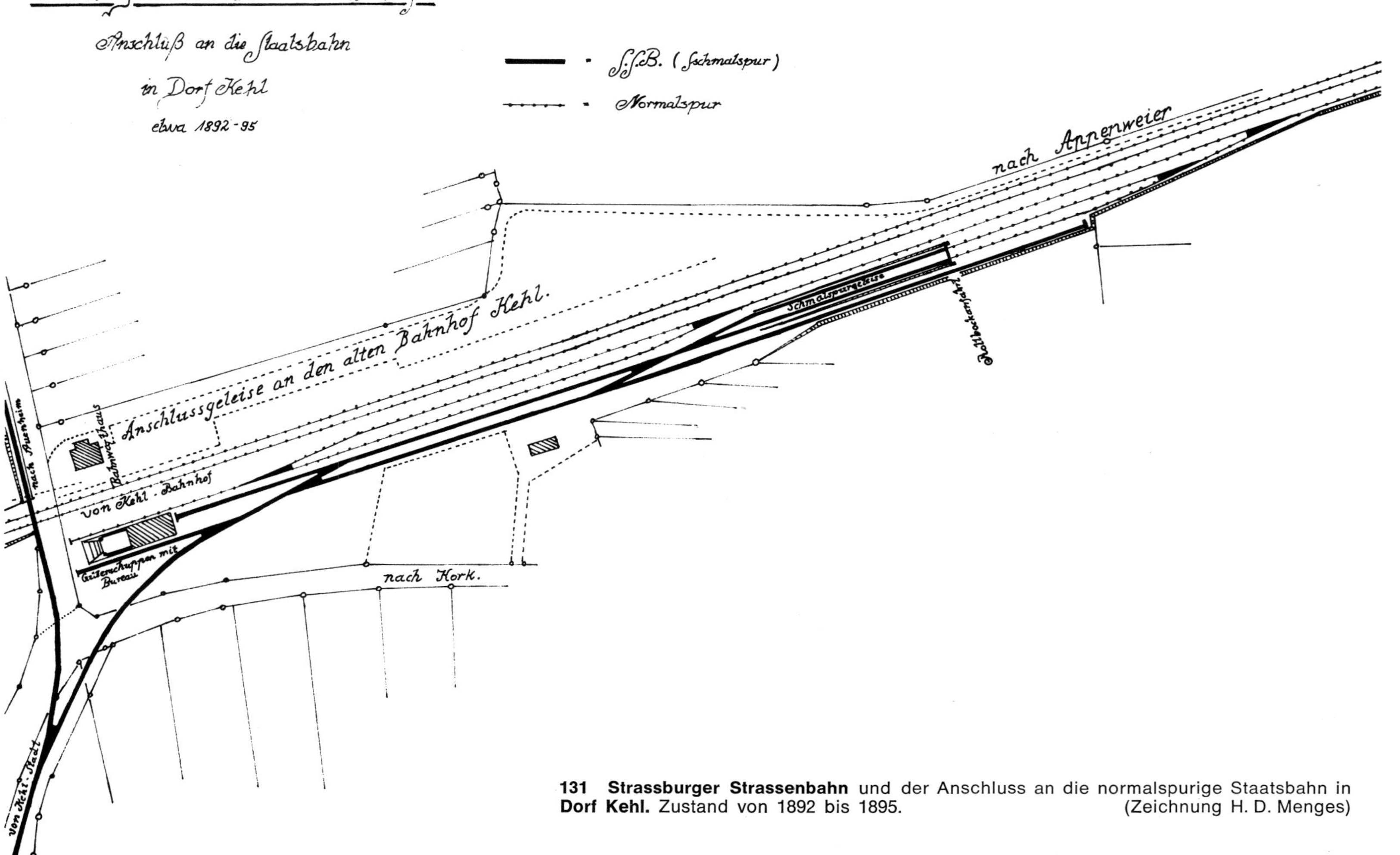

131 Strassburger Strassenbahn und der Anschluss an die normalspurige Staatsbahn in **Dorf Kehl.** Zustand von 1892 bis 1895. (Zeichnung H. D. Menges)

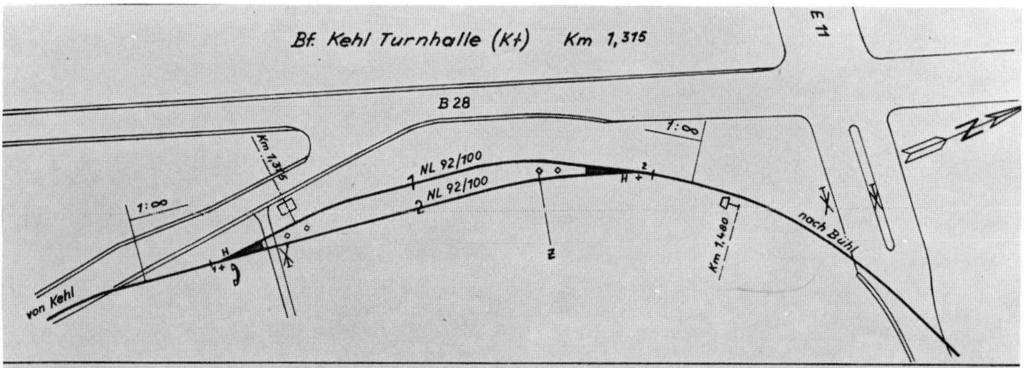

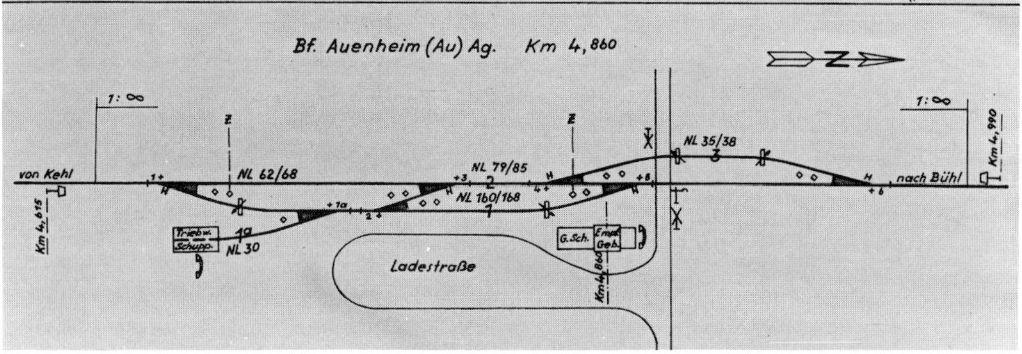

Kehl–Schwarzach

132 Die Gleisanlage der Station **Kehl Turnhalle.** (Archiv MEG)

133 Der Bahnhof **Auenheim** und seine Gleisanlage.

134 Anlässlich der letzten Personenzugfahrt auf der Strecke Kehl–Freistett entstand dieses Bild am 24. September 1966. Es zeigt den **Triebwagen T 13** in der Haltestelle Kehl Turnhalle.

135 Die **MEG-Lokomotive Nr. 48** (ex SSB) bei Abbauarbeiten an der Strecke Kehl-Altenheim, aufgenommen in der **Kehler Hauptstrasse.** (Archiv MEG)

136 Der **Triebwagen T 13** auf der neuen, nach dem Zweiten Weltkrieg erbauten **Kinzigbrücke,** 1966 bei Kehl. Zug mit geschlossenen Güterwagen. (Archiv MEG)

Vorangehende Seite:
137 Die MEG-Strecke **zwischen Kehl und Auenheim** nach dem Hochwasser des Jahres 1942. Der Bahndamm wurde gänzlich unterspült und ist unpassierbar. (Archiv MEG)

138 Aufnahme der Streckenneutrassierung im Raume von Auenheim, mit Brückenneubau. In der Mitte verläuft die Neubaustrecke, rechts die inzwischen unterbrochene alte Linie.

139 Blick auf die im Umbau befindliche Brücke bei Auenheim. Links eine Aufschüttung mit Rollbahn, daneben die alte Notbrücke. In der Mitte das provisorische Trasse und rechts aussen die in der Montage stehende neue Brücke mit Eisenträgern. (Sammlung Weisslogel)

Diese Seite:
140/141 Zwei weitere Fotos von der Neutrassierung dieses Streckenabschnittes im Raume Auenheim. Brückenschlag anstelle der alten Brücke. Die Eisenträger werden auf der alten Trasse vorbereitet, um dann vorgeschoben und montiert zu werden. (Sammlung Weisslogel)

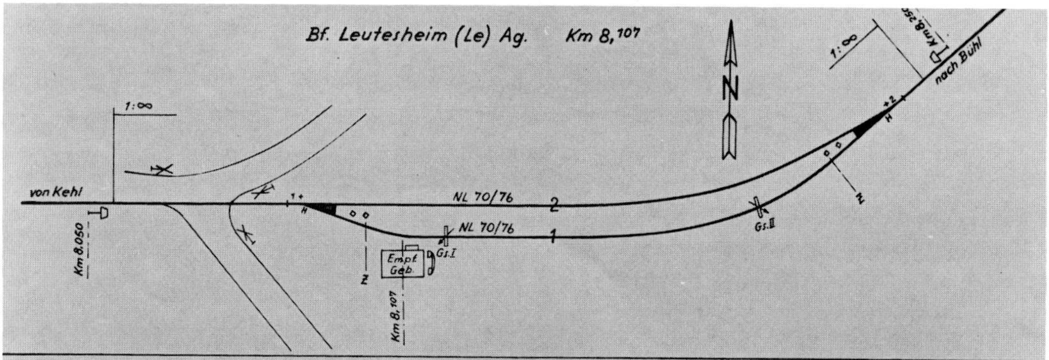

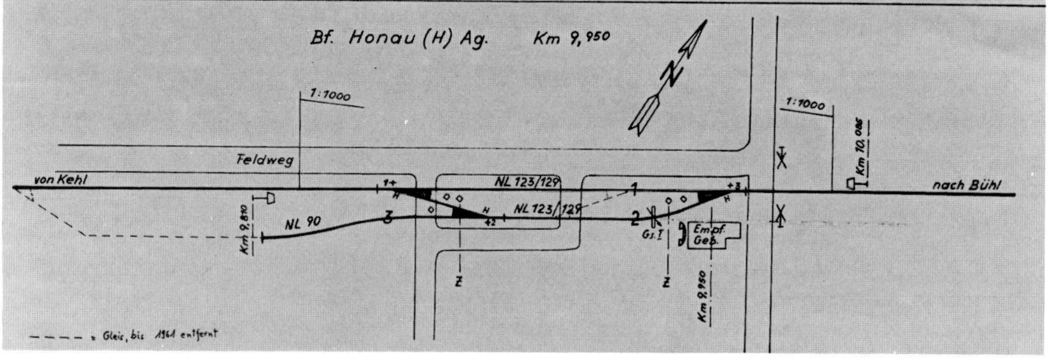

142 Die Gleisanlagen des Bahnhofs **Leutesheim.**
143 Die Stationsanlage im Bahnhofsbereich **Honau.**
144 Die Anlage des Bahnhofs **Diersheim.**
145 **Rheinbischofsheim,** Gleise und Bahnhof. (Archiv MEG)

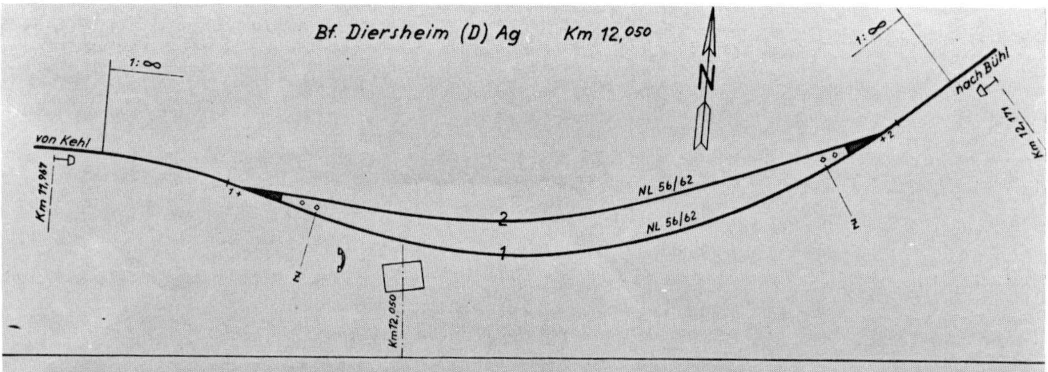

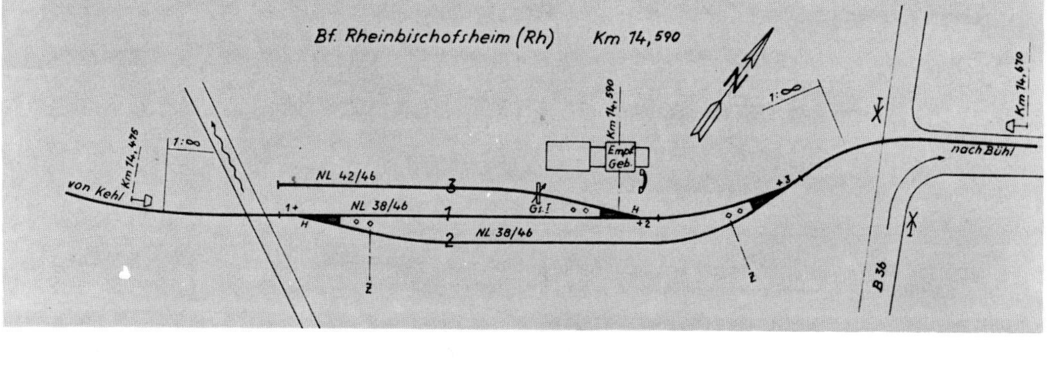

146 Ein Zug der MEG auf seiner letzten Fahrt über die Strecke **Kehl–Freistett** am 24. September 1966, hier in Diersheim-Süd. (Archiv MEG)

147 Ebenfalls 1966 aufgenommen wurde dieses Foto. Es zeigt die Station **Diersheim** beim Rathaus. Der Zug besteht aus dem Triebwagen T 13 und Güterwagen GG 157. (Archiv MEG)

148 Blick in den MEG-Bahnhof **Rheinbischofsheim,** links und rechts normalspurige Güterwagen auf Rollwagen der Serie Nr. 26–50. (Sammlung Vogel)

149 Der **Triebwagen T 12** und Personenwagen mit Gepäckabteil Nr. 3 (ex LSB) auf der Fahrt durch das **Hanauerland,** nördlich von Kehl. (Foto P. Peckny)

Folgende Seite:

150 Die Gleisanlagen des Bahnhofs **Freistett.**

151 Der Anschluss zum Lokomotivschuppen und Abstellgleis in Freistett. (Archiv MEG)

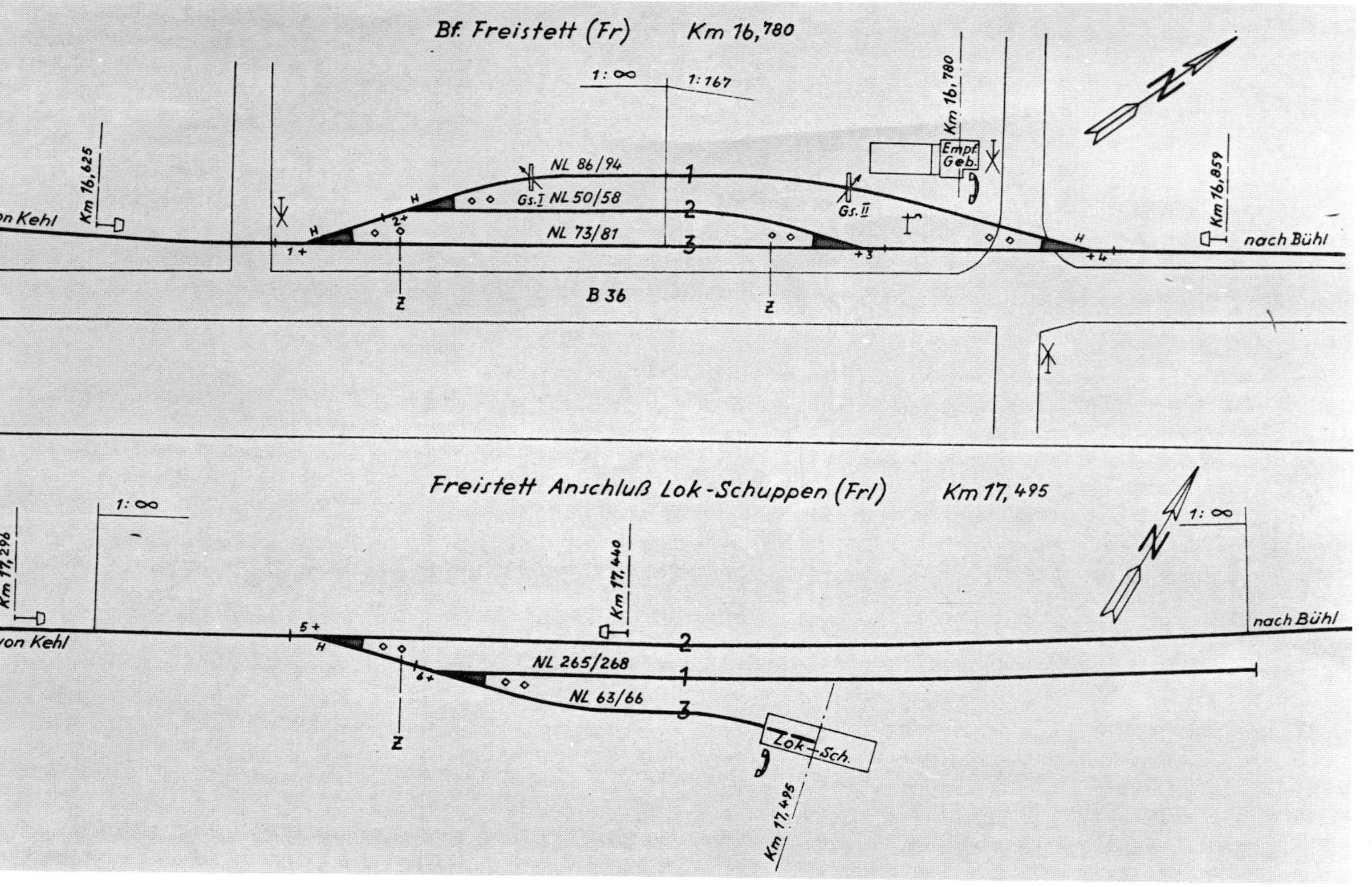
Bf. Freistett (Fr) Km 16,780
1: ∞
1:167
Km 16,625
von Kehl
NL 86/94
NL 50/58
NL 73/81
Gs.I
Gs.II
Empf. Geb.
Km 16,780
Km 16,859
nach Bühl
B 36
Freistett Anschluß Lok-Schuppen (Frl) Km 17,495
1: ∞
Km 17,296
von Kehl
Km 17,440
NL 265/268
NL 63/66
Lok-Sch.
Km 17,495
nach Bühl

152 Zug mit Güterwagen und Rollschemel bei Verladearbeiten im Bahnhof **Freistett** am 6. Juni 1970. (Foto H. Mochel)

153 Aufnahme eines Personenzuges am Tage der Einstellung des Personenverkehrs auf der Strecke Kehl–Freistett im Jahre 1966. Vorgespannt ist der **Triebwagen T 13** im Bahnhof Freistett. (Archiv MEG)

Folgende Seite:

154 Aufnahme des **Triebwagens T 14 vor dem** Nachmittags-GmP in Freistett, 6. Juni 1970.

155 Aufgleisarbeiten in Freistett nach dem Unfall vom 10. Dezember 1951. Es kam zu einer Flankenkollision zwischen einem Triebwagen der Serie T 1–8 und einem Personenzug.

156 Der Triebwagen T 14 vor dem Triebwagenschuppen von Freistett. (Fotos MEG-Archiv, H. Mochel)

Original
Jägermeister
Deutschlands meistgetrunkener
Halbbitter

Original
Jägermeister
Deutschlands meistgetrunkener
Halbbitter

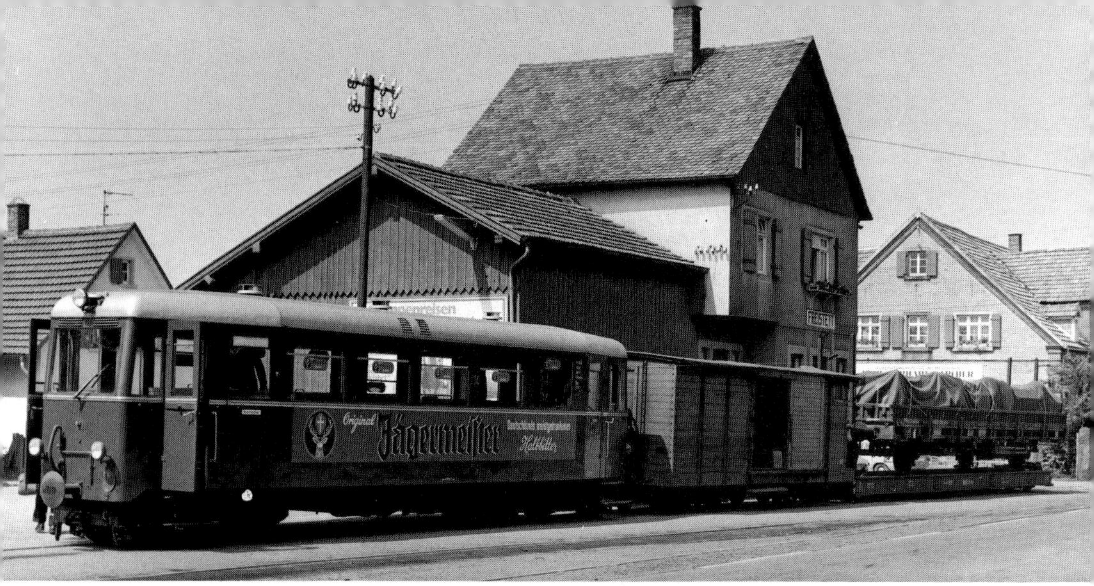

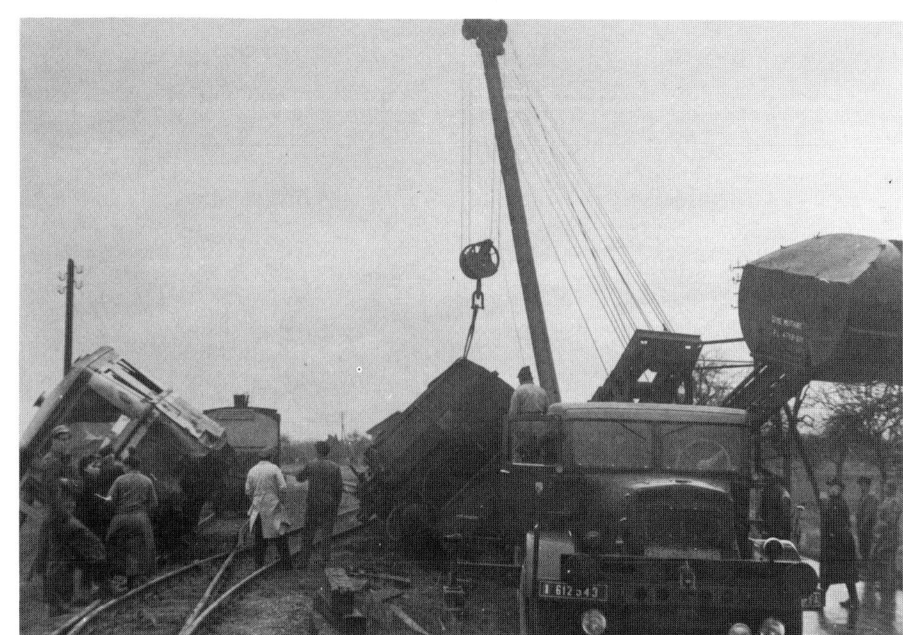

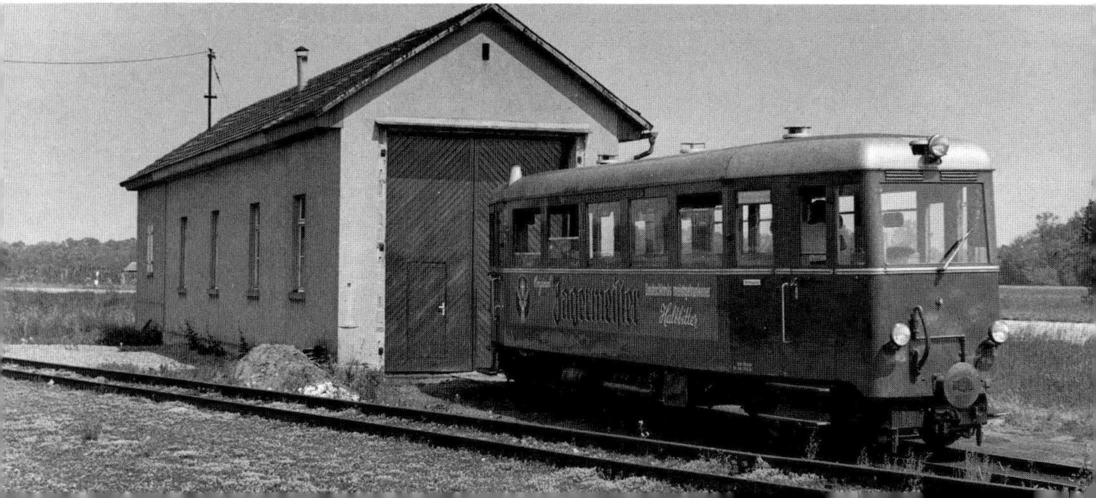

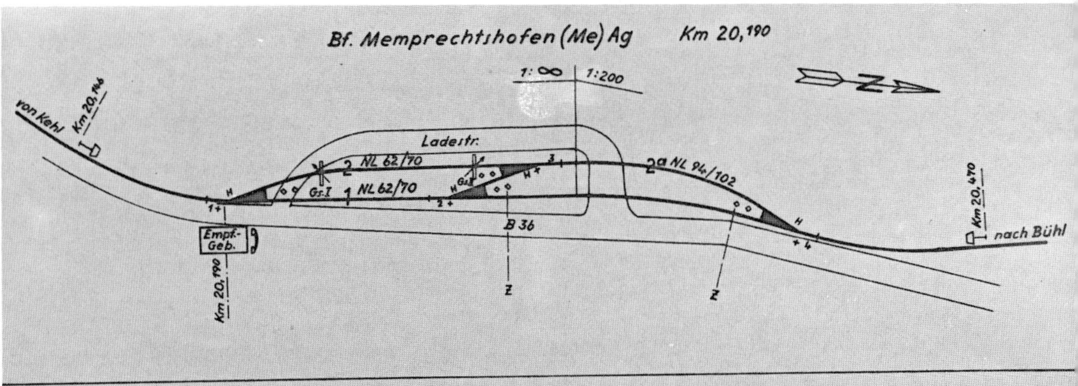

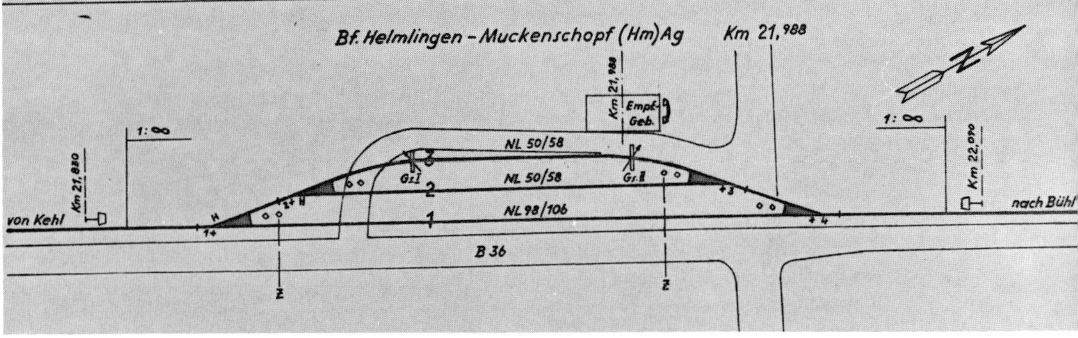

157 Lageplan der Bahnhofanlage von **Memprechtshofen.** (Archiv MEG)

158 Gleisplan der Stationsanlage **Helmlingen-Muckenschopf.**

159 Zugkreuzung im Bahnhof **Memprechtshofen.** Der **Triebwagen T 12** überholt den Dampfzug, geführt von der **MEG-Lokomotive Nr. 101** (ex OEG), heute der Eurovapor gehörend und nun bei Bern (Schweiz) eingesetzt. (Foto P. Peckny)

160 Der **Triebwagen T 13** im Bahnhofsbereich von **Helmlingen-Muckenschopf** im Juli 1969, dahinter ein Normalspurgüterwagen auf Rollwagen. (Foto H. D. Menges)

161 Planzeichnung der Gleisanlage des Güterbahnhofs **Scherzheim.** (Archiv MEG)

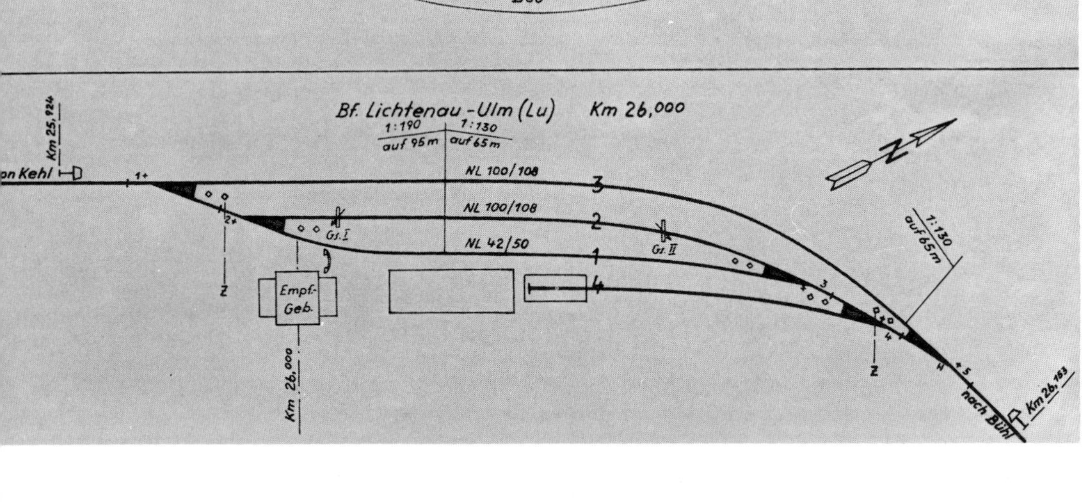

162 Die viergleisige Anlage des Bahnhofs **Lichtenau-Ulm** mit Triebwagenschuppen.

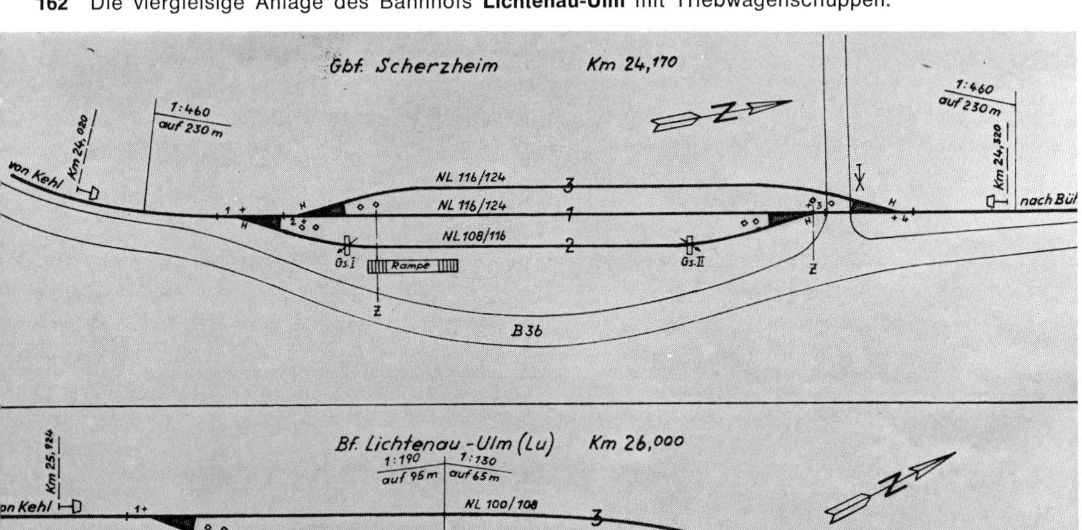

163 Rollwagenzug unterwegs, bespannt mit der MEG-Diesellokomotive V 22 01. Aus Richtung Freistett kommend, überquert der Zug die mit Blinkanlage gesicherte Bundesstrasse 36 am südlichen Ortseingang von Lichtenau-Ulm, 1970. (Fotos H. D. Menges, Lahr)

164 Rollwagenzug in **Lichtenau-Ulm** mit gleicher Diesellokomotive wie oben, fährt auf der Bundesstrasse 36, recht knapp an parkenden Autos vorbei, 1970.

165 Das Aufnahmegebäude von **Lichtenau-Ulm** mit Güterhalle im Hintergrund, aufgenommen im Jahre 1952. (Archiv MEG)

166 Blick über den Führerstand eines Triebwagens auf die **Krebsbachbrücke** vor der südlichen Einfahrt zum Bahnhof **Schwarzach,** 1969. (Foto H. D. Menges)

167 Die südliche Einfahrt von Richtung Freistett her gesehen: der Bahnhof von **Schwarzach** im September 1969. (Fotos H. D. Menges)

168 Der Triebwagen T 12 in der Einfahrt zum Bahnhof Schwarzach, aus Freistett kommend, September 1969.

169 Der alte **Dampflokomotiv - Schuppen** im Bahnhof von **Schwarzach.** Er wurde im Jahre 1949 aufgenommen. An dieser Stelle entstand später ein Schuppen für Triebwagen mit Werkstätte. Dieses Betriebsbild zeigt links die **Dampflokomotive Nr. 55,** rechts eine Tenderlokomotive der Serie Nr. 45–49, letztere vor einem aus Kehl kommenden Personenzug.
(Archiv MEG)

170 Das Aufnahmegebäude von **Schwarzach** mit angebauter Güterhalle.
(Archiv MEG)

Schwarzach–Bühl

171 Der Brand der **Werkstätte von Schwarzach** in der Nacht vom 16. auf den 17. Oktober 1953 war für die MEG von grösster Tragweite. Das Gebäude und das ganze Inventar wurden ein Raub der Flammen. (Archiv MEG)

172 Einen anderen Blick in das Disaster der Werkstätte: Der **Triebwagen T 8,** völlig ausgebrannt, wurde jedoch unverändert wieder aufgebaut, was einem Neubau gleichkam. Das belegt klar die Leistungsfähigkeit der neuen Werkstätte. (Archiv MEG)

Folgende Seite:
173/174 Die Gleispläne der Bahnhöfe Schwarzach und Moos mit Zeichenerklärung, die auch für andere Pläne gilt. (Archiv MEG)

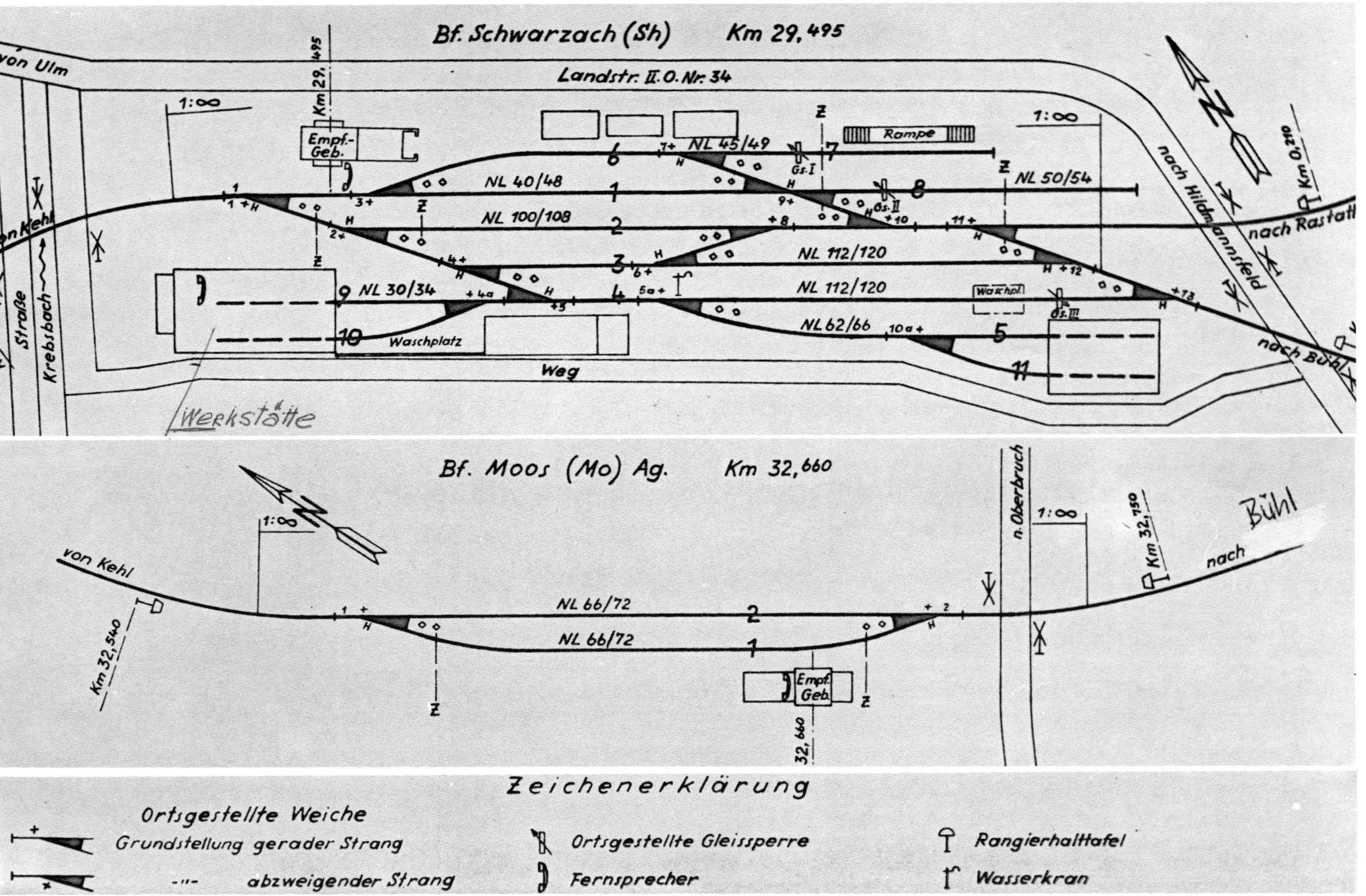
Bf. Schwarzach (Sh) Km 29,495
Landstr. II. O. Nr. 34
von Ulm
von Kehl
Krebsbach
Straße
Km 29,495
Empf.-Geb.
1:∞
NL 40/48
NL 100/108
NL 30/34
NL 45/49
NL 50/54
NL 112/120
NL 112/120
NL 62/66
Rampe
Gs. I
Gs. II
Gs. III
Waschpl.
Waschplatz
Weg
Werkstätte
nach Hildmannsfeld
nach Rastatt
nach Bühl
Km 0,210
Bf. Moos (Mo) Ag. Km 32,660
von Kehl
Km 32,540
NL 66/72
NL 66/72
Empf. Geb.
32,660
n. Oberbruch
Km 32,750
nach
Bühl
Zeichenerklärung
Ortsgestellte Weiche
Grundstellung gerader Strang
-"- abzweigender Strang
Ortsgestellte Gleissperre
Fernsprecher
Rangierhalttafel
Wasserkran

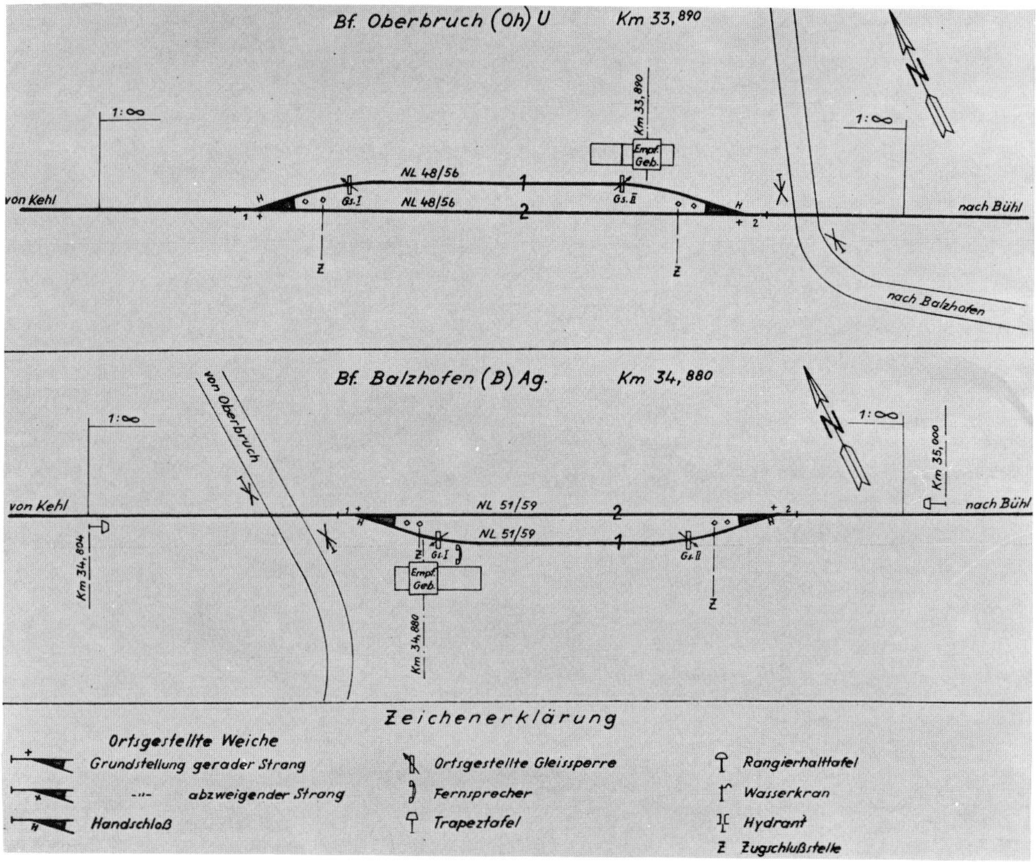
Bf. Oberbruch (Oh) U
Km 33,890
1:∞
Km 33,890
Empf. Geb.
NL 48/56
NL 48/56
Gs. I
Gs. II
von Kehl
nach Bühl
nach Balzhofen
Bf. Balzhofen (B) Ag.
Km 34,880
von Oberbruch
1:∞
Km 35,000
NL 51/59
NL 51/59
Km 34,894
Km 34,880
Empf. Geb.
von Kehl
nach Bühl
Zeichenerklärung
Ortsgestellte Weiche
Grundstellung gerader Strang
-"- abzweigender Strang
Handschloß
Ortsgestellte Gleissperre
Fernsprecher
Trapeztafel
Rangierhalttafel
Wasserkran
Hydrant
Zugschlußstelle

175 Planzeichnung der Gleisanlage des Bahnhofs **Oberbruch.**

176 Der einfache Gleisplan der Station **Balzhofen.**

177 Blick auf die Landschaft mit Triebwagen T 14 in der Ausfahrt aus Schwarzach, in Richtung Bühl fahrend, Juli 1969. (Foto H. D. Menges)

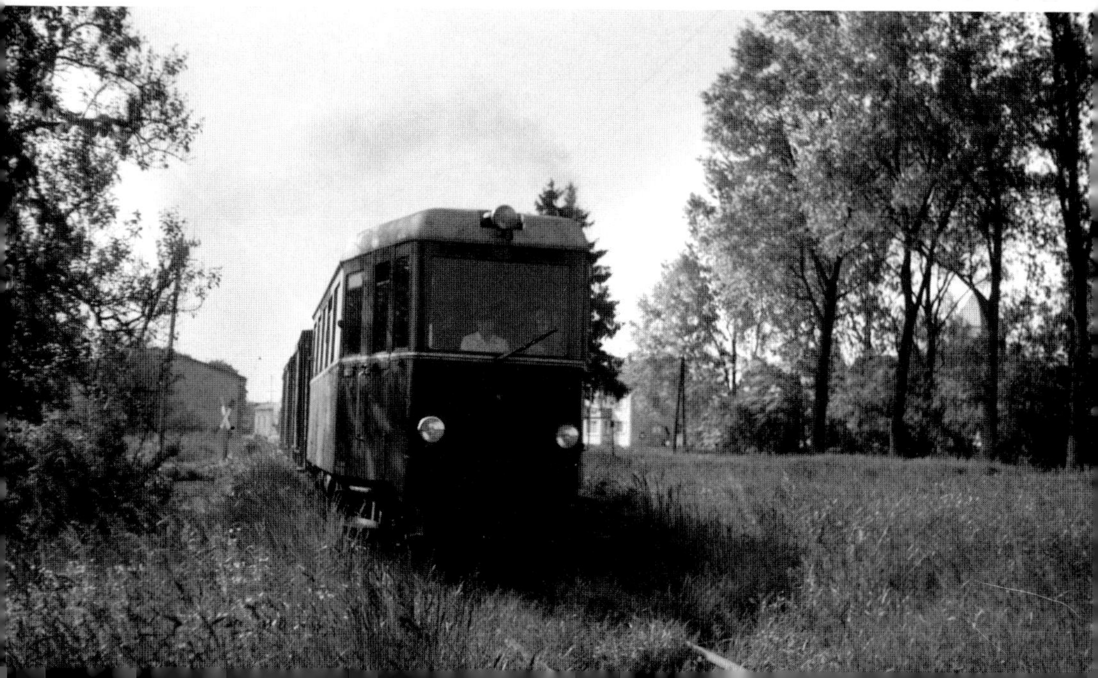

178 Aufnahme des **Triebwagens T 12** bei der Einfahrt nach Schwarzach aus Richtung Bühl, Juli 1969. (Foto Menges)

179 Blick aus dem Führerstand des Triebwagens T 12 auf die MEG-Strecke zwischen Schwarzach und Bühl, Juni 1969. (Foto Menges)

180 Planzeichnung der Bahnhofanlage von **Vimbuch.**

181 Stimmungsbild «Schmalspurige Nebenbahn, wo führt deine Zukunft hin?», 1969, aufgenommen auf der Strecke Schwarzach–Bühl. (Foto Menges)

182 Gleisplan der Endbahnhofanlage des Ortes **Bühl** im Zwetschgenland.

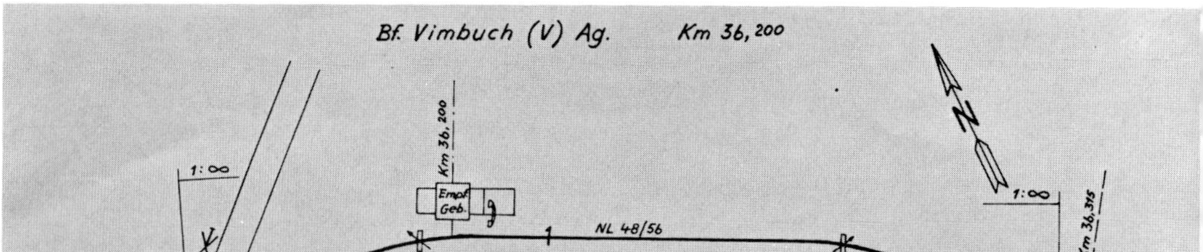

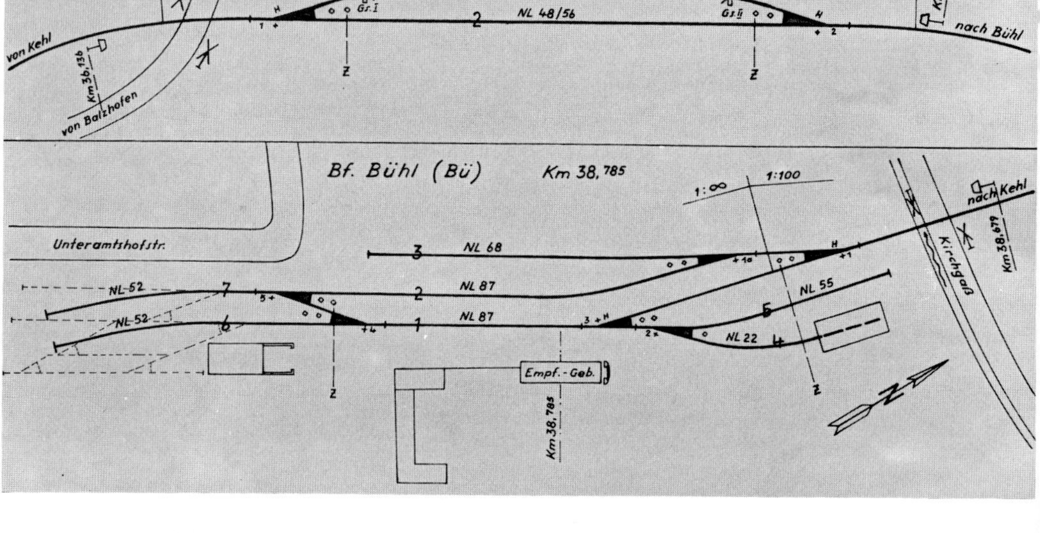

183 Der Frühling ist da, leider jedoch nicht für die Bahn. Der **Triebwagen T 14** auf der Strecke nach Bühl zwischen blühenden Zwetschgenbäumen. Hier liegt das Zwetschgenland.

184 Blick auf die Gleisanlagen und den Güterschuppen des Bahnhofs **Bühl,** 1969.

(Fotos H. D. Menges)

185 Zur Zeit der Strassburger Strassenbahn in **Bühl:** das Aufnahmegebäude im Festschmuck, wahrscheinlich zur Begrüssung einer Persönlichkeit, vor 1914 (Staatsbahnseite). (Archiv MEG)

186 Hier der 1958 gebaute Bahnhof **Bühl Nb**, von der Bundesbahnseite aus aufgenommen. (Archiv MEG)

187 Das Expressgut wird in enger Zusammenarbeit mit der Bundesbahn in den Triebwagen T 13 verladen (Bühl). (Foto H. D. Menges)

Schwarzach–Rastatt

188 Besteigen wir einen der letzten Personenzüge mit der **Lokomotive Nr. 46,** 1963. (Foto Vetter)

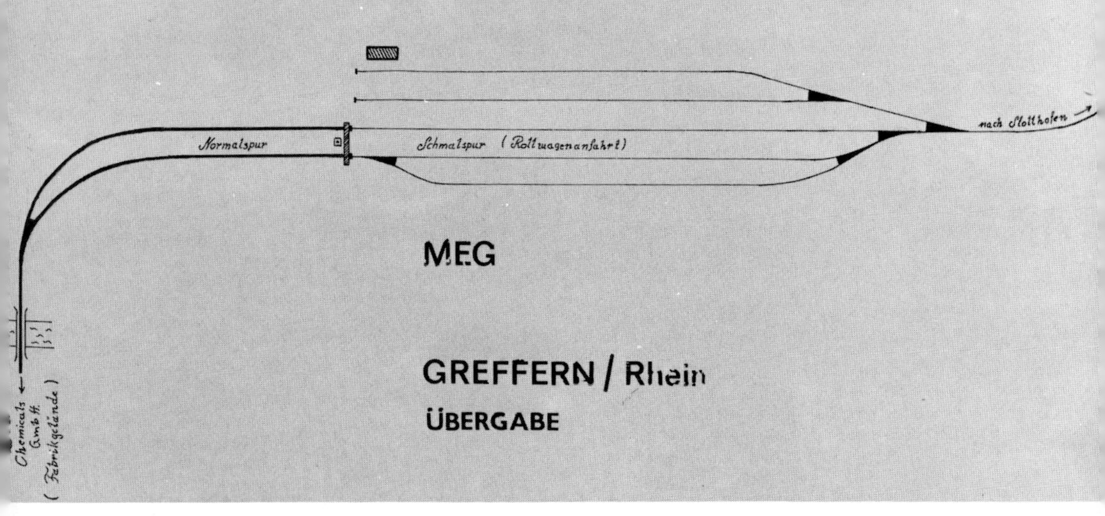

189 Gleisplan **Greffern/Rhein Übergabe.** (Zeichnung H. D. Menges)

190 Die **Diema-Werklokomotive** der Firma DOW-Chemicals GmbH., Greffern/Rhein. Sie ist normalspurig und wird für den Werkverkehr auf dem Fabrikgelände und zur Umsetzanlage der MEG eingesetzt, aufgenommen 1969. (Foto H. D. Menges)

191 Die Ausfahrt des Bahnhofs **Stollhofen.** Rechts das Anschlussgleis nach Greffern (Dow-Chemicals), links die Strecke nach Schwarzach, im März 1970. (Fotos H. D. Menges)

192 Die **MEG-Diesellokomotive V 22 01** in der Umsetzanlage Greffern (DOW), aufgenommen im Jahre 1970.

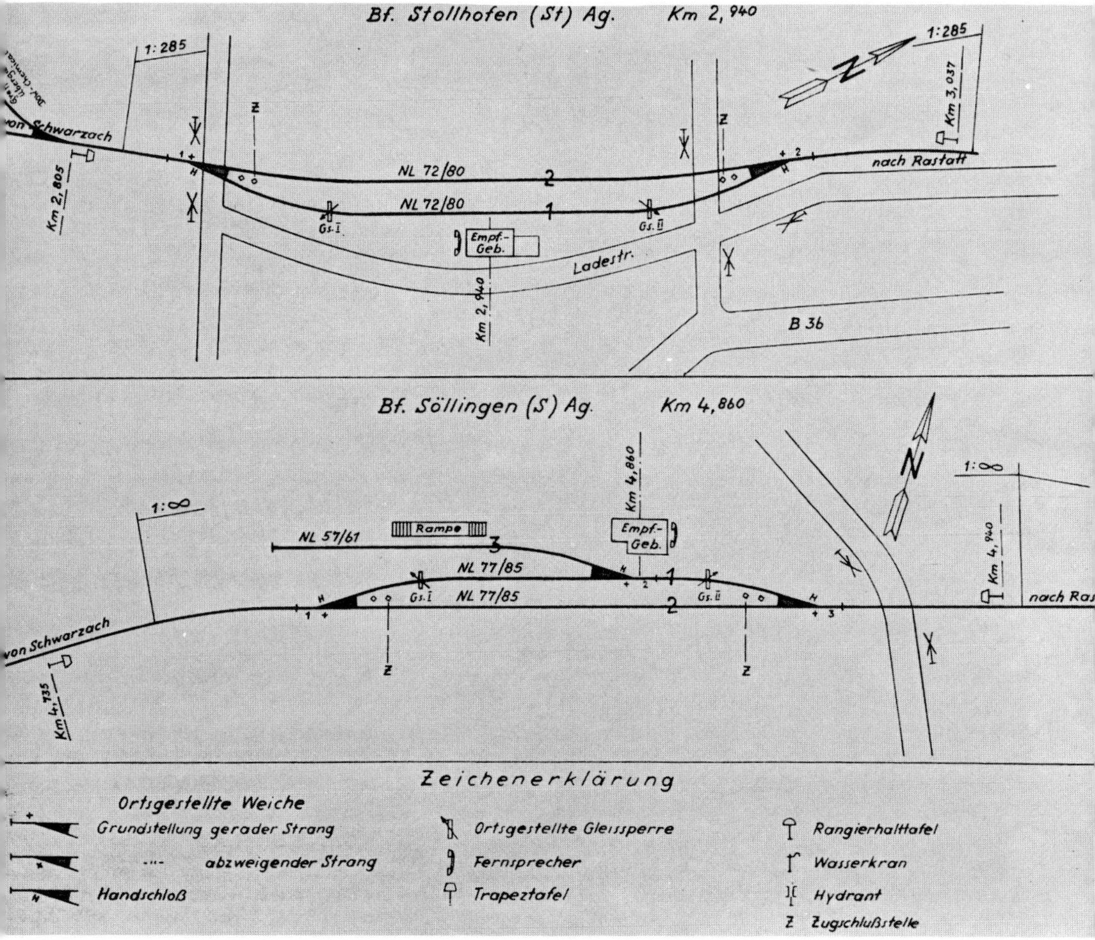

Bf. Stollhofen (St) Ag. Km 2,940

1:285
von Schwarzach
Km 2,805
NL 72/80 2
NL 72/80 1
Gs. I
Gs. II
Empf.-Geb.
Ladestr.
Km 2,940
B 36
nach Rastatt
Km 3,037
1:285

Bf. Söllingen (S) Ag. Km 4,860

1:∞
von Schwarzach
Km 4,735
NL 57/61 3
Rampe
NL 77/85 1
NL 77/85 2
Gs. I
Gs. II
Km 4,860
Empf.-Geb.
Km 4,940
nach Ra
1:∞

Zeichenerklärung

Ortsgestellte Weiche
Grundstellung gerader Strang
... abzweigender Strang
Handschloß
Ortsgestellte Gleissperre
Fernsprecher
Trapeztafel
Rangierhalttafel
Wasserkran
Hydrant
Z Zugschlußstelle

193 Planskizze der Gleisanlage im Bahnhof von **Stollhofen.**

194 Planskizze der Gleisanlage im Bahnhof **Söllingen.**

195 Ältere **Fahrscheine** der MEG, die während vieler Jahre Verwendung fanden und auch für den Busverkehr ausgegeben wurden. Die Fahrpreise wurden teils von Hand abgeändert.

(Archiv Menges)

196 Die **MEG-Diesellokomotive V 22 01** im Bahnhof **Stollhofen,** März 1970. (Foto H. D. Menges)

197 Der Bahnhof von **Söllingen,** ein Aufnahmegebäude besonderer Art, aufgenommen 1970. (Foto Vogel)

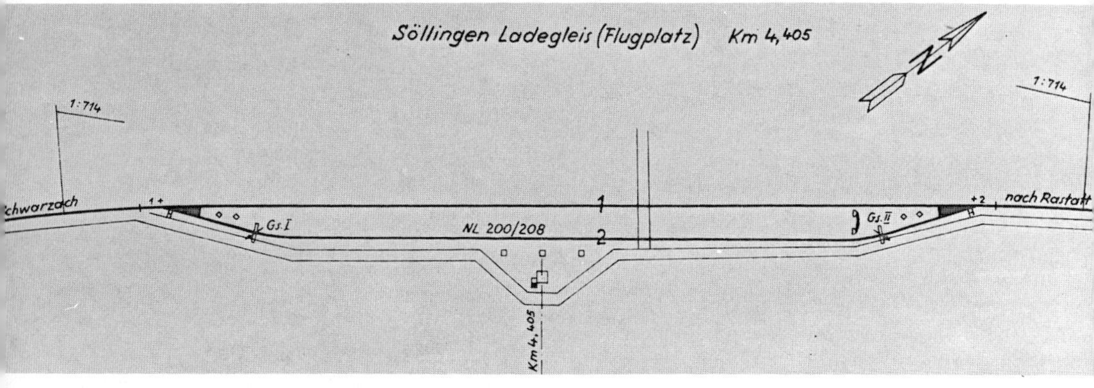

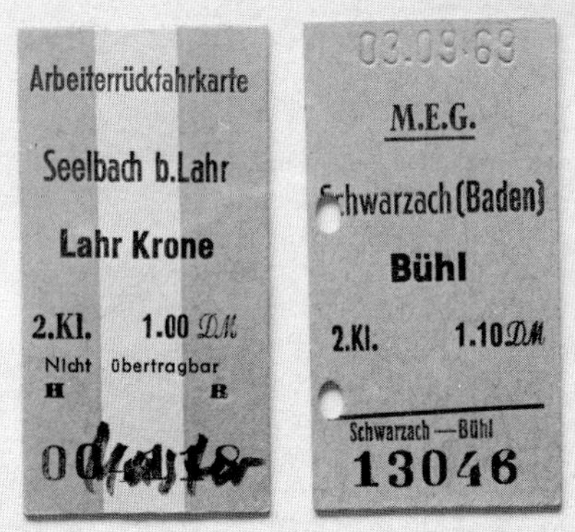

198 Gleisplan der **Söllinger Ladegleisanlage** für den NATO-Flughafen.

199 **Fahrkarten** der MEG.

200 **Flugplatz Söllingen:** Aufnahme der Pumpstation für den NATO-Flughafen, März 1970.
(Foto H. D. Menges)

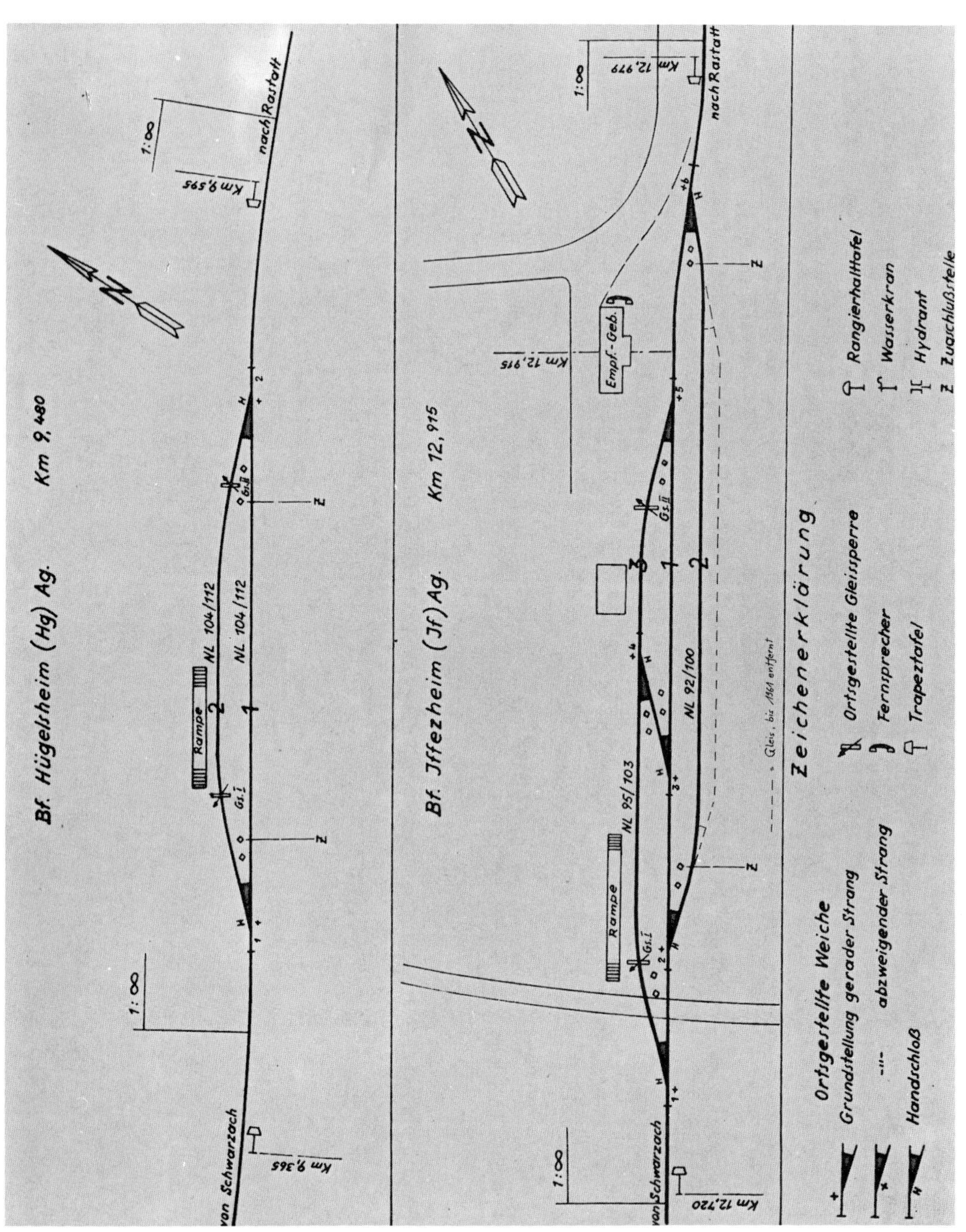

201 Dieser Plan zeigt die Gleisanlage der Station **Hügelsheim.** (Archiv MEG)

202 Planzeichnung der Gleisanlage vom Bahnhof **Jffezheim.**

Vorangehende Seite:

203 Schwerer Güterzug mit Rollwagen auf der Fahrt entlang der Bundesstrasse 36 durch den Ort **Hügelsheim** von Schwarzach nach Rastatt/Übergabe, 1969. (Fotos H. D. Menges)

204 Die **Diesellokomotive V 22 01** vor einem Rollwagenzug.

205 Die MEG-Diesellokomotive V 22 01 führt an einem frühen, regnerischen Morgen einen langen Rollwagenzug durch Hügelsheim nach Rastatt/Übergabe, März 1970.

Diese Seite:

206 Die Diesellokomotive V 22 01 vor einem Rollwagenzug. Die Strecke kreuzt die Strasse vor dem südlichen Ortseingang von Jffezheim, 1970. (Foto H. D. Menges)

207 Wir erreichen auf unserer Fahrt entlang der Strecke und durch die Zeit den Bahnhof von **Jffezheim.** Das Aufnahmegebäude bietet einen burgartigen Anblick, davor der **Triebwagen T 5.** (Sammlung Vogel)

208 Noch einmal im Bahnhof **Jffezheim,** diesmal treffen wir die Diesellokomotive V 22 01 mit einem Güterzug, Richtung Rastatt Übergabebahnhof. (Foto H. D. Menges)

209 Die **MEG-Lokomotive Nr. 101** mit einem Rollwagenzug überquert die DB-Strecke Rastatt–Wintersdorf–Elsass. Wir verweisen an dieser Stelle auf die drei grossen Kartenseiten von der Stammbahn am Anfang des Bildteils. Vergleiche mit der Karte erleichtern das Einordnen in die richtige Streckenposition. (Archiv MEG)

210 Die **MEG-Mallet-Dampflokomotive Nr. 103** der früheren Bahn Zell–Todtnau mit Rollwagenzug bei Jffezheim, Mitte der fünfziger Jahre. (Foto W. Zimmermann)

211 Aufnahme der MEG-Diesellokomotive V 22 01, aus der Richtung Jffezheim kommend, kurz vor der Einfahrt in die Station Rastatt Übergabebahnhof, 1970. (Foto H. D. Menges)

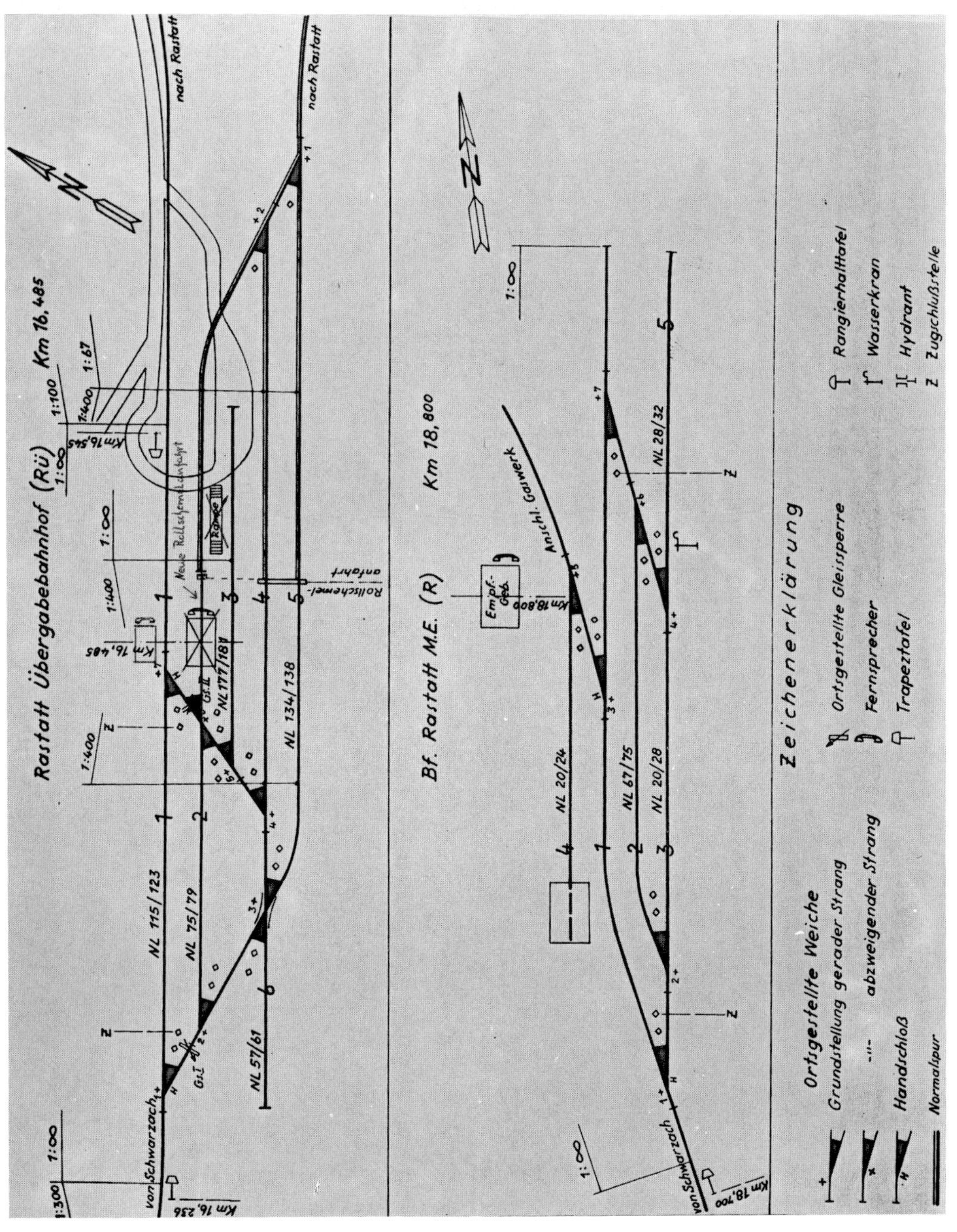

212 Gleisplan der Station **Rastatt Übergabebahnhof.** Diese Anlage wurde 1937/38 mitten im Wald errichtet, nachdem die Strecke durch die Rastatter Innenstadt zum Staatsbahnhof und der dortigen Station Übergabe im Jahre 1938 aufgelassen wurde.

213 Plan der Gleisanlage des Bahnhofs **Rastatt M. E.** Ab 1938 nördlicher Endpunkt des Netzes, nach Auflassung der Strecke durch die Rastatter Innenstadt. (Archiv MEG)

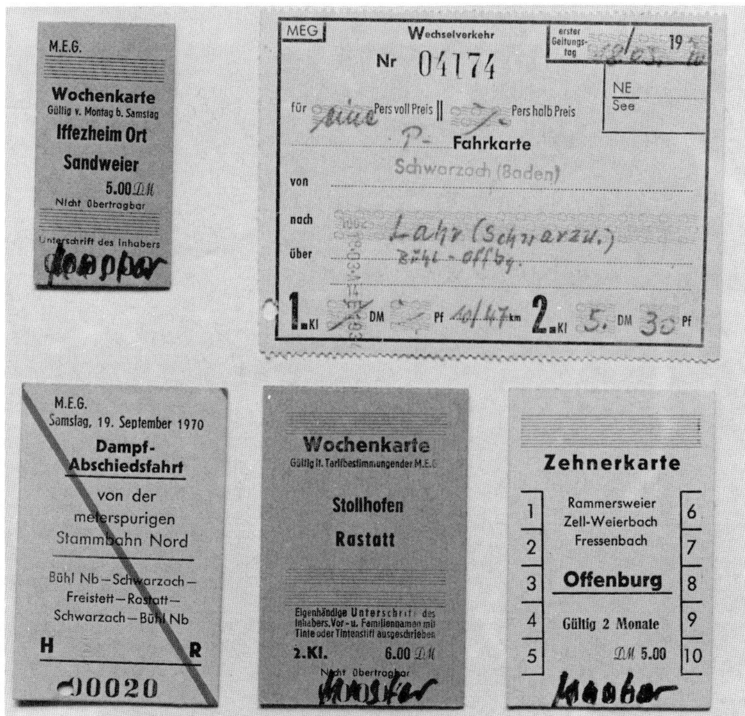

214 Verschiedene **Fahrkarten** der Mittelbadischen Eisenbahnen AG.

215 **Rastatt Übergabebahnhof.** Blick von der Normalspurstrecke auf zwei Kopframpen zum Aufschemeln der Normalspurwagen auf die schmalspurigen Rollwagen (Rollschemelanlage).
(Foto H. D. Menges)

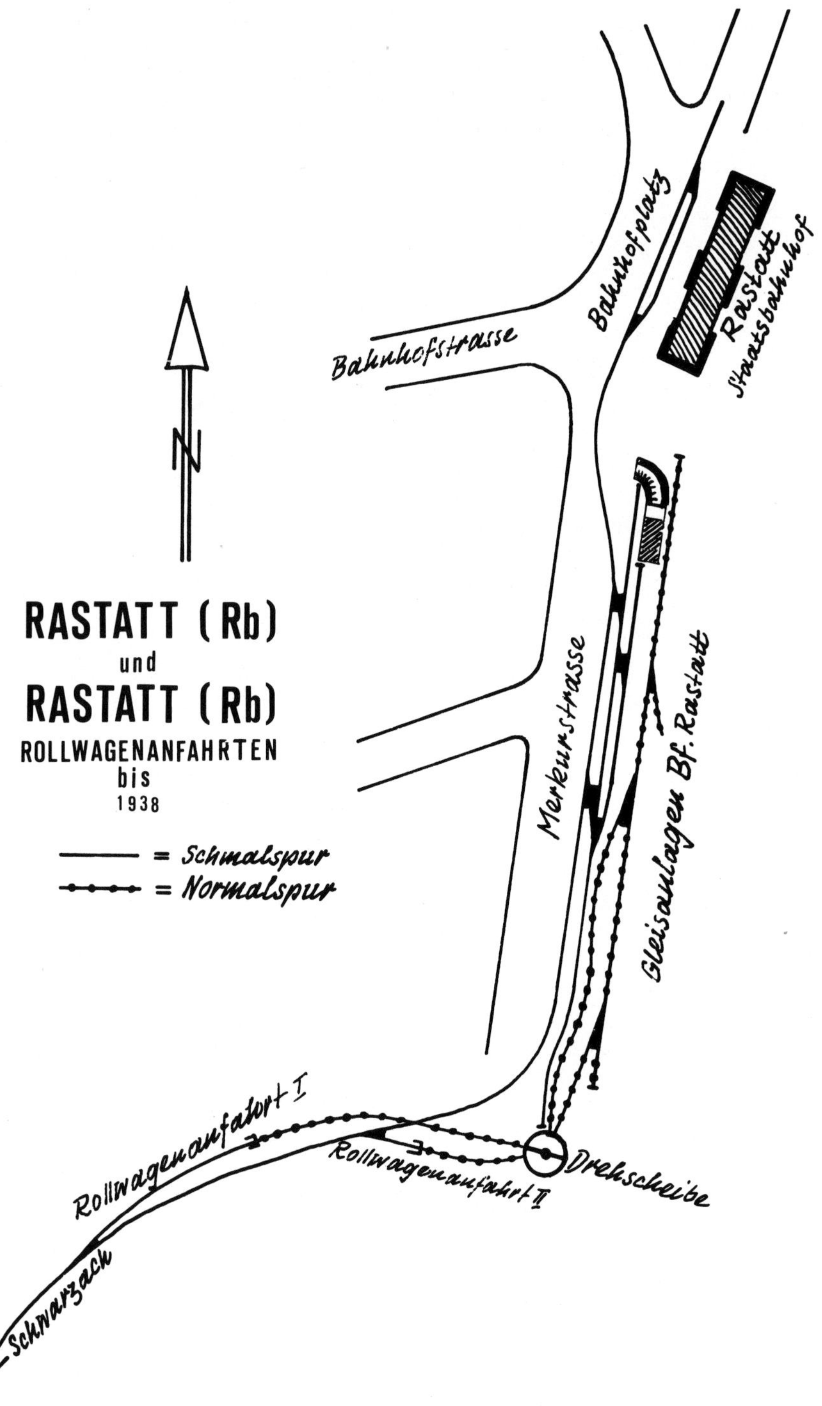

216 Nördlicher Endpunkt des Netzes bis 1938. Plan von **Rastatt (Rb)** und **Rastatt (Rb)/Rollwagenanfahrten.** Die ankommenden Personenzüge erreichten ihren Endpunkt vor dem Empfangsgebäude des Staatsbahnhofs Rastatt, südlich davon die Anlagen für den Güterverkehr. Normalspurgüterwagen mussten mittels der Drehscheibe um 90° gedreht werden, um an die Rollwagenanfahrten I und II zu gelangen. Nach der Streckenstillegung durch die Stadt wurde die ganze Anlage 1938 aufgelassen.

Bilder aus der Nachkriegszeit

Nachdem wir nun die Reise entlang der Stammbahn von Seelbach nach Rastatt hinter uns gebracht haben, stellen wir dem interessierten Beobachter einige Aufnahmen verschiedener Anlässe und Orte vor, um nochmals einen Eindruck vom Nachkriegsbetrieb zu bieten. Der Krieg und seine Einwirkungen brachten empfindliche Störungen des Betriebes. Wir verweisen den Leser auf Seite 6 in Archiv Nr. 13.

217 Die **Dampflokomotive Nr. 101** vor einem Personenzug in Rastatt M. E., um 1960.
(Sammlung Vogel)

218 In **Lahr,** Friedrichstrasse, werden nach der Stillegung 1952 im Zuge des Strassenausbaues die Gleise entfernt.
(Archiv MEG)

219 Normalspuriger Niederbordwagen, beladen mit Bruchsteinen aus dem Schuttertal für Uferausbauarbeiten am Rhein benötigt, auf einem Rollwagen der MEG im Bahnhof Altenheim.
(Archiv MEG)

220 Die MEG-Lokomotive Nr. 54 im Güterzugsdienst rangiert mit einem Rollwagen im Bahnhof Lahr (Dinglingen) M. E., um 1950. (Archiv MEG)

221/222 Seiten- und Frontansicht der **MEG-Motorlokomotive Nr. 61** um 1949/50 im Bahnhof Lahr (Dinglingen) M. E. Hier war diese Einheit während längerer Zeit abgestellt.
(Sammlung Liebherr)

223/224 Meistens waren es besondere Anlässe, wie z. B. Unfälle, welche dazu führten, dass in früherer Zeit überhaupt Aufnahmen entstanden. Diese beiden Bilder zeigen einen Zusammenstoss der **MEG-Lokomotive Nr. 103** (früher Zell–Todtnau) vom Typ Mallet mit einem französischen Militärtankwagen bei Stollhofen. So geschehen Ende der fünfziger Jahre. Wir erkennen auf dem einen Bild, dass die Kreuzung Strasse/Bahn deutlich markiert ist. (Archiv MEG)

Der offizielle **Abschiedszug** fuhr beim Fastnachtsumzug im Jahre 1952 durch das Lahrer Stadtgebiet. Einen Monat später, im März 1952, wurde dann der Betrieb zwischen Seelbach–Lahr Schlüssel–Lahr (Dinglingen) M. E. endgültig eingestellt.

225 Hier die **MEG-Dampflokomotive Nr. 54,** bekränzt (an diesem «traurigen» Tag) vor dem Sonderzug an der Haltestelle Lahr–Dinglingen «Krone». (Fotos Liebherr, Lahr)

226 Der Sonderzug in der Dinglinger Hauptstrasse.

227 Der **Triebwagen T 6** auf der letzten Fahrt durch die Lahrer Friedrichstrasse, in Richtung Lahr M. E. fahrend. (Sammlung Furler)

228 Am **31. März 1952** war der letzte Betriebstag für den Streckenabschnitt Seelbach–Lahr Schlüssel–Lahr (Dinglingen) M. E.
Hier die Dampflokomotive Nr. 43 vor einem Personenzug, an der gleichen Stelle wie oben.

Folgende Seite:
229 Die **Dampflokomotive Nr. 48** wurde 1959 in der Dorfstrasse von Ottenheim aufgenommen.

230 Aufnahme der **Dampflokomotive Nr. 47** Anno 1898 am gleichen Ort wie das nächste Bild, allerdings 61 Jahre früher. (Sammlung Menges, Ziegler)

231 Die Lokomotive Nr. 48 vor dem Schul- und Rathaus in **Ottenheim,** 1959. Gegenüber dem obigen Bild von 1898 hat sich einiges verändert. (Archiv Ziegler)

232 Der **Triebwagen T 14** wird hier im Bahnhof Lahr (Dinglingen) M. E. auf einen Normalspurgüterwagen verladen, um über Lahr–Offenburg–Appenweier–Rastatt auf das abgetrennte Nordnetz zu gelangen. Eine Überführung auf eigenem Gleis war nicht mehr möglich, da die Bahnanlagen zwischen Altenheim und Kehl bereits im Frühjahr demontiert worden waren. Aufnahme im Herbst 1959. (Archiv MEG)

233 Zusammenstoss zwischen einem LKW und dem Triebwagen T 6 im Jahre 1959 zwischen Meissenheim und Jchenheim. (Archiv MEG)

234 Fastnacht in Offenburg: Hexen können, wie einer alten Chronik zu entnehmen ist, mitunter auch des Reitens auf dem Besen müde werden. Der schmale Besenstiel bietet mitunter auch wenig Sitzkomfort. So erlaubt sich eine Hexengruppe, an der Fastnacht 1955 ihr Unwesen auf dem Feuerross zu treiben. (Foto Stober/Archiv MEG)

235 Der Schaffner hatte leider kein Glück, als er diesen Hexen die Fahrscheine abverlangte, und so sind wir gezwungen, hier eine Gruppe von vier anderen Fahrscheinen der MEG abzubilden. Der erste musste wohl nach der «Behandlung» durch die Hexen vom Schaffner selbst gelöst werden...

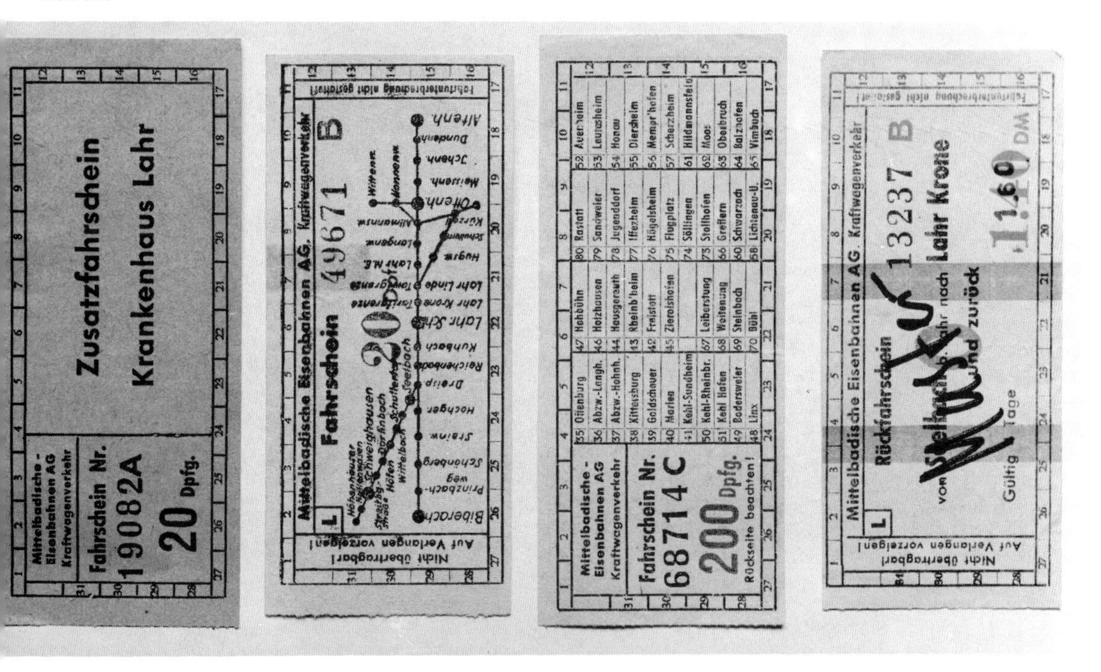

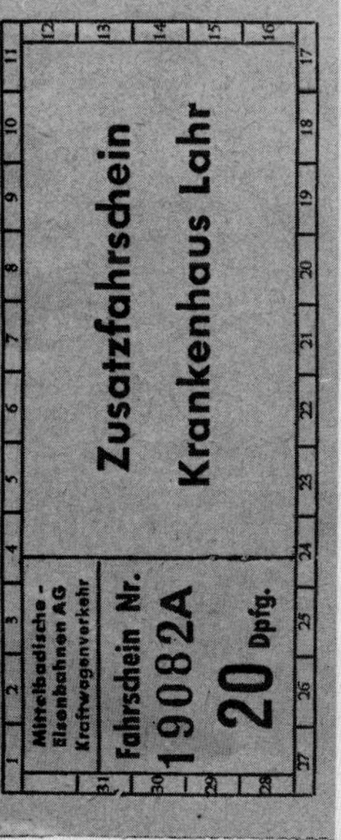

Mittelbadische-Eisenbahnen AG Kraftwagenverkehr
Fahrschein Nr. 19082A
20 Dpfg.
Zusatzfahrschein
Krankenhaus Lahr

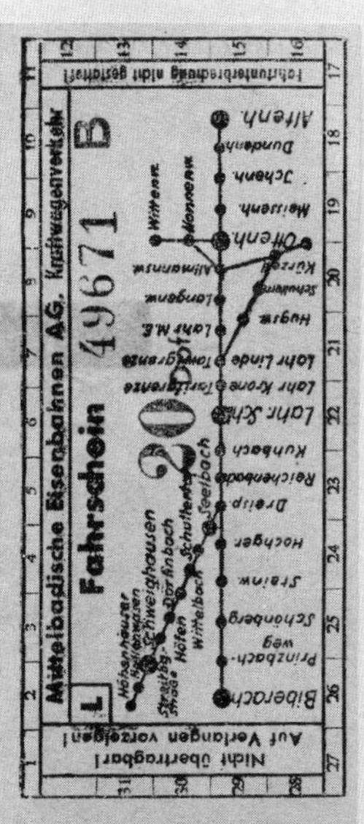

Mittelbadische Eisenbahnen AG. Kraftwagenverkehr
Fahrschein 49671 B
20 Dpfg.
Fahrtunterbrechung nicht gestattet
Nicht übertragbar
Auf Verlangen vorzeigen!

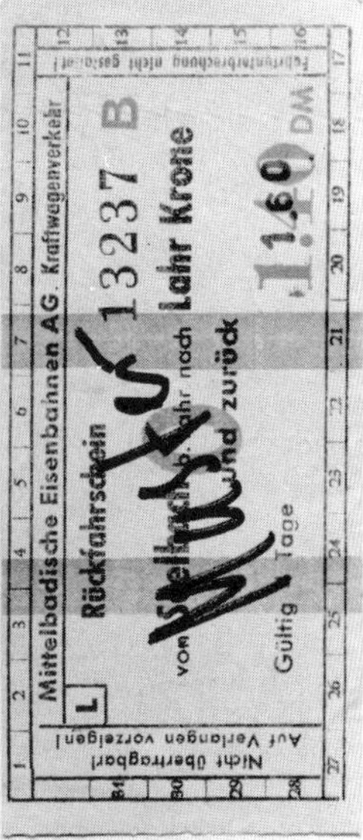

Mittelbadische Eisenbahnen AG. Kraftwagenverkehr
Rückfahrschein 13237 B
von ... nach Lahr Krone und zurück
1.40 DM
Gültig Tage
Fahrtunterbrechung nicht gestattet
Nicht übertragbar
Auf Verlangen vorzeigen!

236/237 Kurz vor der Betriebseinstellung auf der Strecke Lahr (Dinglingen) M. E.–Altenheim ereignete sich eine **Zugsentgleisung** im März 1959 zwischen Meissenheim und Jchenheim. Das ging so vor sich: Die **Dampflokomotive Nr. 43** entgleiste zuerst, die Räder der Lok bohrten sich in den weichen Grund. Das hatte eine grosse Bremswirkung auf die Maschine, und diese blockierte dadurch den Zug. Die nachfolgenden drei Rollwagen mit beladenen Normalspurwagen warfen Lok und Packwagen zur Seite und stürzten sie um. Lokomotivführer und Heizer waren zwar eingeklemmt, doch nur leicht verletzt. Die Wagen wurden auf die Schienen gestellt und zuletzt die Lokomotive von einem Kran aufgerichtet. Der Sachschaden war beträchtlich. Das Gleis musste neu hergerichtet werden. Die liegende Lokomotive ermöglicht dem Modelleisenbahner einen interessanten Einblick von unten.

(Archiv MEG)

238 Heizer Ziegler (links) wollte eine Foto haben, war er doch jahrelang auf der Strecke gefahren. Dadurch entstand diese hübsche Frontaufnahme der Lokomotive Nr. 43, aufgenommen 1959 im Bahnhof Lahr (Dinglingen) M. E. (Sammlung Ziegler)

239 Nicht betriebsfähig abgestellt: die Lokomotive Nr. 43, dahinter die Nr. 48, aufgenommen in Lahr (Dinglingen) M. E., Anno 1960. (Foto Vetter)

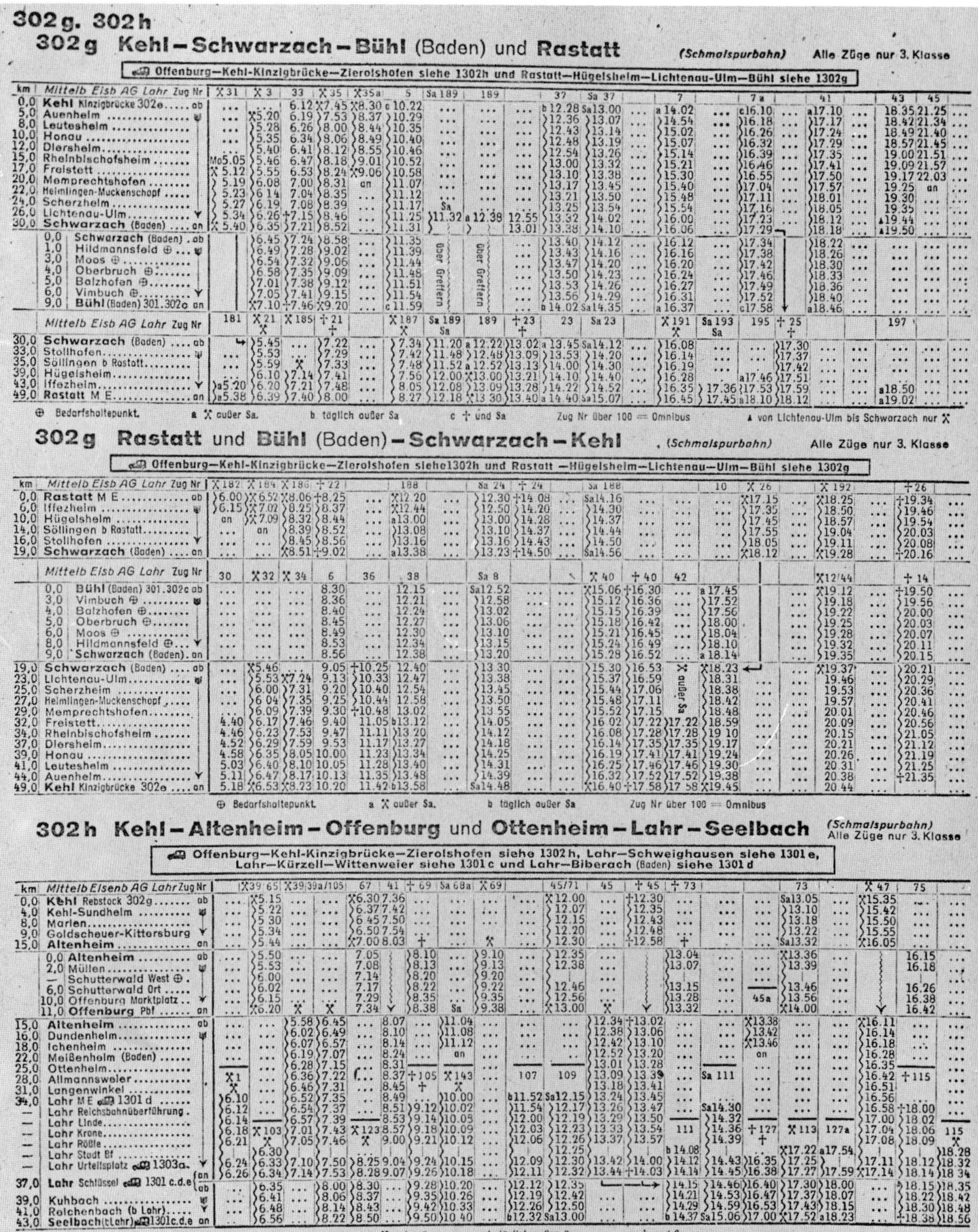

302 g. 302 h

302 g Kehl – Schwarzach – Bühl (Baden) und Rastatt

(Schmalspurbahn) Alle Züge nur 3. Klasse

Offenburg–Kehl-Kinzigbrücke–Zierolshofen siehe 1302h und Rastatt–Hügelsheim–Lichtenau-Ulm–Bühl siehe 1302g

km	Mittelb Eisb AG Lahr Zug Nr		✕31	✕3	33	✕35	✕35a	5	Sa 189	189		37	Sa 37		7		7a		41		43	45	
0,0	**Kehl** Kinzigbrücke 302e	ab	...	...	6.12	✕7.45	✕8.30	c 10.22	...	...	...	b 12.28	Sa 13.00	...	a 14.02	...	c 16.10	...	a 17.10	...	18.35	21.25	...
5,0	Auenheim		...	✕5.20	6.19	7.53	8.37	10.29	...	...	...	12.36	13.07	...	14.54	...	16.18	...	17.17	...	18.42	21.34	...
8,0	Leutesheim		...	5.28	6.26	8.00	8.44	10.35	...	...	...	12.43	13.14	...	15.02	...	16.26	...	17.24	...	18.49	21.40	...
10,0	Honau		...	5.35	6.34	8.06	8.49	10.40	...	...	...	12.48	13.19	...	15.07	...	16.32	...	17.29	...	18.57	21.45	...
12,0	Diersheim		...	5.40	6.41	8.12	8.55	10.46	...	...	...	12.54	13.26	...	15.14	...	16.39	...	17.35	...	19.00	21.51	...
15,0	Rheinbischofsheim		Mo5.05	5.46	6.47	8.18	9.01	10.52	...	...	...	13.00	13.32	...	15.21	...	16.46	...	17.41	...	19.09	21.57	...
17,0	Freistett		✕ 5.12	5.55	6.53	8.24	✕9.06	10.58	...	...	...	13.10	13.38	...	15.30	...	16.55	...	17.50	...	19.17	22.03	...
20,0	Memprechtshofen		5.19	6.08	7.00	8.31	an	11.07	...	...	...	13.17	13.45	...	15.40	...	17.04	...	17.57	...	19.25	an	...
22,0	Helmlingen-Muckenschopf		5.23	6.14	7.04	8.35	...	11.12	...	...	...	13.21	13.50	...	15.48	...	17.11	...	18.01	...	19.30	...	...
24,0	Scherzheim		5.27	6.19	7.08	8.39	...	11.17	Sa	...	...	13.25	13.54	...	15.54	...	17.16	...	18.05	...	19.35	...	...
26,0	Lichtenau-Ulm		5.34	6.26	✝7.15	8.46	...	11.25	11.32	a 12.38	12.55	13.32	14.02	...	16.00	...	17.23	...	18.12	...	▲19.44	...	...
30,0	**Schwarzach** (Baden)	an	✕ 5.40	6.35	7.21	8.52	...	11.31			13.01	13.38	14.10	...	16.06	...	17.29	...	18.18	...	▲19.50	...	...
0,0	**Schwarzach** (Baden)	ab		6.45	7.24	8.58	...	11.35	über Greffern	über Greffern	...	13.40	14.12	...	16.12	...	17.34	↓	18.22	...	...	...	...
1,0	Hildmannsfeld ⊕			6.49	7.28	9.02	...	11.39			...	13.43	14.16	...	16.16	...	17.38		18.26	...	...	...	...
3,0	Moos ⊕			6.54	7.32	9.06	...	11.44			...	13.47	14.20	...	16.20	...	17.42		18.30	...	...	...	...
4,0	Oberbruch ⊕			6.58	7.35	9.09	...	11.48			...	13.50	14.23	...	16.24	...	17.46		18.33	...	...	...	...
5,0	Balzhofen ⊕			7.01	7.38	9.12	...	11.51			...	13.53	14.26	...	16.27	...	17.49		18.36	...	...	...	...
6,0	Vimbuch ⊕			7.05	7.41	9.15	...	11.54			...	13.56	14.29	...	16.31	...	17.52		18.40	...	...	...	...
9,0	**Bühl** (Baden) 301.302c	an		✕7.10	✝7.46	✕9.20	...	c 11.59			...	b 14.02	Sa 14.35	...	a 16.37	...	c 17.58	↓	a 18.46	...	...	...	...
	Mittelb Eisb AG Lahr Zug Nr		181	✕21 ✕	✕185	✝21 ✝		✕187 ✕	Sa 189 Sa	189	✝23 ✝	23	Sa 23		✕191 ✕	Sa 193 Sa	195	✝25 ✝			197		
30,0	**Schwarzach** (Baden)	ab	↳	5.45	...	7.22	...	7.34	11.20	a 12.22	13.02	a 13.45	Sa 14.12	...	16.08	...	...	17.30	...	...	...	...	...
33,0	Stollhofen		...	5.53	...	7.29	...	7.42	11.48	12.48	13.09	13.53	14.20	...	16.14	...	...	17.37	...	...	...	...	...
35,0	Söllingen b Rastatt		...	5.59	✕	7.33	...	7.48	11.52	a 12.52	13.13	14.00	14.30	...	16.19	...	...	17.42	...	...	...	...	...
39,0	Hügelsheim		...	6.10	7.14	7.41	...	7.56	12.00	✕13.00	13.21	14.10	14.40	...	16.28	...	a17.46	17.51	...	...	...	...	...
43,0	Iffezheim		a5.20	6.20	7.21	7.48	...	8.05	12.08	13.09	13.28	14.22	14.52	...	16.35	17.36	17.53	17.59	...	...	a18.50	...	...
49,0	**Rastatt** M E	an	a5.38	6.39	7.40	8.00	...	8.27	12.18	✕13.30	13.40	a 14.40	Sa 15.07	...	16.45	17.45	a18.10	18.12	...	...	a19.02	...	...

⊕ Bedarfshaltepunkt. a ✕ außer Sa. b täglich außer Sa c ✝ und Sa Zug Nr über 100 = Omnibus ▲ von Lichtenau-Ulm bis Schwarzach nur ✕

302 g Rastatt und Bühl (Baden) – Schwarzach – Kehl

(Schmalspurbahn) Alle Züge nur 3. Klasse

Offenburg–Kehl-Kinzigbrücke–Zierolshofen siehe 1302h und Rastatt–Hügelsheim–Lichtenau–Ulm–Bühl siehe 1302g

km	Mittelb Eisb AG Lahr Zug Nr		✕182	✕184	✕186	✝22		188		Sa 24	✝24		Sa 188			10	✕26		✕192		✝26	
0,0	**Rastatt** M E	ab	6.00	✕6.52	✕8.06	✝8.25	...	✕12.20	...	12.30	✝14.08	...	Sa14.16	...	...	...	✕17.15	...	✕18.25	...	✝19.34	...
6,0	Iffezheim		6.15	✕7.02	8.25	8.37	...	✕12.44	...	12.50	14.20	...	14.30	...	...	...	17.35	...	18.50	...	19.46	...
10,0	Hügelsheim		an	✕7.09	8.32	8.44	...	a13.00	...	13.00	14.28	...	14.37	...	...	...	17.45	...	18.57	...	19.54	...
14,0	Söllingen b Rastatt		...	an	8.39	8.52	...	13.08	...	13.10	14.37	...	14.44	...	...	...	17.55	...	19.04	...	20.03	...
16,0	Stollhofen		...	...	8.45	8.56	...	13.16	...	13.16	14.43	...	14.50	...	...	...	18.05	...	19.11	...	20.08	...
19,0	**Schwarzach** (Baden)	an	...	...	✕8.51	✝9.02	...	a13.38	...	13.23	✝14.50	...	Sa14.56	...	...	...	✕18.12	...	✕19.28	...	✝20.16	...
	Mittelb Eisb AG Lahr Zug Nr		30	✕32	✕34	6	36	38		Sa 8			✕40	✝40	42				✕12/44		✝14	
0,0	**Bühl** (Baden) 301.302c	ab	...	...	...	8.30	...	12.15	...	Sa12.52	...	...	✕15.06	✝16.30	...	a 17.45	│	...	✕19.12	...	✝19.50	...
3,0	Vimbuch ⊕		...	...	...	8.36	...	12.21	...	12.58	...	...	15.12	16.36	...	17.52	│	...	19.18	...	19.56	...
4,0	Balzhofen ⊕		...	...	...	8.40	...	12.24	...	13.02	...	...	15.15	16.39	...	17.56	│	...	19.22	...	20.00	...
5,0	Oberbruch ⊕		...	...	...	8.45	...	12.27	...	13.06	...	...	15.18	16.42	...	18.00	│	...	19.25	...	20.03	...
6,0	Moos ⊕		...	...	...	8.49	...	12.30	...	13.10	...	...	15.21	16.45	...	18.04	│	...	19.28	...	20.07	...
8,0	Hildmannsfeld ⊕		...	...	...	8.53	...	12.34	...	13.15	...	...	15.24	16.49	...	18.10	│	...	19.32	...	20.11	...
9,0	**Schwarzach** (Baden)	an	...	...	...	8.56	...	12.38	...	13.20	...	...	15.28	16.52	...	a 18.14	│	...	19.35	...	20.15	...
19,0	**Schwarzach** (Baden)	ab	...	✕5.46	...	9.05	✝10.25	12.40	...	13.30	...	...	15.30	16.53	✕ außer Sa	✕18.23	←	...	✕19.37	...	20.21	...
23,0	Lichtenau-Ulm		...	5.53	✕7.24	9.13	10.33	12.47	...	13.38	...	...	15.37	16.59		18.31	...	...	19.46	...	20.29	...
25,0	Scherzheim		...	6.00	7.31	9.20	10.40	12.54	...	13.45	...	...	15.44	17.06		18.38	...	...	19.53	...	20.36	...
27,0	Helmlingen-Muckenschopf		...	6.04	7.35	9.25	10.44	12.58	...	13.50	...	...	15.48	17.11		18.42	...	...	19.57	...	20.41	...
29,0	Memprechtshofen		...	6.09	7.39	9.30	✝10.48	13.02	...	13.55	...	...	15.52	17.15		18.48	...	...	20.01	...	20.46	...
32,0	Freistett		4.40	6.17	7.46	9.40	11.05	b13.12	...	14.05	...	...	16.02	17.22	17.22	18.59	...	...	20.09	...	20.56	...
34,0	Rheinbischofsheim		4.46	6.23	7.53	9.47	11.11	13.20	...	14.12	...	...	16.08	17.28	17.28	19.10	...	...	20.15	...	21.05	...
37,0	Diersheim		4.52	6.29	7.59	9.53	11.17	13.27	...	14.18	...	...	16.14	17.35	17.35	19.17	...	...	20.21	...	21.12	...
39,0	Honau		4.58	6.35	8.05	10.00	11.23	13.34	...	14.25	...	...	16.19	17.41	17.41	19.24	...	...	20.26	...	21.19	...
41,0	Leutesheim		5.03	6.40	8.10	10.05	11.28	13.40	...	14.31	...	...	16.25	17.46	17.46	19.30	...	...	20.31	...	21.25	...
44,0	Auenheim		5.11	6.47	8.17	10.13	11.35	13.48	...	14.39	...	...	16.32	17.52	17.52	19.38	...	...	20.38	...	✝21.35	...
49,0	**Kehl** Kinzigbrücke 302e	an	5.18	✕6.53	✕8.23	10.20	11.42	b13.58	...	Sa14.48	...	...	✕16.40	✝17.58	17.58	✕19.45	...	...	20.44	...	...	...

⊕ Bedarfshaltepunkt. a ✕ außer Sa. b täglich außer Sa Zug Nr über 100 = Omnibus

302 h Kehl – Altenheim – Offenburg und Ottenheim – Lahr – Seelbach

(Schmalspurbahn) Alle Züge nur 3. Klasse

Offenburg–Kehl-Kinzigbrücke–Zierolshofen siehe 1302h, Lahr–Schweighausen siehe 1301e, Lahr–Kürzell–Wittenweier siehe 1301c und Lahr–Biberach (Baden) siehe 1301d

km	Mittelb Elsenb AG Lahr Zug Nr			✕39/65	✕39	39a/105	67	41	✝69	Sa 68a	✕69		45/71	45	✝45	✝73			73		✕47	75	
0,0	**Kehl** Rebstock 302g	ab	...	✕5.15	...	...	✕6.30	7.36	...	...	...	...	✕12.00	...	✝12.30	...	...	...	Sa13.05	...	✕15.35	...	...
4,0	Kehl-Sundheim		...	5.22	...	...	6.37	7.42	...	...	...	...	12.07	...	12.35	...	...	...	13.10	...	15.42	...	...
8,0	Marlen		...	5.30	...	...	6.45	7.50	...	...	...	...	12.15	...	12.43	...	...	...	13.18	...	15.50	...	...
9,0	Goldscheuer-Kittersburg		...	5.34	...	...	6.50	7.54	...	...	...	...	12.20	...	12.48	...	...	...	13.22	...	15.55	...	...
15,0	**Altenheim**	an	...	5.44	...	...	✕7.00	8.03	✝	...	✕	...	12.30	...	✝12.58	✝	...	...	Sa13.32	...	✕16.05	...	...
0,0	**Altenheim**	ab	...	5.50	...	...	7.05	↓	8.10	...	9.10	...	12.35	...	↓	13.04	...	...	✕13.36	...	↓	16.15	...
2,0	Müllen		...	5.53	...	...	7.08		8.13	...	9.13	...	12.38	...		13.07	...	...	13.39	...		16.18	...
—	Schutterwald West ⊕		...	6.00	...	...	7.14		8.20	...	9.20	...			...				...	...			...				...
6,0	Schutterwald Ort		...	6.02	...	...	7.17		8.22	...	9.22	...	12.46	...		13.15	...	—	13.46	...		16.26	...
10,0	Offenburg Marktplatz		...	6.15	...	...	7.29		8.35	...	9.35	...	12.56	...		13.28	...	45a	13.56	...		16.38	...
11,0	**Offenburg** Pbf	an	...	✕6.20	✕	✕	7.34	↓	8.38	Sa	9.38	...	✕13.00	✕	↓	13.32	...		✕14.00	...	↓	16.42	...
15,0	**Altenheim**	ab	...	...	5.58	6.45	...	8.07	...	11.04	...	...	...	12.34	✝13.02	...	...	✕13.38	...	...	✕16.11	...	...
16,0	Dundenheim		...	...	6.02	6.49	...	8.10	...	11.08	...	...	...	12.38	13.06	...	...	13.42	...	...	16.14	...	...
18,0	Ichenheim		...	...	6.07	6.57	...	8.14	...	11.12	...	...	...	12.42	13.10	...	...	✕13.46	...	...	16.18	...	...
22,0	Meißenheim (Baden)		...	...	6.19	7.07	...	8.24	...	an	...	...	...	12.52	13.20	...	...	an	...	...	16.28	...	...
25,0	Ottenheim		—	...	6.28	7.15	...	8.31	—	—	...	—	—	13.01	13.28	...	—	...	...	...	16.35	—	...
28,0	Allmannsweier		✕1	...	6.36	7.22	...	8.37	✝105	✕143	...	107	109	13.09	13.39	...	Sa 111	...	...	...	16.42	✝115	...
31,0	Langenwinkel		✕	...	6.46	7.31	...	8.45	✝	✕	...			13.18	13.41	...		...	...	...	16.51		...
34,0	Lahr M E 1301d		6.10	...	6.52	7.35	..	8.49	...	10.00	...	b11.52	Sa12.15	13.24	13.45	...	...	...	...	...	16.56	...	...
—	Lahr Reichsbahnüberführung		6.12	...	6.54	7.37	...	8.51	9.12	10.02	...	11.54	12.17	13.26	13.47	...	Sa14.30	...	...	...	16.58	✝18.00	...
—	Lahr Linde		6.14	—	6.57	7.39	—	8.53	9.14	10.05	...	12.00	12.19	13.29	13.50	—	14.32	—	—	—	17.00	18.02	—
—	Lahr Krone		6.18	✕103	7.01	7.43	✕123	8.57	9.18	10.09	...	12.03	12.23	13.33	13.54	111	14.36	✝127	✕113	127a	17.04	18.06	115
—	Lahr Rößle		6.21	✕	7.05	7.46	✕	9.00	9.21	10.12	...	12.06	12.26	13.37	13.57		14.39	✝			17.08	18.09	✕
—	Lahr Stadt Bf				6.30					...							...			12.25					b14.08			..	✕17.22	a17.54					18.28
—	Lahr Urteilsplatz 1303a		6.24	6.33	7.10	7.50	8.25	9.04	9.24	10.15	...	12.09	12.30	13.42	14.00	14.12	14.43	16.35	17.25			17.11	18.12	18.32
37,0	**Lahr** Schlüssel 1301 c.d.e	an	6.26	6.34	7.14	7.53	8.28	9.07	9.26	10.18	...	12.11	12.32	13.44	✝14.03	14.14	14.45	16.38	17.27	17.59	✕17.14	18.14	18.34
		ab	...	6.35	...	8.00	8.30	...	9.28	10.20	...	12.12	12.35	↳	→	14.15	14.46	16.40	17.30	18.00	...	18.15	18.35
39,0	Kuhbach		...	6.41	...	8.06	8.37	...	9.35	10.26	...	12.19	12.42	...	...	14.21	14.53	16.47	17.37	18.07	...	18.22	18.42
41,0	Reichenbach (b Lahr)		...	6.48	...	8.14	8.43	...	9.42	10.33	...	12.26	12.50	...	...	14.29	14.59	16.53	17.43	18.15	...	18.30	18.48
43,0	Seelbach (b Lahr) 1301c.d.e	an	..	6.56	...	8.22	8.50	...	9.50	10.40	...	b12.32	Sa13.00	...	...	b14.37	Sa15.06	17.00	✕17.52	a18.23	...	✝18.38	18.56

⊕ Bedarfshaltepunkt. a ✕ außer Sa. b täglich außer Sa. c ✝ und Sa

Seite 60

Winterfahrplan 1951/52

240 Letzter vollständiger Fahrplan der Mittelbadische Eisenbahnen AG für das gesamte Netz, danach begannen die einzelnen Stillegungen.

Nächste Seite:

241 Fortsetzung des Winterfahrplanes 1951/52.

242 Das Aufnahmegebäude von **Jchenheim** mit Personenzug, Anno 1898.

302h Kehl – Altenheim – Offenburg und Ottenheim – Lahr – Seelbach

(Schmalspurbahn) Alle Züge nur 3. Klasse

Offenburg–Kehl–Kinzigbrücke–Zierolshofen siehe 1302h

Mittelb Eisb AG Lahr Zug Nr			49/77		51		79		81
Kehl Rebstock 302g	ab	...	b17.12	...	18.25	...	...	...	...
Kehl-Sundheim		...	17.19	...	18.30	...	...	...	...
Marlen		...	17.27	...	18.38	...	...	...	...
Goldscheuer-Kittersburg		...	17.32	...	18.43	...	...	...	...
Altenheim	an	...	b17.42	...	18.54	...	...	...	...
Altenheim	ab	...	b17.48	...	...	...	18.56	...	a21.00
Müllen		...	17.51	...	...	...	18.59	...	21.03
Schutterwald West ⊕		...	|	...	...	...	|	...	|
Schutterwald Ort		...	17.59	—	—	...	19.08	...	21.11
Offenburg Marktplatz		...	18.12	49	51	...	19.20	...	21.22
Offenburg Pbf	an	...	b18.15	...	...	...	19.24	...	a21.25
Altenheim	ab	...	...	a17.48	18.58	...	...	—	—
Dundenheim		...	...	17.52	19.01	...	...	✝58a	✝119
Ichenheim		...	...	17.56	19.05	...	...		
Meißenheim (Baden)		...	...	18.05	19.15	...	...	...	
Ottenheim		...	...	18.12	c19.22	...	...	✝20.50	...
Allmannsweier		...	...	18.18	19.27	—	...	20.56	...
Langenwinkel		...	...	18.27	19.36	117	...	21.05	...
Lahr ME 1301d		...	...	18.31	19.40		...	✝21.10	...
Lahr Reichsbahnüberführung		...	...	18.32	19.42	19.46	...	an	✝21.40
Lahr Linde		...	...	18.34	19.45	19.48	...	...	21.42
Lahr Krone		...	...	18.38	19.49	19.52	...	...	21.46
Lahr Rößle		...	...	18.41	19.52	19.55	...	...	21.49
Lahr Stadt Bf		...	...	|	|	|	...	...	|
Lahr Urteilsplatz 1303a		...	...	18.44	19.56	19.58	...	...	21.52
Lahr Schlüssel 1301 c.d.e	an	...	...	a18.46	c19.58	20.00	...	...	21.54
	ab	...	...	...	...	20.02	...	...	21.55
Kuhbach		...	...	...	...	20.08	...	...	22.02
Reichenbach (b Lahr)		...	...	...	...	20.16	...	...	22.10
Seelbach (b Lahr) 1301c.d.e	an	...	...	...	...	20.24	...	...	✝22.18

⊕ Bedarfshaltepunkt. a ✕ außer Sa b täglich außer Sa c ✝ und Sa

302h Seelbach – Lahr – Ottenheim und Offenburg – Altenheim – Kehl

(Schmalspurbahn) Alle Züge nur 3. Klasse

Offenburg–Kehl–Kinzigbrücke–Zierolshofen siehe 1302h

km	Mittelb Eisb AG Lahr Zug Nr		✕40	✕102	✕2			✝44	✕104	106	✕44
0,0	**Seelbach** (b Lahr) 1301c.d.e	ab	...	✕6.00	...	...	...	...	✕6.50	7.30	...
2,0	Reichenbach (b Lahr)		...	6.08	...	...	...	...	6.59	7.38	...
4,0	Kuhbach		...	6.15	...	...	...	...	7.08	7.46	...
6,0	**Lahr** Schlüssel 1301c.d.e	an	...	6.22	✕	...	...	...	7.15	7.52	✕
		ab	...	6.23	✕6.30	...	...	✝7.05	7.16	7.53	8.00
—	Lahr Urteilsplatz 1303a		...	6.26	6.33	...	...	7.08	7.20	7.56	8.04
—	Lahr Stadt Bf		...	✕6.30	|	...	...	|	✕7.24	|	|
—	Lahr Rößle		...	an	6.36	...	...	7.11	an	✝7.59	8.07
—	Lahr Krone		...	...	6.39	...	...	7.14	...	8.02	8.10
—	Lahr Linde		...	...	6.43	...	...	7.19	...	8.04	8.14
—	Lahr Reichsbahnüberführung		...	...	6.46	...	...	7.22	...	8.08	8.16
9,0	Lahr ME 1301d		...	...	✕6.48	...	...	7.25	...	✝8.10	8.21
12,0	Langenwinkel		...	...	—	...	...	7.28	...	an	8.25
15,0	Allmannsweier		✕	...	✕6.34		...	7.36	...	...	8.37
18,0	Ottenheim		5.20	...	6.39		...	7.42	...	...	8.43
21,0	Meißenheim (Baden)		5.28	...	6.46	42	...	7.50	...	...	8.50
25,0	Ichenheim		5.38	—	6.56	✕	—	7.59	—	...	8.59
27,0	Dundenheim		5.42	✕ 64	7.00		66	8.02	66a	...	9.03
28,0	**Altenheim**	an	5.45	...	✕7.03		...	✝8.05	✕	...	9.06
0,0	**Offenburg** Pbf	ab	...	✕6.35	...	...	7.40	...	✕8.35	...	...
0,5	Offenburg Marktplatz		...	6.38	...	...	7.43	...	8.39	...	...
5,0	Schutterwald Ort		...	6.49	...	...	7.55	...	8.50	...	...
—	Schutterwald West ⊕		...	|	...	...	7.57	...	8.52	...	...
9,0	Müllen		...	6.56	...	...	8.03	...	9.00	...	...
11,0	**Altenheim**	an	✕	✕6.59	...	...	8.06	...	✕9.03	...	✕
28,0	**Altenheim**	ab	5.54	...	✕7.06	...	...	✝8.10	...	...	9.09
34,0	Goldscheuer-Kittersburg		6.04	...	7.16	...	...	8.20	...	...	9.19
35,0	Marlen		6.09	...	7.20	...	...	8.24	...	...	9.23
39,0	Kehl-Sundheim		6.16	...	7.28	...	...	8.32	...	...	9.31
43,0	**Kehl** Rebstock 302g	an	6.21	...	✕7.34	...	...	✝8.36	...	...	9.35

⊕ Bedarfshaltepunkt.

302h Seelbach – Lahr – Ottenheim und Offenburg – Altenheim – Kehl

(Schmalspurbahn) Alle Züge nur 3. Klasse

Offenburg–Kehl-Kinzigbrücke–Zierolshofen siehe 1302h, Lahr–Schweighausen siehe 1301e, Lahr–Kürzell–Wittenweier siehe 1301c und Lahr–Biberach (Baden) siehe 1301d

Mittelb Eisb AG Lahr Zug Nr		✕108	Sa44a	✝108		✝46	46/70	✕142	Sa46	110	Sa48/74	✕112	48	✝114	128/50	50	114	52	116	54	✝118	
Seelbach (b Lahr) 1301c.d.e	ab	✕8.40	...	✝11.00	...	...	...	✕12.00	...	13.30	...	✕15.10	...	✝17.05	a17.07	...	✕17.58	...	19.00	...	✝20.45	...
Reichenbach (b Lahr)		8.48	...	11.07	...	...	...	12.08	...	13.37	...	15.18	...	17.12	17.14	...	18.06	...	19.08	...	20.52	...
Kuhbach		8.56	...	11.14	...	...	...	12.16	...	13.43	...	15.26	...	17.20	17.20	...	18.13	...	19.16	...	20.58	...
Lahr Schlüssel 1301 c.d.e	an	9.03	Sa	11.20	...	...	...	12.22	Sa	13.50	...	15.34	...	17.28	17.26	...	18.19	...	19.24	...	21.05	...
	ab	9.04	11.15	11.21	...	✝12.00	a12.15	12.24	12.30	13.51	Sa15.00	15.35	a16.35	17.30	17.36	c17.50	18.20	a18.35	19.25	c20.12	21.06	...
Lahr Urteilsplatz 1303a		9.08	11.18	11.23	...	12.02	12.18	12.27	12.34	13.54	15.03	✕15.37	16.40	17.33	17.40	17.54	18.22	18.39	19.27	20.15	21.08	...
Lahr Stadt Bf		|	|	|	...	|	|	|		b13.58	|	Sa15.40	|	|	|	|	✕18.25	|	|	|	|	...
Lahr Rößle		9.11	11.22	11.26	...	12.05	12.21	12.30	12.37	✕13.57	15.06	an	16.43	17.36	17.43	17.57	an	18.43	19.29	20.18	21.11	...
Lahr Krone		9.14	11.25	11.28	...	12.09	12.25	12.33	12.40	14.00	15.10	...	16.46	17.39	17.46	18.00	...	18.46	19.31	20.21	21.14	...
Lahr Linde		9.18	11.29	11.31	...	12.13	12.29	12.37	12.44	14.04	15.14	...	16.50	17.43	17.50	18.04	...	18.50	19.34	20.25	21.18	...
Lahr Reichsbahnüberf		9.23	11.31	11.36	...	12.16	12.31	✕12.40	12.46	14.06	15.17	...	16.52	✝17.45	17.54	18.05	...	18.53	19.36	20.28	✝21.20	...
Lahr ME 1301d		✕9.25	11.36	✝11.38	...	12.19	12.36	an	12.51	✕14.08	15.21	...	16.58	an	18.00	18.07	...	18.55	an	20.31	an	...
Langenwinkel		an	11.40	an	...	12.23	12.40	...	12.55	an	15.25	...	17.02	...	18.05	18.10	...	18.59	...	20.35	...	...
Allmannsweier		...	11.50	...	...	12.31	12.50	...	13.07	...	15.34	...	17.11	...	18.17	18.18	...	19.08	...	20.42	...	...
Ottenheim		...	11.58	...	...	12.37	13.00	...	13.12	...	15.40	...	17.16	...	18.23	18.24	...	a19.14	...	c20.47	...	...
Meißenheim (Baden)		...	12.06	...	...	12.44	13.08	...	13.19	...	Sa15.48	...	17.23	...	18.31	18.32	...	...	...	...	...	...
Ichenheim		—	12.17	—	—	12.54	13.18	...	13.28	...	✕15.58	...	17.33	...	18.42	18.42	...	...	...	...	...	...
Dundenheim		Sa68a	12.21	✕ 68	✝ 70	12.57	13.22	...	13.32	—	16.03	—	17.37	—	18.46	18.46	...	—	—	...	—	...
Altenheim	an	Sa	12.25			✝13.00	a13.26	...	13.35	74	✕16.07	76	a17.40	78	a18.49	c18.50	...	✕80	✝80	...	82	...
Offenburg Pbf	ab	10.30	...	✕12.05	✝12.30	...	✕13.08	...		b14.16	Sa15.48	b17.15	...	18.25	...	...	...	✕20.10	✝20.50	...	a22.10	...
Offenburg Marktplatz		10.35	...	12.09	12.35	...	13.12	...		14.20	15.50	17.20	...	18.30	...	...	...	20.15	20.54	...	22.14	...
Schutterwald Ort		10.47	...	12.19	12.45	...	13.22	...		14.31	15.59	17.32	...	18.42	...	...	...	20.26	21.05	...	22.26	...
Schutterw West ⊕		10.49	...	12.21	12.47	...	13.24	...		14.33	|	17.34	...	18.44	—	...	...	20.28	21.07	...	22.28	...
Müllen		10.57	...	12.27	12.53	...	13.30	...		14.42	16.07	17.41	...	18.50	50	...	...	20.36	21.15	...	22.35	...
Altenheim	an	11.00	...	✕12.30	✝12.57	...	13.33	...		b14.45	Sa16.10	17.44	...	18.53	...	...	...	✕20.40	✝21.18	...	a22.38	...
Altenheim	ab	...	Sa12.32	...	↳→	✝13.04	13.38	←	┘	...	✕16.15	17.48	...	↳→	18.58	...	...	...	...	...	...	...
Goldscheuer-Kittersburg		...	12.42	...	...	13.14	13.48	...	...	...	16.25	17.58	...	...	19.08	...	...	...	...	...	...	...
Marlen		...	12.47	...	...	13.19	13.53	...	...	...	16.30	18.02	...	...	19.12	...	...	...	...	...	...	...
Kehl-Sundheim		...	12.55	...	...	13.27	14.02	...	...	...	16.38	18.10	...	...	19.21	...	...	...	...	...	...	...
Kehl Rebstock 302g	an	...	Sa13.00	...	...	✝13.33	✕14.08	...	...	...	✕16.44	b18.14	...	...	19.26	...	...	...	...	...	...	...

⊕ Bedarfshaltepunkt. a ✕ außer Sa. b täglich außer Sa c ✝ und Sa

(aus: Streifzüge durch die Ortenau, 1892)

243 Betriebsaufnahme der **Lokomotive Nr. 48** vor einem Güterzug im Bahnhof Ottenheim, 1959. (Sammlung Ziegler)

244 Dieses Foto entstand im Mai 1960 in Lahr M. E. Es zeigt die beiden **Lokomotiven Nr. 43 und 48,** nicht betriebsfähig abgestellt. (Archiv MEG)

245 Ein Güterzug im Bahnhof **Ottenheim,** 1959. Der Zug wird angeführt durch die **Lokomotive Nr. 48,** abfahrbereit in Richtung Altenheim. (Sammlung Ziegler)

246 Die Dampflokomotive Nr. 48 beim Streckenabbau Kehl–Altenheim, im Jahre 1959, in der Kehler Hauptstrasse. (Archiv MEG)

247 Foto der **MEG-Lokomotive Nr. 52** (früher SSB). Sie ist hier Anno 1954 im Bahnhof Schwarzach abgestellt. (Sammlung G. Vogel)

248 Im Bahnhof **Jffezheim** um 1956. Die **MEG-Dampflokomotive Nr. 53** vor einem Personenzug in Richtung Schwarzach. (Sammlung Dorner)

249 Lokomotivführer und Heizer stellen sich mit der **Lokomotive Nr. 54** vor dem Kohlenbansen im Bahnhof Lahr (Dinglingen) M. E. in Positur für ein Erinnerungsfoto an gemeinsam ausgeführte Fahrten, 1958. (Sammlung Ziegler)

250 Die MEG-Dampflokomotive Nr. 54 im Rangiereinsatz in Rhein/Ottenheim zum Anschluss Kieswerk Vogel, 1959. (Archiv MEG)

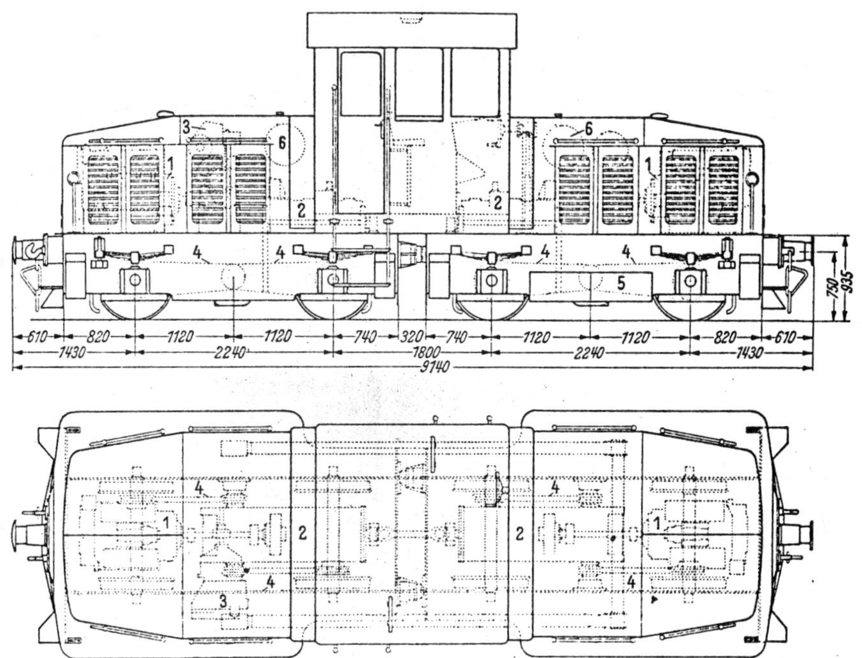

Bild 3. Schmalspur-Diesellokomotive V 29, Grund- und Aufriß

1 Haupt-Dieselmotor Deutz A 8 L 614
2 Voith-Getriebe
3 Hilfs-Dieselmotor Deutz A 2 L 514
4 Antriebskette Duplex $1^{3}/_{4}''$
5 Batterie AFA Ky 285 250 Ah
6 Brennstoffbehälter

251/252 Original-Typenzeichnung der Lieferfirma Jung, Kirchen/Sieg. Seiten- und Grundriss der Schmalspur-Diesellokomotive V 29 mit Angaben zur Plazierung der wichtigsten Aggregate. Die DB-Nummer lautete V 29 952, nach der Übernahme durch die MEG dann **V 29 01.**

253 Die vierachsigen DB-Diesellokomotiven V 29 951, 952 und 953 wurden zusammen für die DB-Schmalspurstrecke **Meckenheim–Mundenheim** erbaut (diese Strecke befand sich in der Nähe von Ludwigshafen/Rhein). Die V 29 952 kam nach der Stillegung der obengenannten Strecke zum neuen Einsatzort Nagold–Altensteig (an der DB-Strecke Pforzheim–Horb), während die V 29 951 und V 29 953 zur Walhallabahn (Regensburg–Wörth) geschickt wurden. Nach Stillegung von Nagold–Altensteig konnte die MEG die V 29 952 im Jahre 1967 von der DB ankaufen. Unter der neuen Betriebsnummer **V 29 01** versieht die Einheit ihren Dienst bei der MEG. (Werkaufnahme Jung)

254 Die zweiachsige **Diesellokomotive V 22 01** wurde 1956/57 für die MEG gebaut und stammte von der Firma Gmeinder. Hier steht sie im Lieferjahr vor einem Personenzug im Bahnhof Rastatt M. E. (Werkfotos Gmeinder)

255 Aber hauptsächlich im Güterverkehr wurde die V 22 01 eingesetzt, hier in der Umsetzanlage im Bahnhof Rastatt Übergabe, 1957.

256 Mittagspause für Fahrer und Schaffner. Der **Triebwagen T 12** besitzt hier noch einen blauweissen Anstrich. Das Foto entstand Ende der fünfziger Jahre. (Sammlung Vogel)

257 Der **Triebwagen T 13** kreuzt die Bundesstrasse B 28 in Kehl, unmittelbar bei der Einfahrt zum damaligen Endbahnhof Kehl Turnhalle, 1965. (Archiv MEG)

258 Der **Triebwagen T 14** vor dem Personenwagen (mit Gepäckabteil) Nr. 6, dem früheren OOm 272, und Personenwagen Nr. 8, dem früheren Triebwagen T 11, an der Haltestelle Offenburg/Marktplatz auf der Fahrt in Richtung Staatsbahnhof um 1956.

259 Im Bahnhof Altenheim wurde der Triebwagen T 14 aufgenommen, und zwar anlässlich der Abnahmefahrt von 1955. (Sammlung Dorner)

260 Der **Triebwagen T 14** an der damaligen Endhaltestelle Kehl Bahnhof mit dem Schaffner, im Jahre 1958 aufgenommen.
(Archiv MEG)

261 **Unfall** zwischen Meissenheim und Jchenheim im Jahre 1959. Fahrgäste des verunglückten **Triebwagens T 6** steigen in den bereitstehenden **Triebwagen T 14** um.
(Archiv MEG)

MEG
46

Die sechziger Jahre

262 Vorangehende Seite: Mitte der sechziger Jahre, im Bahnhof Schwarzach aufgenommen: Die bereits abgestellte **Dampflokomotive Nr. 46** vor MEG-Personenwagen und dem Lokomotivschuppen. (Foto P. Peckny)

263 Diese Seite: Doch trafen wir hier die Dampflokomotive Nr. 46 noch einmal an ihren letzten Betriebstagen. Obwohl sie bereits seit einigen Jahren abgestellt war, wurde sie 1963 nochmals eingesetzt, da die Lokomotive Nr. 101 einen Schaden erlitten hatte und auch die Diesellok V 22 01 wegen Defekts ausser Betrieb stand (Gelenkwellenschaden). Hier die Nr. 46 vor einem Personenzug im Bahnhof Rastatt M. E. (Foto Vetter)

264 Die Lokomotive Nr. 46 im Bahnhof Schwarzach beim Rangieren. (Foto Vetter)

265 Aufnahme der **Lokomotive Nr. 46** an ihren letzten Betriebstagen im Bahnhof Rastatt Übergabe, 1963. (Foto Vetter)

266 Die **MEG-Dampflokomotive Nr. 101,** 1948 für die Oberrheinische Eisenbahngesellschaft durch Kraus-Maffei gebaut, wurde 1954 als Gelegenheit gekauft und bis 1967 eingesetzt. Danach konnte sie von der Eurovapor zur Erhaltung erworben werden. Hier rangiert sie um 1965 im Bahnhof Schwarzach. (Foto P. Peckny)

267 Rechte Seitenansicht der **Lokomotive Nr. 101** im Bahnhof Schwarzach, anlässlich einer Sonderfahrt. (Foto P. Peckny)

268 Vor einen schweren Sonderzug mit Personenwagen der verschiedensten Typen ist die Dampflokomotive Nr. 101 vorgespannt. Im Hintergrund die Lokomotive Nr. 46, als Schaustück aufgestellt. (Foto P. Peckny)

269 Der **Triebwagen T 5** vor der Werkstätte in Schwarzach im Jahre 1964. Dieser Wagen besitzt noch die verlängerte Pufferbohle, auf welcher während des Zweiten Weltkrieges die Holzvergaseranlage montiert war (Treibstoffmangel). (Foto P. Peckny)

270 Dieses Bild zeigt den bereits abgestellten Triebwagen T 5 im Bahnhof Schwarzach, 1. Mai 1969. (Foto H. D. Menges)

MEG T 6
Original Jägermeister
P.W. 15
MEG T 6
Original Jägermeister
MEG T 7
Original Jägermeister

Vorangehende Seite:

271 Der **MEG-Triebwagen T 6** im Bahnhof Schwarzach. Er ist ebenfalls mit verlängerter Pufferbohle (Holzvergaseranlage) versehen. Der Wagen erhielt keinen roten Anstrich mehr, da er bereits 1967 ausgemustert wurde. (Fotos P. Peckny)

271a Der Triebwagen T 6 von der anderen Seite her gesehen, mit Packwagen Pw 15.

272 Der **Triebwagen T 7,** ebenfalls mit verlängerter Pufferbohle versehen, der Anstrich ist jetzt rot.

Diese Seite:

273 Die Haltestelle Kehl Turnhalle mit Triebwagen T 7 und Personenwagen Nr. 3 im Jahre 1964.

274 Die andere Seite des rot gestrichenen Triebwagens T 7, 1970. (Foto H. Mochel)

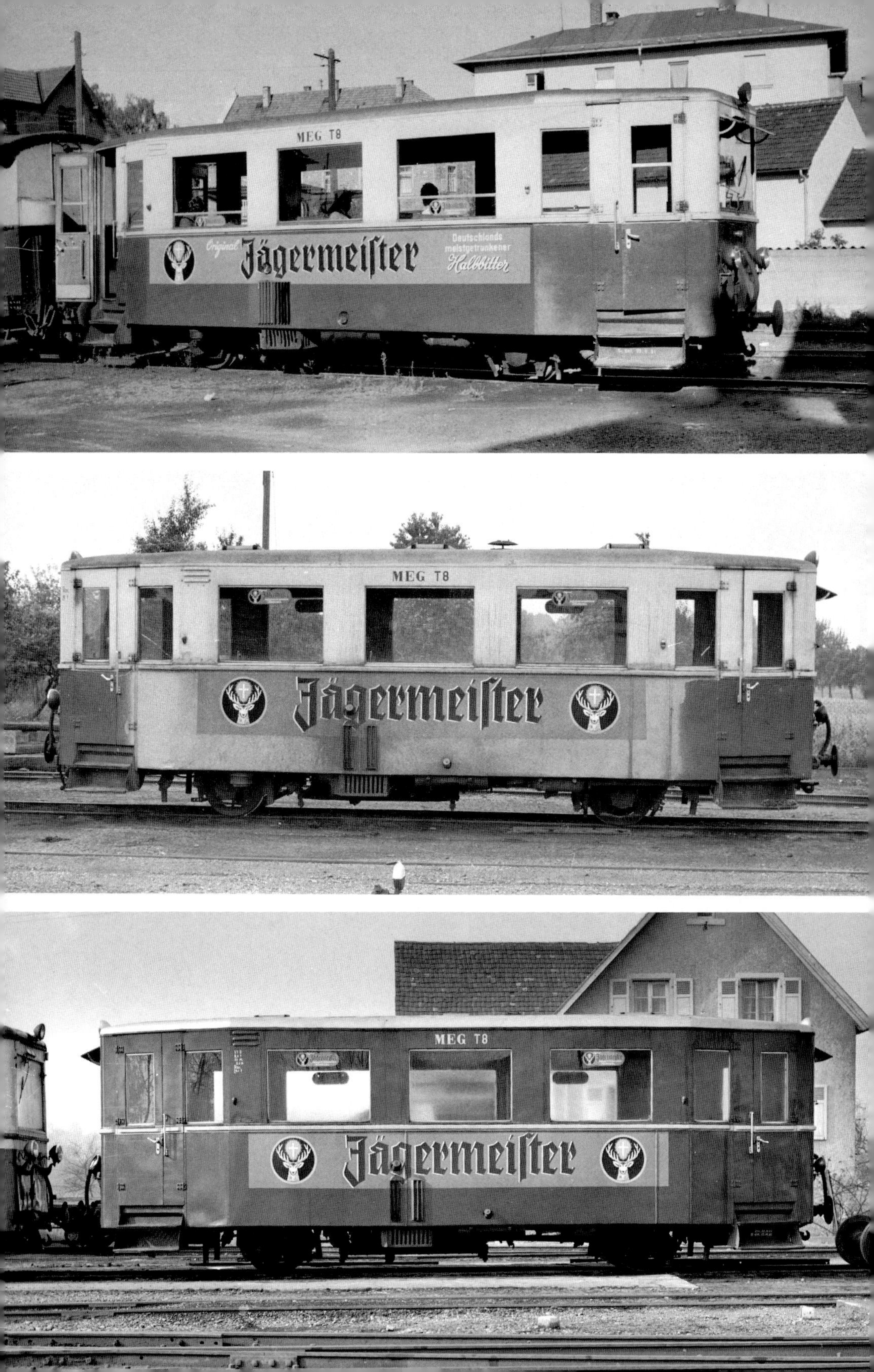
MEG T8
Original Jägermeister
Deutschlands meistgetrunkener Halbbitter
MEG T8
Jägermeister
MEG T8
Jägermeister

Vorangehende Seite:
275 Der Triebwagen T 8 mit blau-crème-farbenem Anstrich vor einem abendlichen Personenzug, abfahrbereit im Bahnhof Rastatt M. E., 1964 (Fotos P. Peckny)

276 Seitenansicht des **Triebwagens T 8,** kurzfristig in Schwarzach abgestellt.

277 Im Jahre 1965 erhielt der **Triebwagen T 8** anlässlich einer Revision einen gänzlich roten Anstrich. Die Ausmusterung erfolgte dergestalt im Jahre 1969.

Diese Seite:
278 Der **Triebwagen T 12** rangiert mit einem aufgeschemelten Kesselwagen im Bahnhof Schwarzach, 1969. (Fotos H. D. Menges)

279 Dieses Foto zeigt den **Triebwagen T 13** mit Güterwagen (GmP) vor dem Aufnahmegebäude Schwarzach, 1969.

280 Der **Triebwagen T 14** wurde 1955 durch die Waggonfabrik Fuchs AG geliefert. Hier im Dienst mit einem Rollwagen vor dem Aufnahmegebäude in Schwarzach, 1969. (Fotos H. D. Menges)

281 Der **Triebwagen T 13** wurde hingegen bereits im Kriegsjahr 1941 von der Wismarer Triebwagen- und Waggonfabrik AG geliefert. Hier 1969 im Bahnhof Freistett aufgenommen.

Folgende Seite:

282 Der **MEG-Personenwagen Nr. 92** aus dem Jahr 1928 von Heine & Holländer.

283 1970 erfolgte die Ausmusterung des Personenwagens Nr. 92, hier bereits abgestellt.

284 Der **Personenwagen Nr. 94** ist vom gleichen Typ und stammt aus dem Jahre 1928.
(Fotos P. Peckny, H. D. Menges)

MEG
92

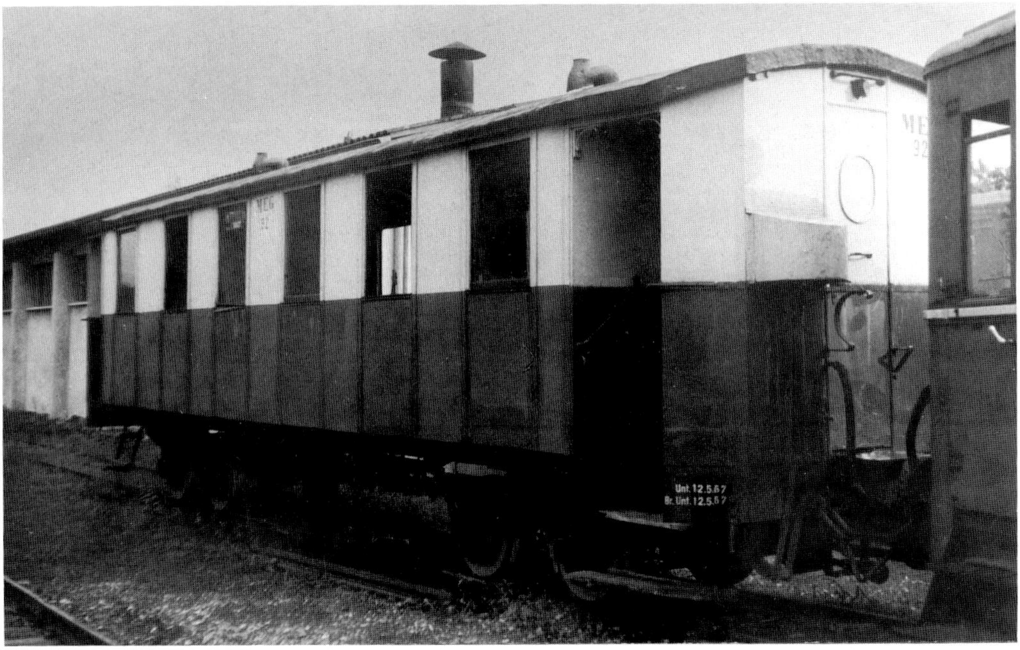

MEG
94

Original
Jägermeister
Deutschlands meistgetrunkener
Halbbitter

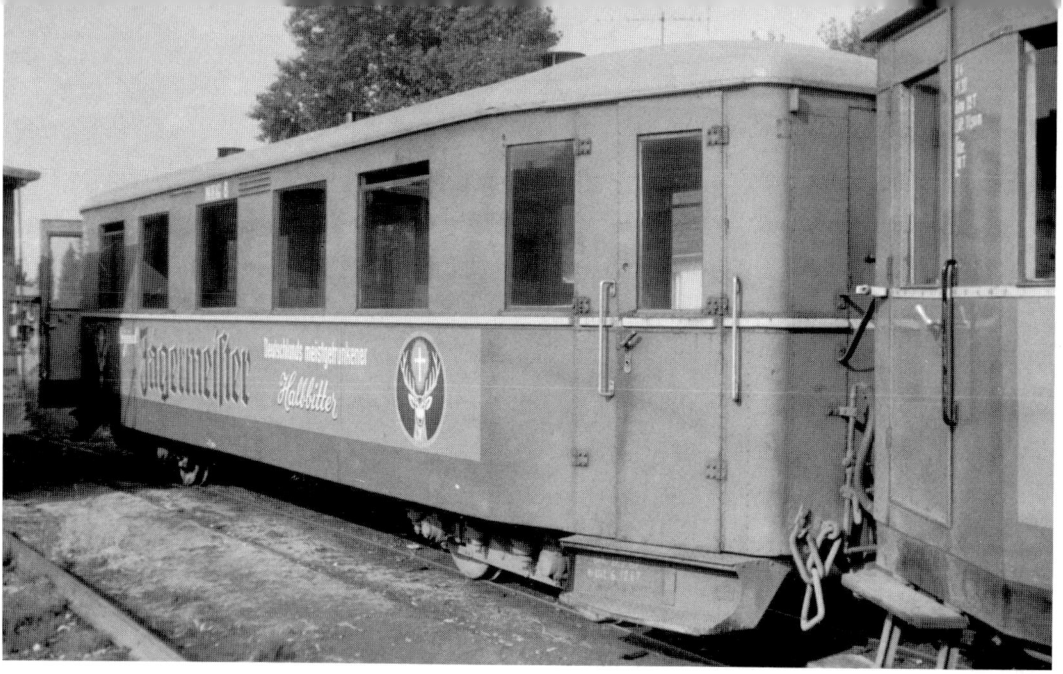

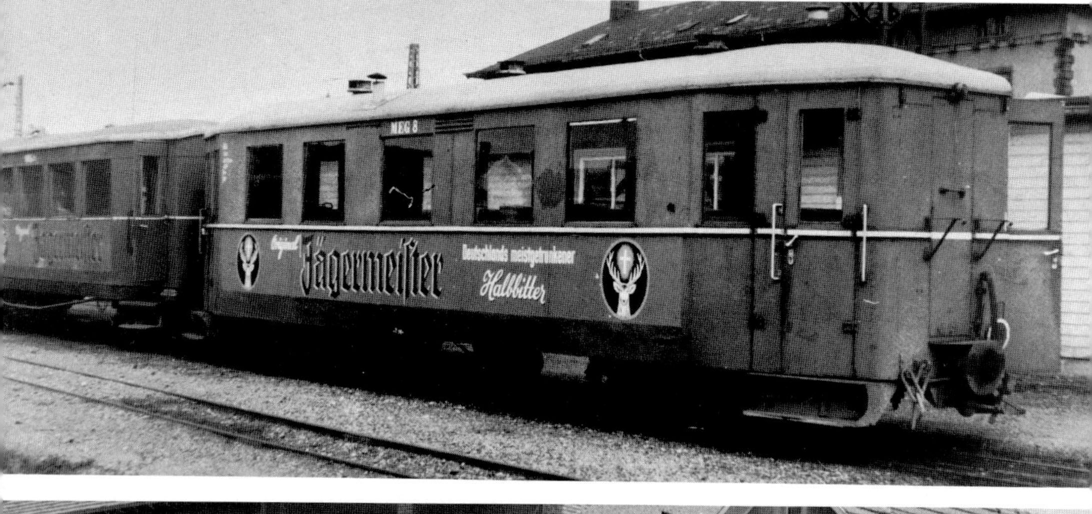

MEG 8
Original
Jägermeister
Deutschlands meistgetrunkener
Halbbitter

MEG 5
Original
Jägermeister
5 Liter ein

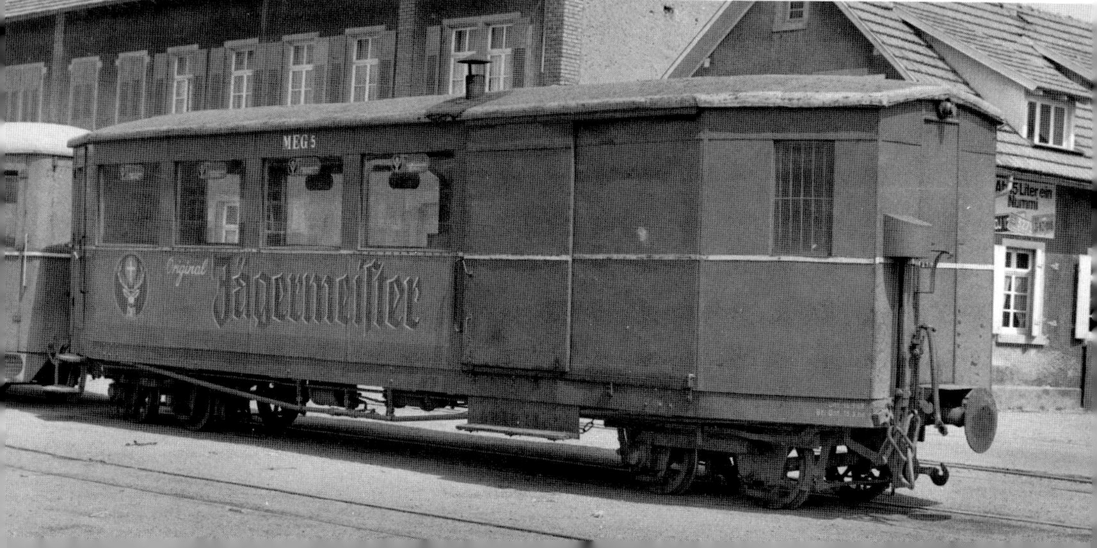

Vorangehende Seite:

285 Dieser **Personenwagen Nr. 8** war einstiger Triebwagen T 11. Er wurde 1936 von Orenstein und Koppel und der Dessauer Waggonfabrik AG geliefert. Der Antrieb bewährte sich nicht, so wurde er nach Ausbau der Motoren 1943 als Anhängewagen erneut in Betrieb genommen.

(Fotos H. D. Menges)

286 Eine andere Aufnahme des einstigen Triebwagens 11, jetzt Personenwagen Nr. 8.

287 Der **Personenwagen Nr. 5** mit Gepäckabteil entstand aus dem früheren OOm 273.

Vorangehende Seite:

288 Der **MEG-Personenwagen Nr. 45** stammt aus dem Jahr 1909 und dürfte somit zu den ältesten, nicht veränderten Wagen im MEG-Dienst gehören. (Fotos H. D. Menges)

289 Abgestellte **Personenwagen Nr. 45, 54 und 56.** Die beiden letzteren stammen aus dem Jahre 1914, alle wurden durch die SSB beschafft und gingen 1922 an die MEG über.

290 Durch einen Unfall ging im letzten Betriebsjahr der **Personenwagen Nr. 59** am 12. März 1970 verloren. Aufnahme von 1965. (Foto P. Peckny)

Bei Unklarheiten gibt unser Typenskizzenbuch näheren Aufschluss über die verschiedenen Personenwagen.

Diese Seite:

291 Die **MEG-Diesellokomotive V 22 01** abgestellt während einer Mittagspause im Bahnhof Schwarzach, vorgespannt an Güterzug, 1965. (Fotos P. Peckny)

292 Seitenansicht der Diesellokomotive V 22 01. Als Signaleinrichtung besitzt die Lok eine Dreiklangpfeife, und um dem «Bimmelbähnle» gerecht zu werden, auch ein Läutewerk.

293 Die Diesellokomotive **V 22 01** in Greffern/Rhein, Anschluss DOW, 1970. Daneben ein Rollwagenzug mit gedeckten normalspurigen Güterwagen. (Foto H. D. Menges)

294 Hier die Diesellokomotive **V 29 01** in Schwarzach, 1970. Sie kann sich durch folgende Signaleinrichtungen bemerkbar machen: zwei Druckluftpfeifen und ein Läutewerk. Wer das nicht hört, hat «Watte in den Ohren»! (Foto H. D. Menges)

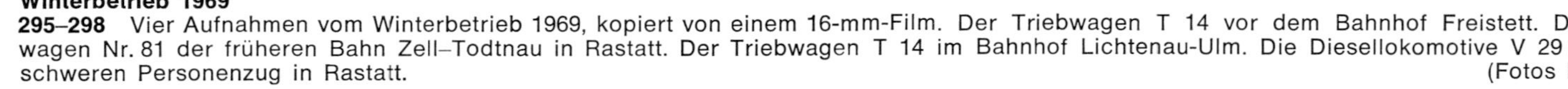

Winterbetrieb 1969
295–298 Vier Aufnahmen vom Winterbetrieb 1969, kopiert von einem 16-mm-Film. Der Triebwagen T 14 vor dem Bahnhof Freistett. Der Personenwagen Nr. 81 der früheren Bahn Zell–Todtnau in Rastatt. Der Triebwagen T 14 im Bahnhof Lichtenau-Ulm. Die Diesellokomotive V 29 01 vor einem schweren Personenzug in Rastatt.
(Fotos H. D. Menges)

MEG
136

P.W. 15

Vorangehende Seite:

299 Der **Güterwagen Nr. 136** im Bahnhof Bühl, 1969 aufgenommen, stammt noch von der Bahn Zell–Todtnau. (Foto H. D. Menges)

300 Hier die beiden noch vorhandenen **Gepäckwagen PwP Nr. 14** und **Pw Nr. 15.** Sie sind bereits Mitte der dreissiger Jahre in den Betrieb genommen worden und sehen hier schon arg mitgenommen aus. (Foto H. D. Menges)

301 Der **MEG-Gepäckwagen Pw Nr. 15** im Bahnhof Schwarzach, 1964. Anstrich blau-creme. (Foto P. Peckny)

Diese Seite:

302 Der gedeckte Güterwagen der Gattung **GG Nr. 146** stammt noch aus dem Jahre 1897.

303 Die Serie umfasste einst 16 dieser Güterwagen GG Nr. 145–160. Aufnahme des Güterwagens **GG Nr. 151** um 1964. (Fotos P. Peckny)

304 Der MEG-Güterwagen **Om Nr. 249** im Bahnhof Schwarzach, 1970. Erbaut durch Both & Tillmann, im Jahre 1908 an die SSB geliefert. (Fotos H. D. Menges)

305 Aufnahme des Güterwagens **Om Nr. 204** in Schwarzach, gebaut 1892 für die SSB von De Dietrich & Cie.

306 Der Güterwagen Sw Nr. 411 entstand aus dem Om Nr. 235, Umbau in eigener Werkstätte.

307 Hier der Triebwagen T 7 mit dem Sprengwagen zur Unkrautvertilgung. Er besteht aus dem Rollwagen Nr. 31 und dem Behälter des verunglückten Sw Nr. 407. Aufgenommen vor dem Güterschuppen in Bühl; das Fahrzeug wird gerade dienstbereit gemacht. (Fotos H. D. Menges)

308 Gedeckter SBB-Güterwagen auf dem Rollwagen Nr. 35 im Bahnhof Rastatt Übergabe, 1964. Er wurde 1930 durch die Waggonfabrik Rastatt AG geliefert, und zwar mit einer Serie anderer. Es war 1928, als die MEG begann, in grösserem Umfang die normalspurigen Wagen mit Rollwagen zu transportieren. (Foto P. Peckny)

309 Detailansicht zweier Rollwagen, im Güterbahnhof Scherzheim aufgenommen. Wir beachten sowohl die Kupplung als auch die Befestigung der Wagen auf den Rollschemeln. (Foto H. D. Menges)

Bilder vom Ende einer Schmalspurbahn

310 Die MEG-Dampflokomotive Nr. 101 führte den letzten offiziellen Dampfzug (DGEG-Sonderfahrt) am 19. September 1970 an, hier zwischen Schwarzach und Stollhofen in einem Waldstück. (Fotos H. Mochel)

311 An diesem Tage wurde das Kesselwasser von der Feuerwehr gestellt. Damit das Prozedere auch standesgemäss wirkte, benützte man eine alte, handbetriebene Feuerwehrspritze, um die Dampflokomotive Nr. 101 am 19. September 1970 in Schwarzach mit Wasser zu versorgen.

312 Es gilt **Abschied** zu nehmen von der **Lokomotive Nr. 46.** Auf einem geschemelten DB-Güterwagen wurde die Einheit an die Deutsche Gesellschaft für Eisenbahngeschichte verschickt. Diese hatte die Lok für ihre Fahrzeugsammlung angekauft. (Foto G. Vogel)

313 Diese interessante Aufnahme gelang dem Fotoamateur H. Mochel im Bahnhof Schwarzach. Links der Triebwagen T 7, rechts die Lokomotive Nr. 101, die am 19. September 1970 (Aufnahmedatum) auch schon nicht mehr der MEG gehörte.

314 Dieses ruhige Bild trügt, denn hinter dem **Triebwagen T 7** und der Diesellokomotive V 22 01 richtet ein Autokranwagen den vom Rollschemel gefallenen normalspurigen Kesselwagen wieder auf. (Sammlung Vogel)

315 Der Triebwagen T 7 und die Diesellokomotive V 22 01 nochmals bei Jffezheim, nach diesem Unfall vom 6. Mai 1970.

316 Zugkreuzung im Bahnhof **Schwarzach.** Links der **Triebwagen T 14,** rechts der **T 12** mit den Personenwagen Nr. 5 und 8, aufgenommen 1969. (Foto G. Vogel)

317 Der Triebwagen T 12, von Freistett kommend, kurz vor dem Bahnhof Schwarzach, 1969. (Foto H. D. Menges)

318 Der **Triebwagen T 14** in der Morgensonne, aufgenommen im Bahnhof Bühl, 1970.

319 Kurz nach der Ausfahrt aus dem Bahnhof Schwarzach kreuzt die Bahnlinie (hier mit Triebwagen T 14) mittels einer Brücke den Krebspach, in Richtung Freistett. (Fotos H. D. Menges)

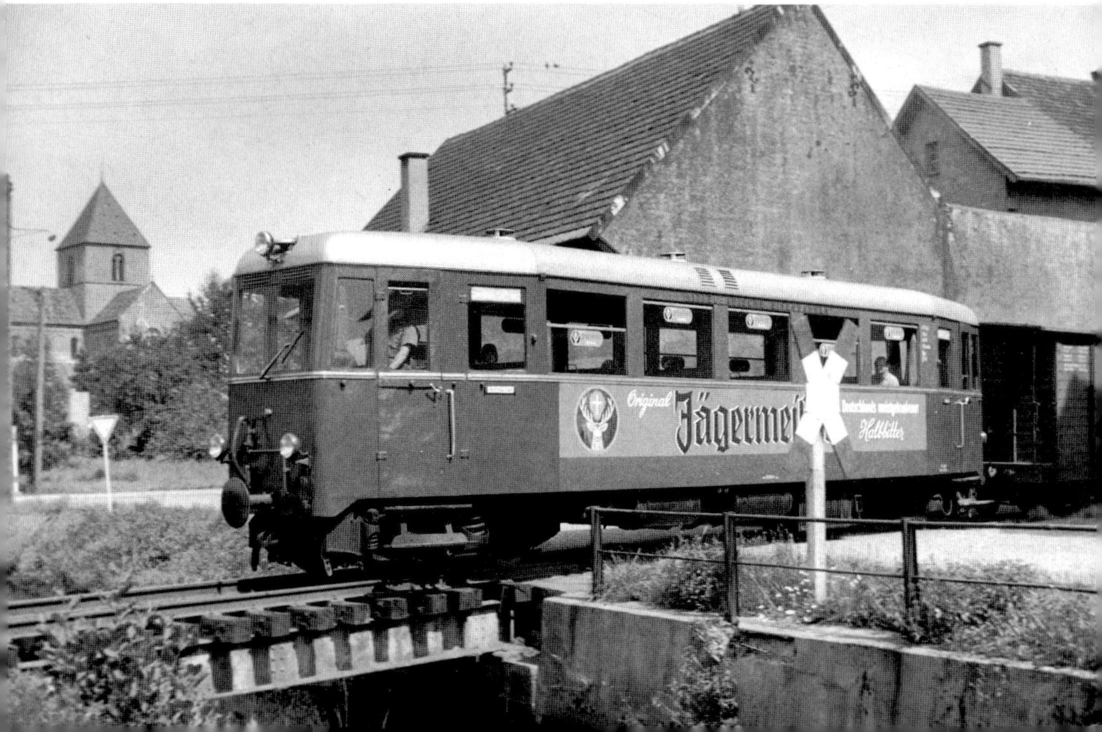

320 Über Mittag abgestellter Personenzug, bestehend aus zwei Personenwagen der früheren Zell–Todtnau-Bahn, die ebenfalls ein MEG-Unternehmen war. An der Spitze der Triebwagen T 12, im Bahnhof Bühl, 1970. (Foto H. D. Menges)

321 An einem heissen Sommertag entstand dieses Bild im Bahnhof Freistett, 1970. Links der DB-Güterwagen auf Rollschemel. In der Mitte der MEG-Güterwagen GG Nr. 160 und rechts der Triebwagen T 14. Ganz rechts am Bildrand die Wirtschaft «zur Lokalbahn», die heute nun leider ohne Lokalbahnanschluss ist. (Foto H. Mochel)

322 Am 26. September 1970 war der letzte Tag im schmalspurigen Personenverkehr der MEG angebrochen, es galt **Abschied** zu nehmen. Am folgenden Tag, dem 27. September 1970, fuhren nochmals Sonderzüge, um die aus Nah und Fern herbeigeeilten Verkehrsfreunde zu befördern. Dieses Bild zeigt den Triebwagen T 13 mit den Personenwagen Nr. 81, 82 und 83 der einstigen Bahn Zell–Todtnau und dem Personenwagen mit Gepäckabteil Nr. 5 im Bahnhof Lichtenau-Ulm.
(Fotos H. Mochel)

323 Der bekränzte Triebwagen T 14 mit dem Sonderzug, bestehend aus den Wagen Nr. 8, 94 und 95 und Nr. 5 im Bahnhof Schwarzach. Damit ist das Thema Personenbeförderung auf Schmalspur der Mittelbadischen Eisenbahnen abgeschlossen.

324 Noch gibt es einen schmalspurigen Güterverkehr, aber auch hier sind die Tage gezählt. Bahnhof Rastatt Übergabe: Hier erfolgt das Umsetzen der normalspurigen Güterwagen auf Rollwagen (Rollschemelanlage). Wir beachten die beiden MEG-Diesellokomotiven.

325 Nochmals der Rastatter Übergabebahnhof mit der Rollschemelanlage, rechts auf dem Damm die DB-Strecke Rastatt–Wintersdorf, 1970. (Foto H. D. Menges)

326 Die Diesellokomotive V 29 01 vor einem Rollwagenzug im Bahnhof Rastatt Übergabe. Diese Anlage und auch die nachfolgende Strecke in Richtung Schwarzach sind bereits abgebaut. Der schmalspurige Güterverkehr zwischen Schwarzach und Scherzheim wird voraussichtlich bis 1977 bestehen bleiben. (Foto H. D. Menges)

327 Eine neue Aera beginnt. Die Bautafel für die Umspurungsarbeiten vermittelt interessante Fakten. Die MEG ist am 1. Oktober 1971 in der neugegründeten SWEG aufgegangen. (Foto H. Mochel)

328/329 Einweihung nach Umspurung der MEG-Stammbahn Nord (Bühl–Schwarzach–Greffern). Ein seltenes Ereignis konnte gefeiert werden trotz des heutigen grossen Bahnsterbens: die Einweihung einer Neubaustrecke. Die **SWEG** baute eine Schmalspurstrecke (MEG) auf eine Normalspurstrecke von ca. 17 km Länge um. Ende 1971 begannen die Arbeiten unter teilweiser Verwendung des Bahnkörpers der einstigen MEG. Aus dieser Schmalspurbahn entstand eine moderne normalspurige Güterbahn (UIC-60-Schienen!) von Bühl über Schwarzach und Stollhofen nach Greffern. Am 16. Oktober 1972 wurde die Strecke offiziell der Öffentlichkeit vorgestellt. Der historische Dampfzug der Achertalbahn, geführt von der SWEG-Lok Nr. 28 «Badenia», beförderte die geladenen Gäste über die neue Strecke. (Foto H. D. Menges)

330 Die **Lokomotive Nr. 101** verlebte hier auf der MEG noch einige «schöne Tage», bis sie vom neuen Besitzer, der Vereinigung Eurovapor, nach Bern in die Schweiz verfrachtet wurde. (Foto H. D. Menges)

331 An ihrem neuen Bestimmungsort eingetroffen: Die einstige OEG/MEG-Lok wurde zur VBW/SZB-Lokomotive. (Foto R. Stamm, Bern)

Erinnern wir uns nochmals:

332 SSB-Dampflokomotive Nr. 45 und SSB-Personenwagen Nr. 26 (II./III. Klasse) im Jahre 1898 auf Abnahmefahrt zwischen Altenheim und Offenburg. Das Bild entstand an der **Ausweichstelle Offenburg/Landwirtschaftliche Halle** auf der Fahrt in Richtung Altenheim. Der Herr Lokführer hat seinen besten Anzug angelegt und trägt stolz seine Schirmmütze mit den Initialen «SSB». Er ist sich sicherlich der Würde des Tages voll bewusst! (Sammlung Hornung/Dr. Marx)

333 Dampflokomotive Nr. 2 der Lahrer Strassenbahn-Gesellschaft, im Jahre 1894 auf ihrer Abnahmefahrt. Diese Lok gehörte mit drei weiteren Schwestern zur Erstausstattung der Lahrer Strassenbahn für ihre Strecke **Rhein–Ottenheim–Lahr–Seelbach.** Sie trugen die Betriebsnummern 1–4. Die Bahn hatte jedoch an diesen Maschinen keine rechte Freude. Mit nur 12 t Gewicht waren sie vor allen Dingen für den Güterverkehr mit seinen Steintransporten zu leicht, hinzu kam auch noch, dass diese Maschinen ziemlich störungsanfällig waren. Diese, von der Maschinenbau-Gesellschaft Karlsruhe gelieferten Lokomotiven, besassen einen Innenrahmen und aussenliegende Heusinger-Steuerung. Der kobelartige Schornstein soll soll später durch einen normalen Schlot ersetzt worden sein.
Der Herr auf der Lok kennt scheinbar den Durst seiner Kollegen, denn er hält das Getränketablett griffbereit in der Hand. Oder war es damals so heiss? (Foto Hanauer Museum, Kehl)

Die Nebenbahn Zell–Todtnau

In der Folge stellen wir unseren Lesern in Kürze die weiteren, einst der MEG unterstellten Bahnen vor, um das Bild über die Mittelbadische Eisenbahnen AG gänzlich abzurunden.

335 Der **Eröffnungszug am 7. September 1889** ist im Bahnhof von Todtnau angekommen. Man beachte den Triumphbogen zu Ehren des Grossherzoges über dem letzten Wagen. (Archiv MEG)

336 Die **Dampflokomotive Nr. 74,** bereits betriebsunfähig und ihrer Schilder beraubt, im Bahnhof Todtnau bei der offiziellen Abschiedsfahrt vom Bähnle. Baufirma war die Lokomotivfabrik Krauss, Fabriknummer 2024, Baujahr 1888. (Foto C. Jeanmaire)

337 Die **Mallet-Dampflokomotive Nr. 103** rangiert im Bahnhof Todtnau, dahinter ein Reichsbahn-Güterwagen auf Rollschemel, kurz nach dem Krieg. Baufirma Grafenstaden, Fabriknummer 4738, Baujahr 1896. Diese Lokomotive wurde im Jahr 1955 auf die Stammstrecke versetzt. (Foto C. Jeanmaire)

338 Die Mallet-Dampflokomotive Nr. 105 bei der Abschiedssonderfahrt im Jahre 1967 im Bahnhofsbereich Todtnau. Heute ist die Lokomotive bei der Museumsbahn Blonay–Chamby (BC) in der Westschweiz im Betrieb. Baufirma Karlsruhe, Fabriknummer 2051, Baujahr 1918. (Foto C. Jeanmaire)

339/340 Die 6600 mm lange Tenderdampflokomotive der Zell–Todtnauer Eisenbahn hatte um 1955 einen Zusammenstoss mit einem Lastkraftwagen zu verzeichnen. Der Lastwagen wurde dabei praktisch zerstört, die Lok jedoch nur leicht beschädigt. (Archiv MEG)

341 Die sechsachsige **Mallet-Dampflokomotive Nr. 104** der Zell–Todtnauer Eisenbahn in nicht betriebsfähigem Zustand abgestellt vor dem Lokomotivschuppen von Todtnau, 1967. Baufirma Hanomag, Fabriknummer 10 437 und Baujahr 1925. Die Lokomotive ist ebenfalls zur Schweiz. Touristikbahn Blonay–Chamby gekommen, wo sie heute im Betrieb steht. (Foto C. Jeanmaire)

342 Während langer Jahre tat dieser **Triebwagen VT 15** anstelle von lokomotivgezogenen Zügen seinen Dienst bei der ZTB. Der vierachsige, zweimotorige Triebwagen (mit dieselmechanischem Antrieb) wurde 1955 von der Firma H. Fuchs Waggonfabrik AG, Heidelberg, geliefert. Länge über Puffer 16 130 mm, Drehzapfenabstand 11 700 mm, Drehgestellradstand 1860 mm, Breite des Wagenkastens 2550 mm, Länge des Wagenkastens 15 420 mm, 48 Sitzplätze, Dienstgewicht 26,6 t, Höchstgeschwindigkeit 65 km/h. Unterflurantrieb: wassergekühlter Sechszylinder-Büssing-Dieselmotor U 15, Drehzahl 1600 U/min. Viergangwechselgetriebe und nachgeschaltetes Wendegetriebe

arbeiten auf zwei Triebachsen. Elektropneumatische Steuerung. Der VT 15 wurde nach der Stillegung der ZTB Anno 1967 zur Stammbahn nach Schwarzach versetzt, wo er aber praktisch nicht zum Einsatz kam. Als **T 35** ist der Triebwagen heute bei der Nebenbahn **Amstetten (Württemberg)–Laichingen.** (Foto C. Jeanmaire)

Die Kaiserstuhlbahn

343 Die **MEG-Dampflokomotive Nr. 394,** abgestellt vor dem Lokomotivschuppen im Bw Endingen im Jahre 1970. Normalspur. Baufirma Esslingen, Fabriknummer 3870, Baujahr 1917. (Foto H. D. Menges)

344 Die **MEG-Tenderlokomotive Nr. 384,** von der Bregtalbahn hierher gebracht, im Bahnhof Gottenheim. Die Normalspurlokomotive wurde von Henschel gebaut, Fabriknummer 20 870, Baujahr 1927. (Archiv MEG)

345 Werkaufnahme des **Triebwagens VT 25** der normalspurigen Kaiserstuhlbahn. Die Firma MAN baute diesen Triebwagen im Jahre 1960. Seine Leistung beträgt 2 x 160 PS. Das Foto enstand anlässlich der Probefahrt. (Archiv MAN)

346 Die Kaiserstuhlbahn hat auch eine **Diesellokomotive V 44 01** im Betrieb. Aufgenommen wurde sie im Bahnhof Endingen vor einem Personenzug. Gebaut wurde sie 1956 von Krauss-Maffei und erbringt eine Leistung von 440 PS. (Foto H. D. Menges)

Nächste Seite:

347 Seitenansicht des normalspurigen **Triebwagens T 24** der Kaiserstuhlbahn. 1925 wurde das Gefährt von Zypen & Charlier, Köln, gebaut, mit einem Dieselmotor von Büssing CD 6 mit 135 PS Leistung. Länge über Puffer 12 850 mm, Dienstgewicht 20,0 t, 50 Sitzplätze, Höchstgeschwindigkeit 50 km/h. (Fotos H. Mochel)

348 Der **Personenwagen Nr. 30** ist ganz offensichtlich aus einem früheren Triebwagen entstanden. Als solcher wurde er 1925 von Zypen & Charlier Köln, gebaut

348a Der **Packwagen Nr. 1044** der Kaiserstuhlbahn im Bahnhof Endingen, 1970. (Foto H. D. Menges)

MEG
2
2

MEG
30
Zum guten Bier Doornkaat seit 1806
2

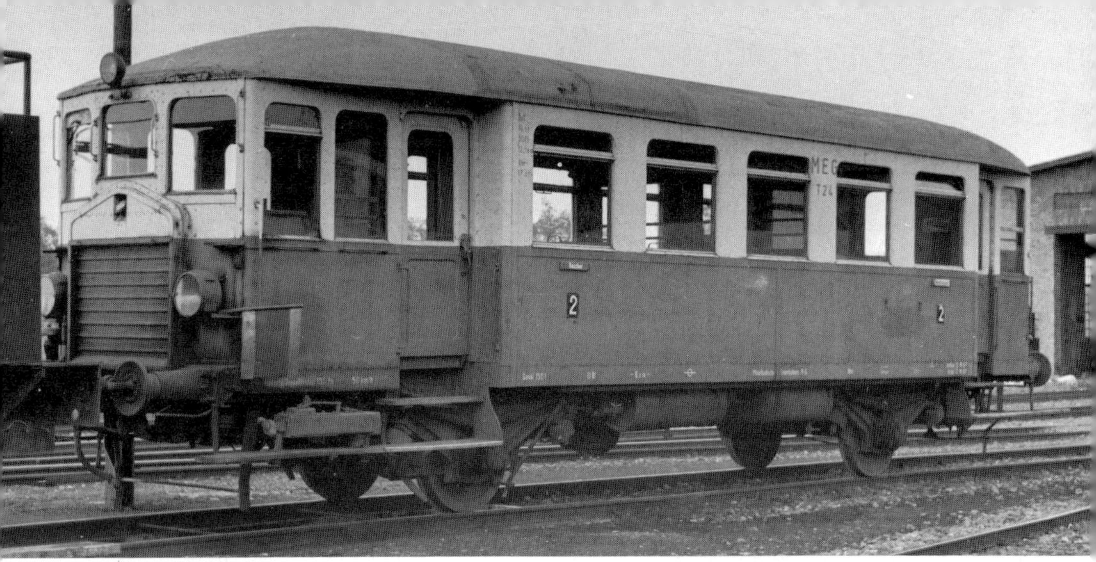

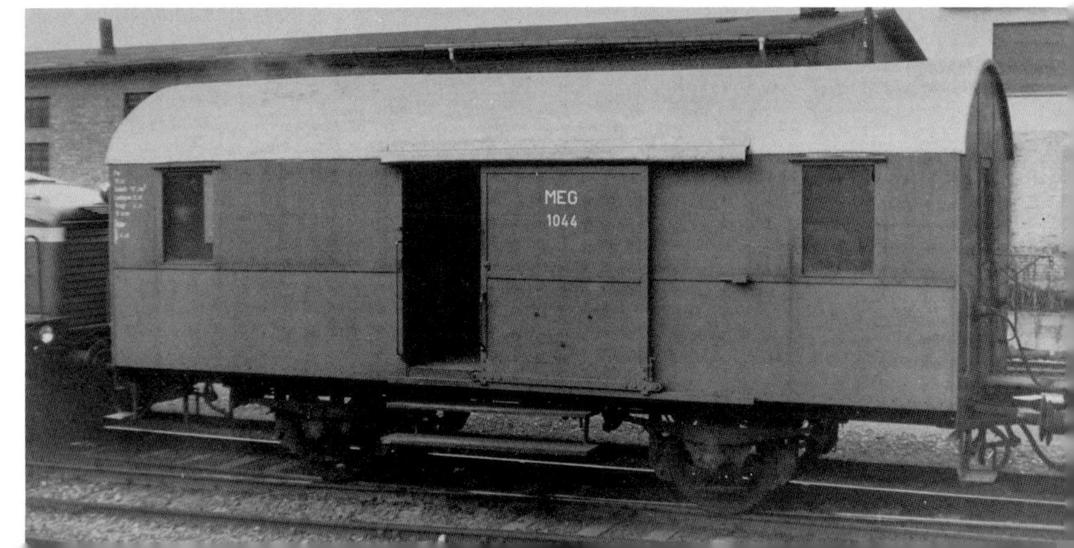

MEG
1044

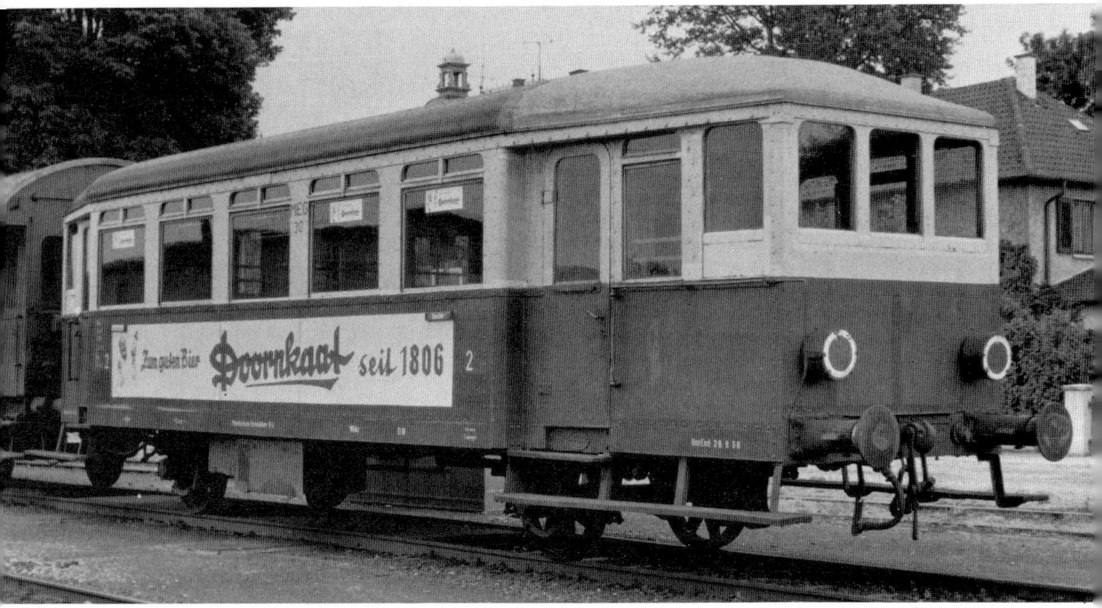

Die Bregtalbahn

349 Der **Bahnhof Furtwangen** im Eröffnungsjahr 1893. Der normalspurige Betrieb wurde anfänglich mit dreiachsigen Tenderlokomotiven durchgeführt, später kamen drei vierachsige Lokomotiven (vgl. Bild 344) zum Rollmaterial. Zwei Triebwagen und eine Diesellokomotive vervollständigten den Rollmaterialpark und traten die Nachfolge der Dampflokomotiven an. (Archiv MEG)

350 Der normalspurige **MEG-Triebwagen VT 21** der Bregtalbahn im Bahnhofsbereich Hammereisenbach. Die Firmen Linke-Hoffmann und MAN bauten dieses Fahrzeug im Jahre 1929. Es erhielt einen MAN-Dieselmotor W6v/17,5/22A mit einer Leistung von 200 PS. Länge über Puffer 13 950 mm, Dienstgewicht 25,5 t mit 54 Sitzplätzen. Höchstgeschwindigkeit 50 km/h. (Archiv MEG)

Die Müllheim–Badenweiler-Eisenbahn

351 Abbildung der **Mallet-Tenderlokomotive Nr. 1** der Müllheim–Badenweiler-Eisenbahn in Oberweiler. Ursprünglicher Name: Lokalbahn Müllheim–Badenweiler. Diese Lokomotive wurde 1895 durch die Firma Borsig in Berlin gebaut. (Archiv MEG)

352 Personenzug der Müllheim–Badenweiler-Eisenbahn, bestehend aus dem **Triebwagen ET 25** (BCPw 4i), dem Personenwagen Nr. 9 (B 4i), dem Personenwagen Nr. 31 (B i) und dem Sommerwagen Nr. 1. 1955 in Müllheim Stadt aufgenommen. (Archiv MEG)

353 Personenzug der Müllheim–Badenweiler-Eisenbahn, angeführt vom Triebwagen ET 22 (Serie 21–25) mit einem Personenwagen der Serie Nr. 8–9 und dem Wagen Nr. 1. Im Hintergrund der bekannte Thermalkurort Badenweiler, um 1940. (Archiv C. Jeanmaire)

Autobusse der Mittelbadische Eisenbahnen AG

354 Parade der MEG-Autobusse am Bahnhof Lahr Schlüssel im April 1934. Diese Wagen waren erster Bestandteil der Bus-Flotte, die in der Folge rasch anwuchs. (Foto Biehler)

355 Dieses Bild zeigt einen der ersten Omnibusse der MEG, im März 1934 im Bahnhof Lahr-Dinglingen aufgenommen. (Foto Ebert, Archiv Vogel)

356 Unsere Aufstellung an Bussen ist sicher nicht vollständig, da die Autoren ihr Augenmerk viel eher auf den Schienenverkehr richteten. Doch bei der MEG-Vielfalt möchten wir zum Abschluss unseres MEG-Berichtes am Rande diese wichtige Sparte dennoch kurz darstellen. Unsere Auswahl ist auch nicht absolut typisch für die MEG. Doch könnten wir, ausführlicher werdend, noch ein zusätzliches Buch mit Bussen füllen. Diese Abbildung zeigt einen MEG-Autobus von Mercedes Benz. Er war besonders für Ausflugsfahrten konzipiert. Um 1955 im Bahnhof Lahr M. E. (Archiv MEG)

357 MEG-Bus von Büssing. Er wurde sowohl für den Linien- als auch den Ausflugsverkehr eingesetzt. Unser Foto, ca. 1956 entstanden, zeigt den Bus mit Anhänger. (Archiv MEG)

358 Ein anderer MEG-Autobus von Mercedes-Benz um 1956. Auch er konnte im Ausflugsverkehr und im Liniendienst eingesetzt werden. (Archiv MEG)

359 Dieser Büssing-Bus mit eineinhalb Stockwerken brachte eine neue Note in das Bild des Linienverkehrs. Das Bild entstand um 1960 in Offenburg Hauptstrasse. (Archiv MEG)

360 Wir blicken auf den Waschplatz für MEG-Omnibusse im Bahnhof Lahr M. E. und bemerken sofort die grosse Vielfalt an Typen und Baumustern. (Archiv MEG)

Archiv Nr. 13 / 14

Typenskizzenbuch der Mittelbadische Eisenbahnen AG

Die Fahrzeuge der MEG

Claude Jeanmaire, Hans-Dieter Menges

ISBN 3 85649 013 4
Verlag für Eisenbahn- und Strassenbahnliteratur
Bleichestrasse 7, CH-4000 Basel/Schweiz

Abkürzungen:

LSB - Lahrer Strassenbahn Gesellschaft
LEG - Lahrer Eisenbahn Gesellschaft
SSB - Strassburger Strassenbahn Gesellschaft

Ein Hinweis . . .

Es ist uns nicht leicht gefallen, dieses detaillierte Werk über die Betriebsgeschichte der Mittelbadische Eisenbahnen AG und ihrer Vorläufer in zwei Bänden herauszugeben. Verschiedene Überlegungen und Wünsche von vielen Interessenten waren der Anlass dazu. In langjähriger, mühsamer Kleinarbeit wurden Unterlagen, Dokumente und Photos zusammengetragen, gesichtet, geordnet und danach bearbeitet. Das zu Beginn recht spärliche Material hat im Verlaufe der Zeit einen beachtlichen Umfang erreicht. Um Kürzungen zu vermeiden, blieb uns nur mehr die Möglichkeit einer Publikation in zwei Bänden. Anderseits glauben wir, den Modellbauern unter den Eisenbahnfreunden einen Dienst zu erweisen, wenn wir in diesem ersten Band lediglich eine komplette Übersicht über die Fahrzeuge der MEG vermitteln. Der zweite Band wird dann — reich bebildert — die Geschichte der MEG in aller Ausführlichkeit schildern. Wir hoffen, auf diese Weise allen Wünschen gerecht zu werden und eine Lücke zu schliessen.

Basel und Lahr, im März 1971

Claude Jeanmaire

Hans-Dieter Menges

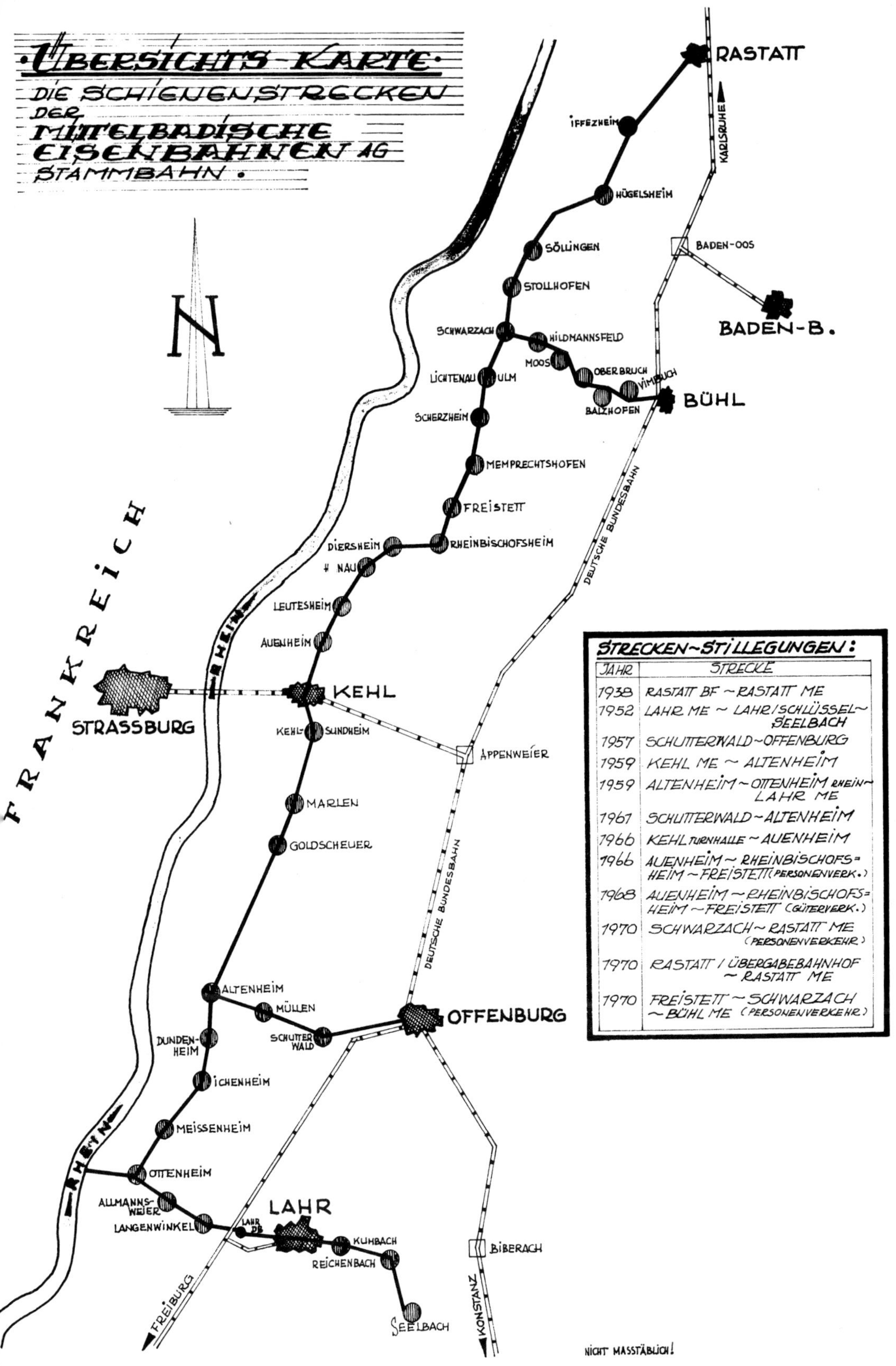

STRECKEN-STILLEGUNGEN:

JAHR	STRECKE
1938	RASTATT BF ~ RASTATT ME
1952	LAHR ME ~ LAHR/SCHLÜSSEL ~ SEELBACH
1957	SCHUTTERWALD ~ OFFENBURG
1959	KEHL ME ~ ALTENHEIM
1959	ALTENHEIM ~ OTTENHEIM RHEIN ~ LAHR ME
1961	SCHUTTERWALD ~ ALTENHEIM
1966	KEHL TURNHALLE ~ AUENHEIM
1966	AUENHEIM ~ RHEINBISCHOFS=HEIM ~ FREISTETT (PERSONENVERK.)
1968	AUENHEIM ~ RHEINBISCHOFS=HEIM ~ FREISTETT (GÜTERVERK.)
1970	SCHWARZACH ~ RASTATT ME (PERSONENVERKEHR)
1970	RASTATT / ÜBERGABEBAHNHOF ~ RASTATT ME
1970	FREISTETT ~ SCHWARZACH ~ BÜHL ME (PERSONENVERKEHR)

Einleitung

Es war einmal eine Bimmelbahn..., so könnte man in einem Märchenbuch beginnen. Aber wir möchten keine Märchen erzählen, sondern die Geschichte einer schmalspurigen Eisenbahn, die noch heute fast jedem Badener bekannt ist.

Es ist noch gar nicht lange her, seit der «Entenköpfer» zum letzenmal qualmend durch die Dörfer und Städte der mittelbadischen Rheinebene bimmelte. Aber wer denkt in unserer heutigen schnellebigen Zeit noch an das «Bimmelbähnle», das doch für manche mit der Zeit nur noch ein Verkehrshindernis und eine Belästigung darstellte. Vielen hat es aber dennoch bei seinem regelmässigen Auftauchen Freude bereitet.

Jahrzehntelang hat die Bahn treu und brav den von ihr geforderten Dienst verrichtet. Die Erinnerungen sind noch wach, sie sollen und dürfen nicht vergessen werden.

Wir können uns heute kaum mehr in die Lage versetzen, um zu ermessen, was die Eröffnung der ersten Strecken vor rund 75 Jahren für die Bevölkerung bedeutete. War es doch danach jedermann möglich, bequem und schnell vom Lande in die Kreisstadt zu fahren, was damals gar nicht so alltäglich und selbstverständlich war, wie wir das heute gewohnt sind. Ausserdem vermittelte die Bahn langersehnte Anschlüsse an die Badische Hauptbahn, die auch der Wirtschaft der Region neue Impulse vermittelte.

Heute sind von dem einst 118 Kilometer langen Meterspurnetz, zwischen Seelbach im Süden und Rastatt im Norden, nur mehr 39 Kilometer für den Güterverkehr übriggeblieben. So ist es an der Zeit, Rückschau zu halten; das möchte diese Dokumentation tun und dieser vielgeliebten (und geschmähten) und geschätzten Eisenbahn im «Badenerländle» gleichzeitig ein kleines, wohlverdientes Denkmal setzen.

Dieser Plan war jedoch leichter gefasst als ausgeführt. Am Anfang schien die Aufgabe schier unlösbar. War doch die MEG selbst vom letzten Weltkrieg nicht verschont geblieben: die Hauptverwaltung, die 1938 nach Kehl übersiedelt war, sowie die grosse Werkstatt fielen den Kriegsereignissen zum Opfer. Das Bildarchiv und wertvolle technische Unterlagen, die für ein Vorhaben wie das unsrige dringend notwendig sind, waren danach nicht mehr vorhanden.

Unser Anliegen traf aber bei der MEG auf bereitwillige Unterstützung; uns wurde das noch vorhandene Archiv-Material zur Verfügung gestellt.

Unser ganz besonderer Dank gilt den Herren Direktoren Dorner und Seeger, die auch Bilder aus ihren privaten Sammlungen freigaben, aber auch allen Angestellten der MEG, die nicht müde wurden, zahlreiche Fragen nach bestem Wissen zu beantworten und auch manch schöne Aufnahme beisteuerten. Dafür sei an dieser Stelle herzlich gedankt. Ein Dankeschön auch all jenen, die auf unsere Aufrufe in Tageszeitungen antworteten und manch interessantes Dokument zutage förderten.

Im weiteren möchten wir den Eisenbahnfreunden August Liebherr, Helmut Mochel aus Lahr und Gerd Vogel, Rastatt, unseren Dank abstatten. Ohne die tatkräftige Unterstützung der Genannten wie auch vieler nicht namentlich erwähnter Personen und Firmen wäre diese Studie nicht möglich gewesen.

Diese Aufstellung beruht auf einem Fahrzeugverzeichnis aus dem Jahre 1939, aus einer Zeit, als die meisten Fahrzeuge noch im täglichen Dienst standen. Die danach durchgeführten Neu- und Umbauten wurden berücksichtigt. Leider stehen kaum genaue Anhaltspunkte über die Ausmusterungen zur Verfügung. So wurden hier nur Daten eingesetzt, nachdem diese durch verschiedene Personen sowie durch Unterlagen bestätigt worden sind. Während und kurz nach dem Zweiten Weltkrieg dienten viele Güterwagen mit ihren Holzaufbauten als willkommene Brennstofflieferanten, auch war jede Teilstreckenstillegung mit einer grösseren Ausmusterungsaktion verbunden. Manchen Gartenhäuschen der Region ist es noch heute anzusehen, dass sie einmal MEG-Räder besassen und durch die mittelbadische Rheinebene rollten...

Vorlagen und Angaben für die Planzeichnungen, Photos und Unterlagen verschiedenster Arten verdanken wir auch noch folgenden Personen und Firmen:

Max Biehler, Lahr

Paul Ordowski, Lahr

Gmeinder & Co. GmbH, Lokomotiv- und Maschinenfabrik, Mosbach/Baden

Mittelbadische Eisenbahnen AG, Lahr

Arnold Jung, Lokomotivfabrik, Jungenthal bei Kirchen/Sieg

Archiv der Stadt Lahr

Wirtschaftsarchiv, Basel

Die Mittelbadische Eisenbahnen AG (MEG)

Die folgende, kurzgefasste Geschichte der MEG ist nur für diesen ersten Band bestimmt und soll dem besseren Verständnis der Zusammenhänge dienen. Die ausführliche Betriebsgeschichte findet sich in Band 2, Archiv Nr. 14 unseres Verlages.

Der Anfang . . .

Am 30. Oktober 1890 erhielt die **Lahrer Strassenbahn-Gesellschaft** die Konzession für den Bau und Betrieb einer meterspurigen Dampfstrassenbahn von Reichenbach über Lahr nach Ottenheim und an den Rhein. Die Konzession wurde gleichzeitig mit Baubeginn auf die Strecke Reichenbach-Seelbach erweitert. Die Gesamtstrecke konnte in der Folge am 29. November 1894 dem Betrieb übergeben werden.

Verschiedene Gründe hatten bei der Geburt der Lahrer Strassenbahn-Gesellschaft mitgewirkt: man versprach sich einen günstigen Ertrag mit dem Transport von Steinen aus den im Schuttertal gelegenen Steinbrüchen (wie auch vom Holztransport). Diese Steine wurden zum Bau von Uferbefestigungen am Rhein benötigt. Durch Personenzüge sollten die an der Strecke liegenden Ortschaften eine ersehnte günstigere Verkehrsverbindung zur Kreisstadt und zur badischen Hauptbahn in Dinglingen erhalten. Später erstellte man eine Pferde-Omnibus-Verbindung von Ottenheim/Rhein über die Schiffsbrücke nach dem elsässischen Erstein/Rheinstrasse und weiter mit der SSB nach Strassburg. Aber schon kurze Zeit nach der Eröffnung der Bahn zeigte es sich, dass man sich ziemlich verrechnet hatte. Der Stein- und Holztransport erreichte nie die veranschlagte Höhe, auch die Verbindung mit dem Elsass (Strassburg) war ein finanzieller Fehlschlag. Der Personenverkehr hingegen war stärker als ursprünglich erwartet.

Die **Strassburger Strassenbahn-Gesellschaft,** die im Elsass bereits ein dichtes Netz von meterspurigen Dampfstrassenbahnen mit Überlandlinien unterhielt, wollte ihren Aktionsbereich auch auf die rechtsrheinische, die badische Seite ausdehnen. Die Gemeinden des Hanauerlandes stimmten diesem Vorhaben zu, hatte man damit doch wenigstens eine schmalspurige Bahnverbindung, nachdem die ursprünglich geforderte normalspurige Bahn am Gebirgsrand entlang führte und eine Entlastungsstrecke Rastatt–Kehl mehrfach abgelehnt worden war. Am 30. April 1890 erteilte die grossherzoglich-badische Regierung die Konzession, und am 11. Januar 1892 konnte die Strecke Kehl–Schwarzach–Bühl feierlich eröffnet werden. Nun wandte sich die Strassburger Strassenbahn nach Süden, um dort einen Übergang zur Lahrer Strassenbahn zu suchen. Am 20. November 1896 wurde die Konzession erteilt, so dass bereits am 1. Juni 1898 der Eröffnungszug von Kehl über Altenheim nach Ottenheim dampfen konnte. Gleichzeitig wurde die Zweigstrecke Altenheim-Offenburg dem Betrieb übergeben.

Mit Eröffnung der nördlichen Linie Schwarzach–Rastatt am 2. Mai 1909 war der Streckenbau abgeschlossen und ein zusammenhängendes meterspuriges Streckennetz von 118 Kilometer Länge entstanden. Der gemeinsame Zugverkehr war jedoch nicht problemlos möglich, denn die Strassburger Strassenbahn hatte ihre Fahrzeuge mit der Druckluftbremse ausgestattet, während die Lahrer Strassenbahn-Fahrzeuge mit der Saugluftbremse, System Körting, arbeiteten. Damit konnten nur ganze Züge mit Lok übergeben werden. Erst 1916 wurde auch die Lahrer Strassenbahn auf die Druckluftbremse umgestellt.

Durch die Eröffnung der Verbindungsstrecke Ottenheim–Kehl/Strassburg verlor der Abschnitt Ottenheim–Rhein immer mehr an Bedeutung. Während der Berufs- und Güterverkehr noch mit Dampfzügen geführt wurde, genügte für den geringen Normalverkehr während weniger Jahre eine Pferdebahn.

Als die Lahrer Strassenbahn-Gesellschaft die Elektrifizierung ihrer Strecken plante, brach leider der Erste Weltkrieg aus, welcher einschneidende Änderungen beim Bahnbetrieb mit sich brachte. 1917 gab sich die Gesellschaft einen neuen Namen: **Lahrer Eisenbahn-Gesellschaft.** Auf Grund des Versailler Vertrages von 1919 wurde der Rhein zur Landesgrenze, über dem Elsass wehte wieder die Trikolore. Nun stand die Strassburger Strassenbahn unter französischer Verwaltung, und am 15. August 1920 erklärte sie ihren Verzicht auf das rechtsrheinische Streckennetz. In der Folge wurde es der Reichsbahndirektion Karlsruhe zugeteilt. Doch diese war auf den unerwarteten schmalspurigen Zuwachs nicht eingestellt und verhandelte mit der Lahrer Eisenbahn-Gesellschaft zwecks Zusammenschlusses beider Netze unter der Betriebsführung der Deutschen Eisenbahn-Betriebs-Gesellschaft. Die Verhandlungen zogen sich in die Länge. Durch die einsetzende Inflation war nun auch die Lahrer Eisenbahn-Gesellschaft am Ende ihrer Kräfte. Deshalb drängte man auf eine rasche Entscheidung. Noch im Dezember 1922 wurden die Besitzverhältnisse neu geregelt, und das Land Baden übernahm am 30. Juni 1923 75 Prozent der LEG-Aktien. In Kehl war man jedoch damit nicht einverstanden, da man sich von einer Übernahme durch die Reichsbahn grössere Vorteile versprach. Erst nachdem etliche Hindernisse beseitigt werden konnten, entstand Ende 1923 die **Mittelbadische Eisenbahnen AG** mit Sitz in Lahr.

Langsam normalisierten sich die Verhältnisse, und die MEG konnte nach harter Arbeit die Bahn wieder den betrieblichen Erfordernissen anpassen. 1934 wurden die ersten Dieseltriebwagen beschafft, die bis zum Kriegsbeginn 1939 den grössten Teil des Reisezugverkehrs bewältigten. Ende der zwanziger Jahre wurde der Rollwagenverkehr mit Normalspur-Güterwagen eingeführt. Der Zweite Weltkrieg traf die Bahn besonders hart: Die Triebwagen mussten in den Schuppen bleiben, da der nötige Treibstoff fehlte, aber die Dampflok kam wieder zu Ehren. Bei Kriegsende musste Kehl fluchtartig geräumt werden, die Hauptwerkstätte und die Hauptverwaltung, erst 1938 nach Kehl übersiedelt, fielen den Kriegseinwirkungen zum Opfer. Da die Bahn die Brücken meist mit dem Strassenverkehr teilte, wurde durch deren Zerstörung und Sprengung das Streckennetz in mehrere Abschnitte zerlegt. Einmal mehr musste wieder von vorne angefangen werden; Notbrücken wurden errichtet. Nur zu oft mussten die Fahrgäste sicherheitshalber einen Zug verlassen, wenn dieser über eine solche Notbrücke fahren musste, und es verging eine lange Zeit, bis sich die Bahn von diesen Schicksalsschlägen erholte.

Nach dem Krieg befanden sich Bahnanlagen und Oberbau mancher Teilstrecken in einem äusserst schlechten Zustand. Ungünstige Ortsdurchfahrten und schlechte Strassenverhältnisse taten ein übriges. Es hätte sehr grosser Investitionen bedurft, um diese Zustände zu beseitigen. Da diese Mittel fehlten, wurde beschlossen, nach und nach einzelne Streckenabschnitte stillzulegen, als ersten denjenigen von Seelbach nach Lahr ME am 31. März 1952. Es folgten am 1. Juni 1957 Schutterwald–Offenburg, am 15. März 1959 Kehl–Altenheim. Damit war das Netz in zwei Teile zerschnitten. Als die Autobahn Karlsruhe–Basel gebaut wurde, fehlte erneut Geld für eine Brücke, und so legte man einfach den Abschnitt Lahr ME–Altenheim am 1. Oktober 1959 still.

Bis 1961 bestand als Kuriosum noch ein Inselbetrieb zwischen Schutterwald und Altenheim. Nachdem das gesamte Netz südlich von Kehl abgebaut worden war, folgte 1966 bis 1968 die Stillegung Kehl–Freistett in drei Abschnitten. Der Personenverkehr zwischen Rastatt und Schwarzach wurde noch bis April 1970, die Verbindung Bühl–Schwarzach–Freistett noch bis zum 26. September 1970 aufrechterhalten.

Die Dampflokomotiven der MEG

Zur Eröffnung ihrer ersten rechtsrheinischen Strecke von Kehl über Schwarzach nach Bühl, im Jahre 1892, beschaffte die damalige Strassburger Strassenbahn (SSB) vier Lokomotiven mit den Betriebsnummern **41 - 44.** Diese von der Elsässischen Maschinenbau-Gesellschaft, Grafenstaden, gelieferten Maschinen stellten eine Weiterentwicklung von bereits auf dem linksrheinischen Netz der SSB im Einsatz befindlichen Maschinen dar. Für die Betriebseröffnung der Südstrecke von Kehl nach Ottenheim, mit Abzweigung nach Offenburg, am 1. Juni 1898 wurden nochmals fünf Maschinen des gleichen Typs beschafft (Betriebsnummern **45 - 49**). Sie unterschieden sich voneinander nur durch das um eine Tonne erhöhte Dienstgewicht sowie durch ovale Führerstandsfenster, im Gegensatz zu den rechteckigen Fenstern der ersten Serie. 1901 kamen zu diesen Lokomotiven noch zwei Schwestermaschinen mit den Betriebsnummern **50 - 51**. Das Unterscheidungsmerkmal zu allen bisher genannten Maschinen ist hier die nach innen eingezogene Führerhausrückwand. Alle Lokomotiven besassen ursprünglich eine vorgeschriebene Verkleidung des Fahrwerks, welche jedoch später zwecks besserer Zugänglichkeit entfernt wurde.

Für die 1894 eröffnete Strecke Rhein–Ottenheim–Lahr–Seelbach der Lahrer Strassenbahn-Gesellschaft wurden vier Maschinen (B-n2T) von der Maschinenbau-Gesellschaft Karlsruhe beschafft. Die nur zwölf Tonnen schweren Loks mit Innenrahmen und Heusinger-Steuerung waren jedoch zu schwach für den schweren Wagenpark und sehr störungsanfällig. Zwei Maschinen wurden daher bereits um die Jahrhundertwende verkauft. Als Ersatz erschienen zwei Lokomotiven mit den Nummern **5** und **6**, erbaut von der Elsässischen Maschinenbau-Gesellschaft, Grafenstaden. Es handelte sich um den gleichen Typ wie die Loks Nr. 50 und 51 der Strassburger Strassenbahn.

Erst 1928 erhielt die inzwischen geborene Mittelbadische Eisenbahnen AG zwei weitere Maschinen, die von der Strassburger Strassenbahn (jetzt Compagnie des Tramways Strasbourgeois) käuflich erworben wurden. Die Lok Nr. **52** wurde auf dem nördlichen Streckennetz eingesetzt, während Nr. **53** sich auf dem südlichen Abschnitt nützlich machte. Die 1908 von A. Borsig, Berlin-Tegel, gelieferten Maschinen mit 22 Tonnen Dienstgewicht, Aussenzylinder und Heusinger-Steuerung wiesen eine höhere Zugkraft auf als die Grafenstadener Maschinen und stellten so eine willkommene Verstärkung dar. Auch diese beiden Loks besassen bei der Übernahme noch die Triebwerkverkleidung, die dann der besseren Zugänglichkeit wegen entfernt wurde.

Mitte der dreissiger Jahre setzte die Beschaffung von Dieseltriebwagen ein, um den aufwendigen und in Dörfern und Städten lästig empfundenen Dampfbetrieb auf den stärkeren Berufs- und Güterverkehr beschränken zu können. Der folgende Zweite Weltkrieg zwang jedoch wieder zum Einsatz von Dampflokomotiven, da der Dieseltreibstoff knapp wurde und die meisten Triebwagen deshalb im Schuppen bleiben mussten. Auch an Neuanschaffungen von Dampfloks war infolge der wenig hoffnungsvollen militärischen Lage nicht zu denken.

Erst 1948 gelang es wieder, zwei neue Maschinen zu beschaffen. Die von Krauss-Maffei in München-Allach gelieferten, ursprünglich Baulokomotiven, wiesen eine Spurweite von 900 mm auf. Sie besassen Aussenzylinder mit Heusinger-Steuerung und Innenrahmen. Nach der Umspurung verrichteten sie unter der Nr. **54** auf dem Südabschnitt und als Nr. **55** auf dem Nordabschnitt ihren Dienst. Die eisernen Feuerbüchsen bewährten sich nicht und führten zur baldigen Ausmusterung.

Im Jahre 1954 erhielten die noch vorhandenen Dampflokomotiven zum letzten Mal Zuwachs. Von der Oberrheinischen Eisenbahn-Gesellschaft konnte mit der Nr. **101** ein gleicher Typ erworben werden wie die bereits vorhandenen Nummern 54 und 55. Sie unterschied sich von ihren Schwestern nur durch die kupferne Feuerbüchse und diverse kleine bauliche Veränderungen. Laut Aussagen von MEG-Personal soll während des Zweiten Weltkrieges mit der Nr. **67** eine C-n2-Tenderlok (Borsig, 1914) von Strassburg durch die Heeresverwaltung zugeteilt worden sein. Die Maschine sei einer Baulok ähnlich gewesen und habe weder Druckluftbremse noch elektrische Beleuchtung besessen und sei daher nur für den Güterverkehr geeignet gewesen.

Von der seit 1953 ebenfalls der MEG gehörenden Nebenbahn Zell–Todtnau wurde 1955 eine B'B-n4v-T-Mallet-Lok zur Stammbahn nach Schwarzach übergeführt (Nr. **103**). Nach Einbau der Druckluftbremse (bei Zell–Todtnau Saugluftbremsen, System Körting) war sie nur noch bis 1959 im Einsatz, hauptsächlich im Güterverkehr von und zum Flugplatz Söllingen. 1960 wurde sie dann verschrottet.

Diesellokomotiven

Bereits im Jahre 1924 machte man sich ernsthaft Gedanken, wie man auf den weniger stark frequentierten Streckenteilen und im Rangierdienst Einsparungen erzielen könnte, vor allen Dingen, um das ständige Unterdampfhalten einer Maschine für diese Zwecke entbehrlich zu machen, zumal diese Lok jeweils nur für wenige Stunden am Tag benötigt wurde.

1925 entschloss man sich dann zu einem für damalige Verhältnisse kühnen Schritt. Die Diesellokomotive oder Motorlokomotive, wie man sie damals nannte, steckte teilweise noch in den Kinderschuhen, so dass eine Schmalspurmotorlok für den fahrplanmässigen Einsatz im Personen- und Güterverkehr eine kleine Sensation darstellte. Mit der Nr. **61** wurde die Maschine von der Motor-Lokomotiv-Verkaufs-Gesellschaft mbH «Baden», Karlsruhe, abgeliefert. Den Bau führten die Maschinenbaugesellschaft Karlsruhe, die Motorenwerke Mannheim, vorm. Benz, Mannheim, und die Badische Motor-Lokomotivwerke AG, Mosbach/Baden, durch. Ein 90 PS starker Benz-Dieselmotor mit einem Flüssigkeitsgetriebe, Patent Lentz, trieben die zweiachsige Lok über eine Blindwelle an.

In den ersten Jahren verrichtete die Maschine ihren Dienst zur allgemeinen Zufriedenheit, später jedoch häuften sich die Reparaturen, und sie wurde meistens nur noch im Rangierdienst und für Sonderaufträge im Kehler Raum eingesetzt. Mit der Evakuierung von Kehl am 23. November 1944 gelangte sie nach Seelbach bzw. Lahr-Dinglingen. Dort war sie noch ab und zu im Rangierdienst und als Schublok hinter Zügen im Lahrer Stadtgebiet zu sehen. Um 1950/51 wurde die Maschine dann in Lahr-Dinglingen zerlegt.

Erst 1957 kam die zweite Diesellok zur MEG. Die Firma Gmeinder, Mosbach/Baden, lieferte die zweiachsige, diesel-hydraulische Maschine mit der Nr. **V 22 01**. Die 225 PS starke Maschine mit Kardanantrieb versieht derzeit noch ihren Dienst.

1967 erhielt die MEG ihre letzte Schmalspur-Diesellok. Die im Jahre 1952 mit zwei weiteren Schwesterloks erbaute Einheit war ursprünglich für die DB-Schmalspurstrecke Mundenheim–Meckenheim bestimmt. Nach der dortigen Betriebseinstellung kam die Lok Nr. **V 29 952** zur schmalspurigen DB-Strecke Nagold–Altensteig. Nachdem auch diese Strecke 1967 stillgelegt wurde, kaufte sie die MEG und überführte sie in das Bw Schwarzach. Die zweimotorige, 290 PS starke Lok mit der Achsfolge B'+B' und der neuen Betriebsnummer **V 29 01** verrichtet derzeit mit der Lok Nr. V 22 01 den schweren Güterverkehr auf dem nördlichen Abschnitt der Stammbahn.

Beide Maschinen sind mit Funk ausgerüstet und stehen in ständiger Verbindung mit der Zugleitstelle in Schwarzach.

Dieseltriebwagen

Wie schon unter dem Abschnitt «Dampflokomotiven» vermerkt, setzte Mitte der dreissiger Jahre die Beschaffung von Dieseltriebwagen ein.

Mit der Nr. **T 1** trat 1934 der erste Dieseltriebwagen seinen Dienst an, dem bis 1941 noch **sieben** gleichartige Triebwagen folgten. Ab **T 4** wurde lediglich der Achsstand um 50 Zentimeter vergrössert. Die 70 PS starken Triebwagen lieferte die Firma Orenstein & Koppel, in Gemeinschaft mit der Gothaer Waggonfabrik. Die kleinen, wendigen Zweiachsfahrzeuge versahen ihren Dienst teilweise bis zur Einstellung des Personenverkehrs. Dieseltriebwagen **T 7** ist heute noch als Dienstfahrzeug vorhanden. Während und unmittelbar nach dem Zweiten Weltkrieg wurden einige Fahrzeuge mit einer Holzgasanlage System Imbert ausgerüstet. Nachdem wieder genügend Treibstoff vorhanden war, wurden diese Anlagen wieder ausgebaut.

1936 entschloss man sich zur Anschaffung eines grossen, vierachsigen Triebwagens. Der mit Nr. **11** gelieferte Wagen wurde wiederum von Orenstein & Koppel gebaut, aber diesmal in Gemeinschaft mit der Dessauer Waggonfabrik. Einsatzstrecke war die Zweiglinie Altenheim–Offenburg. Die zweimotorige Anlage mit 150 PS befriedigte jedoch nicht und war der Anlass zu häufigen Betriebsstörungen. Während des Zweiten Weltkrieges, als sich ein zunehmender Mangel an Personenwagen bemerkbar machte, wurde die Motorenanlage ausgebaut und das Fahrzeug als Personenwagen Nr. **8** eingesetzt. Der Wagen war noch bis zur Einstellung des Personenverkehrs im September 1970 täglich im Einsatz.

Mit den Nummern **12** und **13** wurden 1938 bzw. 1941 zwei neue vierachsige Triebwagen angeliefert, die von der Triebwagen- und Waggonfabrik Wismar erbaut worden waren. Die 150 PS starken Fahrzeuge, nur einmotorig, haben sich sehr gut bewährt, in den letzten Jahren oftmals auch als Schlepptriebwagen vor schweren Rollwagenzügen. Der **T 13** wurde 1945 bei der Besetzung durch französische Truppen beschlagnahmt und auf der Markolsheimer Strecke der Compagnie des Tramways Strasbourgeois als Nr. **801** eingesetzt, da die elektrische Oberleitung durch Kriegseinwirkungen zerstört worden war. Nach seinem Aufenthalt im Elsass erhielt ihn die MEG wieder zurück, und so versieht er auch heute noch, nach der Einstellung des Personenverkehrs, seinen Dienst vor Stückgutwagen.

Der Dieseltriebwagen T 12 erhielt anfangs der sechziger Jahre eine neue Innenausstattung mit Polstersitzen und hat nach Einstellung des Personenverkehrs eine neue Heimat bei der Inselbahn Juist gefunden.

1955 wurde der letzte Triebwagen mit der Nr. **14** von der Firma H. Fuchs, Heidelberg-Kirchheim, abgeliefert. Auch dieser 180 PS starke, vierachsige Wagen verrichtete treu seinen Dienst bis zur Einstellung des Personenverkehrs. Inzwischen hat auch er die weite Reise bis zur Inselbahn Juist angetreten.

Personenwagen

Auch die Personenwagen der beiden Vorgängergesellschaften wurden in die ins Leben gerufene MEG eingebracht. Die schweren, vierachsigen Wagen der Lahrer Strassenbahn mit ihren offenen Endeinstiegen erhielten neue Aufbauten mit Mitteleinstieg und teilweise einen Gepäckraum. Die ursprünglichen Betriebsnummern wurden beibehalten. Auch die zweiachsigen, strassenbahnähnlichen Wagen der ehemaligen Strassburger Strassenbahn mit ihren offenen Endeinstiegen wurden von der MEG übernommen.

1927/28 beschaffte die MEG erstmals sechs vierachsige Neubauwagen. Mit den Nummern **90 - 95** wurden die Fahrzeuge von der Firma Heine & Holländer, Elze/Hannover, abgeliefert.

Während und nach dem Zweiten Weltkrieg wurden einige Wagen im Eigenbau in der Hauptwerkstatt hergestellt. Als Fahrgestelle dienten ehemalige Güterwagen. Auch zwei Triebwagen wurden nach Ausbau der Motorenanlage in den Personenwagenpark eingereiht. (Weiteres ist aus den Legenden bei den einzelnen Typenzeichnungen ersichtlich.) Die Wagen besassen alle Übergangsbrücken.

Der Anstrich

Alle Personenwagen waren grün bis graugrün gestrichen. Fahrzeuge, die sich auch als Beiwagen für Triebwagen eigneten, erhielten dann einen creme/blauen Anstrich. Anfang der sechziger Jahre erhielten alle noch vorhandenen Trieb- und Personenwagen einen dunkelroten Anstrich. 1967 wurden mit den Nummern **81 - 83** drei vierachsige Personenwagen von der stillgelegten Bahn Zell–Todtnau nach Schwarzach übergeführt. Die sehr geräumigen Fahrzeuge mit ihrem creme/grünen Anstrich versahen hier nach Änderung des Bremssystems ihren Dienst bis zur Einstellung des Personenverkehrs im September 1970.

Güterwagen

Der Güterwagenpark der MEG wurde ebenfalls auf den vorhandenen Fahrzeugen der Vorgängerbahnen aufgebaut und ständig entsprechend erweitert. Wie bei jeder privaten Nebenbahn musste auch hier der Wagenpark jeweils den Betriebsbedürfnissen angepasst werden.

An **Packwagen** waren nur die von der LSB und SSB übernommenen Fahrzeuge vorhanden, die jedoch bald in Spezialwagen für den internen Dienstbetrieb umgerüstet wurden. An ihre Stelle traten die normalen, zweiachsigen Gm-Wagen, die teilweise ein kleines Postabteil besassen. Lediglich die kleinen, zweiachsigen Eigenbau-Packwagen für die Triebwagen verdienen diese Bezeichnung. Besonders auffallend ist die grosse Zahl offener zwei- und vierachsiger Wagen für den witterungsunempfindlichen Massengutverkehr. Daneben nimmt sich die Zahl der gedeckten zwei- und vierachsigen Wagen relativ bescheiden aus.

Ende der zwanziger Jahre wurde bei der MEG der Wagenladungsverkehr mit Normalspurgüterwagen auf Rollwagen (Rollschemel) aufgenommen. Die SSB hatte diesen Spezialverkehr in bescheidenem Umfang bereits früher durchgeführt (vierachsige Wagen mit Steifkupplung). Die von der Waggonfabrik Rastatt an die MEG gelieferten vierachsigen Rollwagen hatten alle das gleiche Aussehen und wurden bis 1967 laufend nachbestellt. Ältere Fahrzeuge wurden teilweise verlängert und verstärkt, um mit der Entwicklung der Normalspur-Güterwagen Schritt zu halten. Sie sind bis auf einige Ausnahmen auch heute noch täglich im Einsatz.

Alle Wagen haben die bei Rollfahrzeugen relativ seltene, fest eingebaute Kupplungsvorrichtung mit Mittelpuffer, so dass das Steifkuppeln mittels einer Stange entfällt. Ragten die Normalspurwagen über die Rollfahrzeuge hinaus, wurde ein sogenannter Schutzwagen dazwischengekuppelt. Heute werden die älteren kurzen Rollwagen als Zwischenfahrzeuge verwendet. Um ein Be- und Entladen mehrerer Rollwagen gleichzeitig an den Kopframpen durchführen zu können, werden die Sicherungssplinte an den Mittelpuffern entfernt, so dass die Wagen Kopf an Kopf zusammengeschoben werden können und eine durchgehende Rollfläche entsteht. Der Rollwagenverkehr wurde auf allen MEG-Strecken durchgeführt (ausgenommen Altenheim–Offenburg).

Umsetzvorrichtungen (Kopframpen) waren in Lahr-Dinglingen, Kehl-Hafen und Rastatt und nach dem Zweiten Weltkrieg für kurze Zeit auch in Bühl vorhanden, heute nur mehr in Bf. Rastatt-Übergabe. Im Kehler Hafengebiet spielte sich bis gegen Kriegsende ebenfalls ein interessanter Rollwagenverkehr ab, jedoch wurden hier nicht Normalspurwagen auf schmalspurige Rollschemel verladen, sondern gerade umgekehrt Schmalspurwagen auf normalspurige Rollwagen. Dieser merkwürdige Betrieb kam daher, dass die MEG zwar ein Anschlussgleis zum Hafen besass, das eigentliche Hafengebiet jedoch nur normalspurige Gleise aufwies. So konnten schmalspurige MEG-Güterwagen unmittelbar am Schiff beladen werden und mittels normalspuriger MEG-Rollwagen bei der Umsetzanlage auf das schmalspurige MEG-Netz übergehen.

Die Wagen mit den Nummern **3, 4, 6 bis 13** waren zweiachsig, Wagen Nr. **5** vierachsig. Die von der Waggonfabrik Rastatt gelieferten Fahrzeuge besassen keine Bremsvorrichtung. An beiden Kopfenden waren bewegliche Klappen angebracht, die mittels Handkurbel bedient wurden.

An Spezialwagen waren vorhanden: Mit den Nummern **400** und **401** (ehemalige Packwagen) Gerätewagen für die Hilfeleistung bei Entgleisungen und für Hebewerkzeuge. Die Nummern **402, 403, 408 bis 411** als Schutzwagen für Rollwagen, ebenso die Nummern **253** und **255.**

Wagen **407** mit Tankaufbau diente als Sprengwagen für die Unkrautvertilgung. Der Behälter ist nach einem Unfall auf den Rollwagen Nr. **31** montiert worden.

An Bahnmeisterwagen waren sieben zweiachsige Wagen mit den Nummern **1 bis 7** vorhanden. Ausserdem besass die MEG mit den Nummern **11** und **12** zwei zweiachsige, offene Normalspur-Güterwagen, die seinerzeit von der Waggonfabrik Danzig geliefert worden waren.

Lieferfirmen

der Mittelbadische Eisenbahnen AG (Stammbahn) und ihrer Vorgängergesellschaften

Elsässische Maschinenbau-Gesellschaft, Grafenstaden
Maschinenbau-Gesellschaft, Karlsruhe
A. Borsig, Lokomotivfabrik, Berlin-Tegel
Krauss-Maffei, München-Allach
Gmeinder & Co., Mosbach/Baden
A. Jung, Lokomotivfabrik, Jungenthal bei Kirchen/Sieg
Orenstein & Koppel AG, Berlin-Drewitz
Gothaer Waggonfabrik AG, Gotha
Dessauer Waggonfabrik AG, Dessau
Triebwagen- und Waggonfabrik AG, Wismar
H. Fuchs, Waggonfabrik AG, Heidelberg-Kirchheim
SA pour l'Exploitation des Chemins de Fer Vicinaux, Louvain/Belgien
Van der Zypen & Charlier, Köln-Deutz
Waggon- und Maschinenbau AG, Görlitz
Heine & Holländer, Elze/Hannover
Gottfried Lindner AG, Ammendorf
Waggonfabrik Rastatt AG, Rastatt/Baden
Both & Tillmann, Dortmund
De Dietrich & Cie, Bad Niederbronn und Reichshofen/Elsass
Düsseldorfer Eisenbahn-Bedarf (vormals Carl Weyer & Co.), Düsseldorf
Waggonfabrik, Weimar
Schmieder & Mayer, Karlsruhe
Etablissements Ragheno, Malines/Belgien

Um- und Neubauten wurden auch in den Hauptwerkstätten der jeweiligen Bahnverwaltung durchgeführt.

MEG-Gattungsbezeichnungen und Ladegewichte für Güterwagen

Schmalspur (1000 mm)

Pw	Gepäckwagen für Triebwagen, zweiachsig	3000 kg
PwP	Gepäckwagen für Triebwagen, zweiachsig, mit kleinem Postabteil	3000 kg
Gm	Güterwagen, gedeckt, zweiachsig	10 000 kg
GG	Güterwagen, gedeckt, vierachsig	10 000 kg
GGm	Güterwagen, gedeckt, vierachsig	15 000 kg
GGmm	Güterwagen, gedeckt, vierachsig	20 000 kg
O	Güterwagen, offen, Niederbord, zweiachsig	5000 kg
Om	Güterwagen, offen, Nieder- und Mittelbord, zweiachsig	10 000 kg
Vom	Güterwagen, offen, Hochbord, zweiachsig	10 000 kg
OOm	Güterwagen, offen, Hochbord, vierachsig	15 – 17 500 kg
OOmm	Güterwagen, offen, Hochbord, vierachsig	20 000 kg
HH	Güterwagen (Plattformwagen), zweiachsig (Langholzwagen mit Drehschemel und Kuppelstangen)	10 000 kg
RR	Güterwagen (Rungenwagen), vierachsig	10 000 kg
Sw	Spezialwagen, zweiachsig (Sprengwagen, Schutzwagen usw.)	3 – 13 500 kg
R	Rollwagen (alte Gattungsbezeichnung)	32 000 – 72 000 kg
Ro	Rollwagen (neue Gattungsbezeichnung), vierachsig, zur Beförderung von Normalspurwagen	
ohne Bez., nur mit Nr.	Bahnmeisterwagen, zweiachsig	2500 – 5000 kg

Normalspur (1435 mm)

R	Rollwagen, zwei- und vierachsig, zur Beförderung von Schmalspurwagen	17 000 – 30 000 kg
O, OP	Güterwagen, offen, zweiachsig	15 000 kg

Typenzeichnungen und technische Daten

MITTELBADISCHE
EISENBAHNEN AG
763 LAHR/SCHWARZWALD

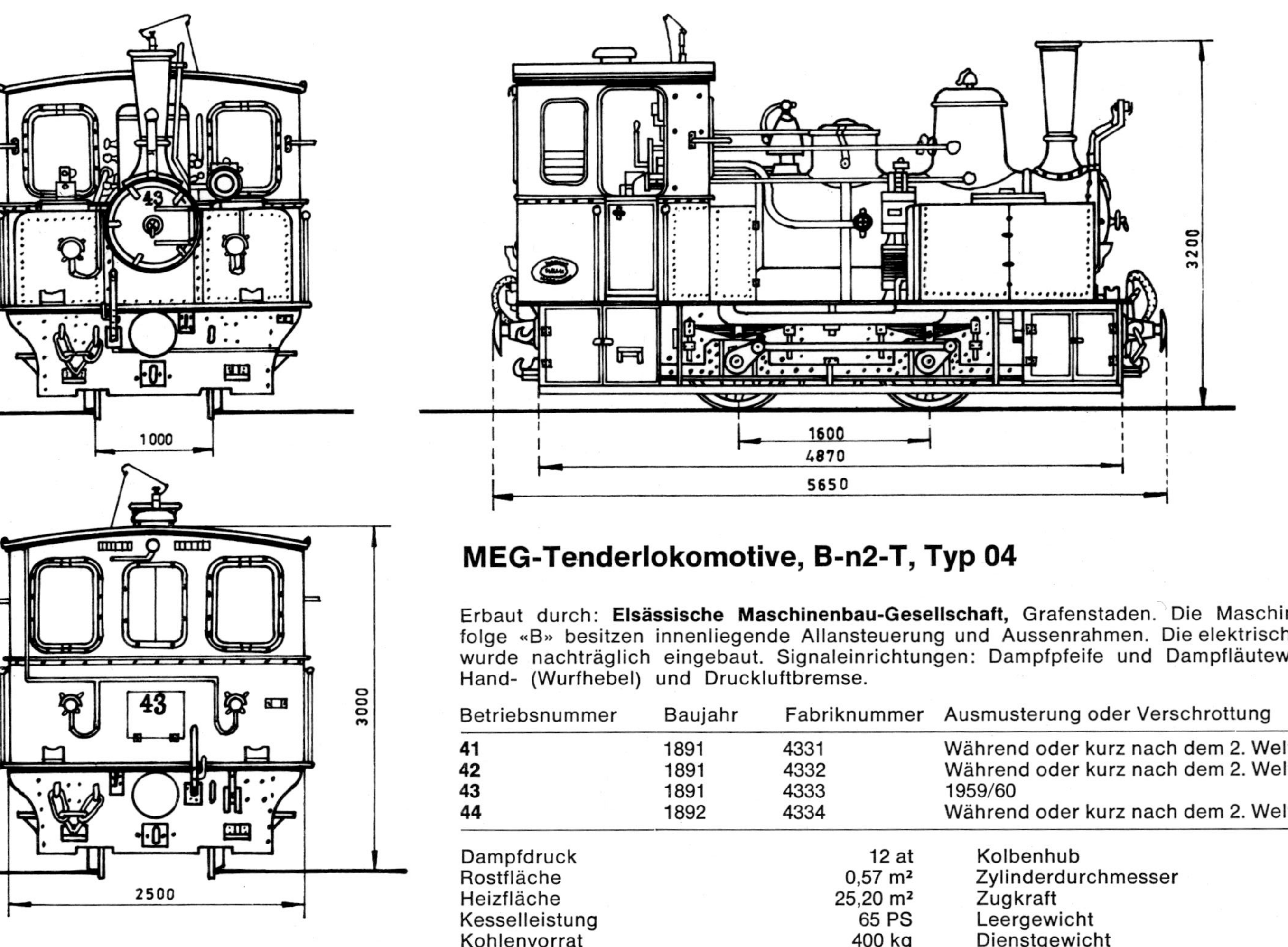

MEG-Tenderlokomotive, B-n2-T, Typ 04

Erbaut durch: **Elsässische Maschinenbau-Gesellschaft,** Grafenstaden. Die Maschinen mit Achsfolge «B» besitzen innenliegende Allansteuerung und Aussenrahmen. Die elektrische Beleuchtung wurde nachträglich eingebaut. Signaleinrichtungen: Dampfpfeife und Dampfläutewerk. Bremsen: Hand- (Wurfhebel) und Druckluftbremse.

Betriebsnummer	Baujahr	Fabriknummer	Ausmusterung oder Verschrottung
41	1891	4331	Während oder kurz nach dem 2. Weltkrieg
42	1891	4332	Während oder kurz nach dem 2. Weltkrieg
43	1891	4333	1959/60
44	1892	4334	Während oder kurz nach dem 2. Weltkrieg

Dampfdruck	12 at	Kolbenhub	320 mm
Rostfläche	0,57 m²	Zylinderdurchmesser	270 - 275 mm
Heizfläche	25,20 m²	Zugkraft	ca. 1996 kg
Kesselleistung	65 PS	Leergewicht	13 970 kg
Kohlenvorrat	400 kg	Dienstgewicht	16 860 kg
Wasservorrat	1930 l	Höchstgeschwindigkeit	50 km

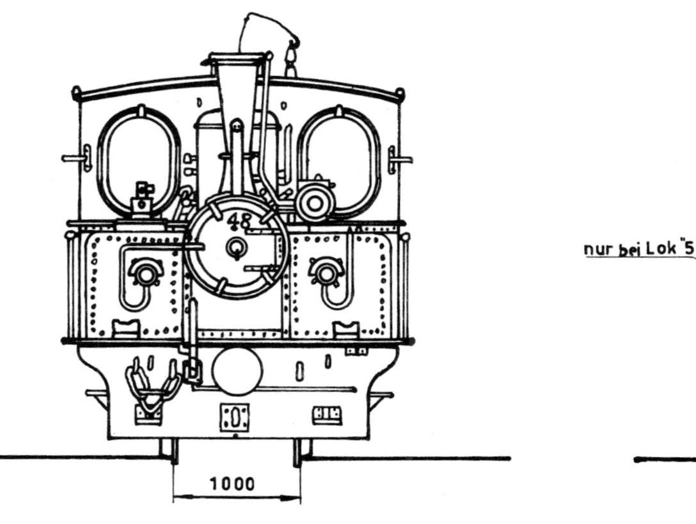

MEG-Tenderlok, B-n2-T, Typ 04

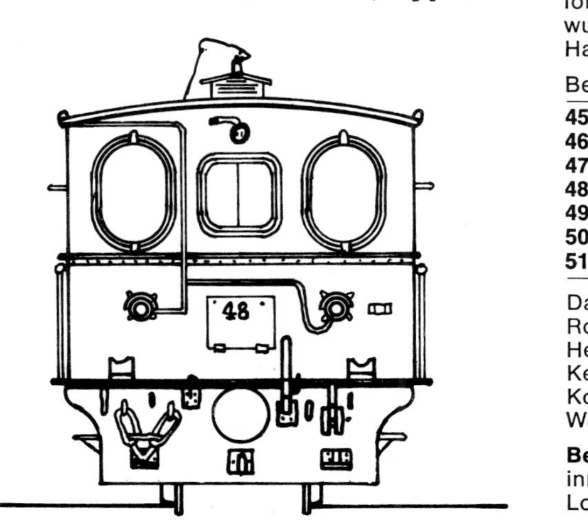

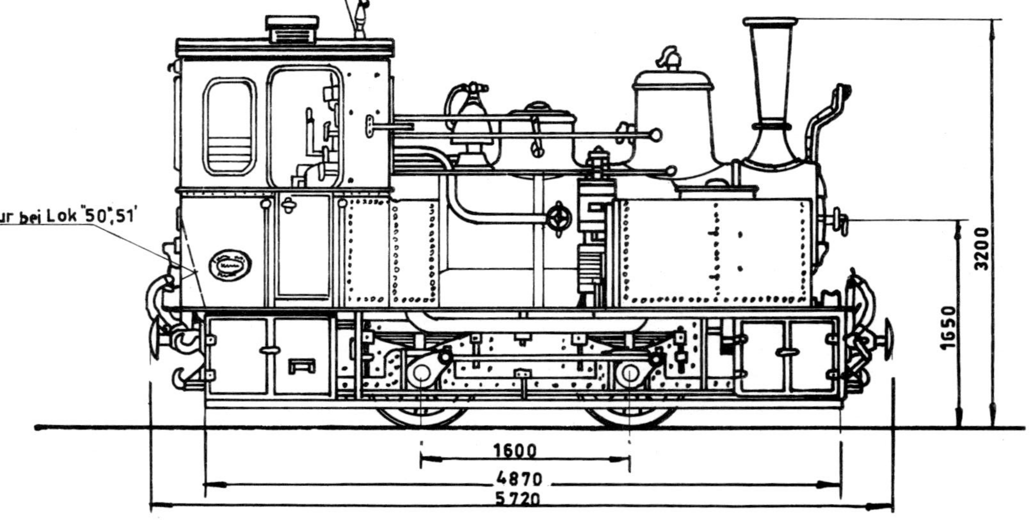

Erbaut durch: **Elsässische Maschinenbau-Gesellschaft,** Grafenstaden. Die Maschinen mit Achsfolge «B» besitzen innenliegende Allansteuerung und Aussenrahmen. Die elektrische Beleuchtung wurde nachträglich eingebaut. Signaleinrichtungen: Dampfpfeife und Dampfläutewerk. Bremsen: Hand- (Wurfhebel) und Druckluftbremse.

Betriebsnummer	Baujahr	Fabriknummer	Ausmusterung oder Verschrottung
45	1898	4804	1953
46	1898	4805	1969 verkauft an DGEG
47	1898	4806	Während oder kurz nach dem 2. Weltkrieg
48	1898	4807	1959
49	1898	4808	1956
50	1901	5070	1945, angeblich nach Strassburg
51	1901	5071	Während oder kurz nach dem 2. Weltkrieg

Dampfdruck	12 at	Kolbenhub	320 mm
Rostfläche	0,57 m²	Zylinderdurchmesser	266–272 mm
Heizfläche	25,20 m²	Zugkraft	1771–1838 kg
Kesselleistung	65 PS	Leergewicht	15 150 kg
Kohlenvorrat	400 kg	Dienstgewicht	17 920 / 18 850 kg
Wasservorrat	2150–2600 l	Höchstgeschwindigkeit	50 km

Bemerkungen: Lok 50 und 51 besassen im Gegensatz zu den anderen Maschinen eine nach innen eingezogene Führerhausrückwand, die noch bis Mitte der dreissiger Jahre vorhandenen Loks 5 und 6 der ehemaligen Lahrer Strassenbahn-Gesellschaft hatten das gleiche Aussehen.

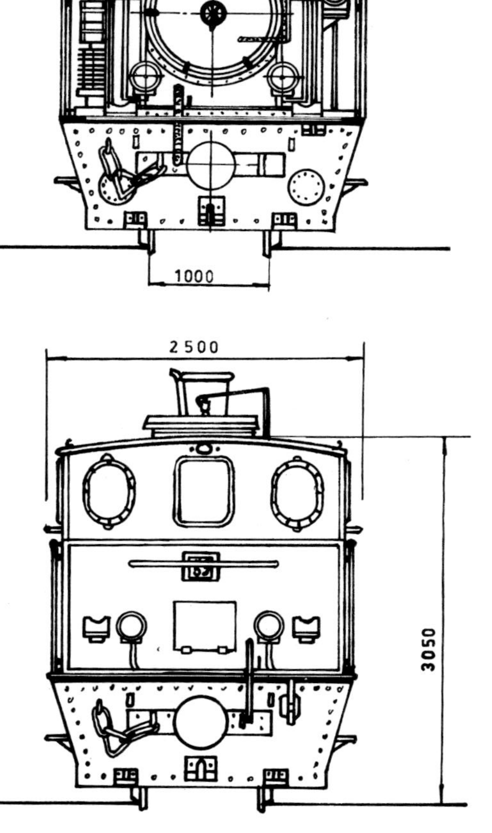

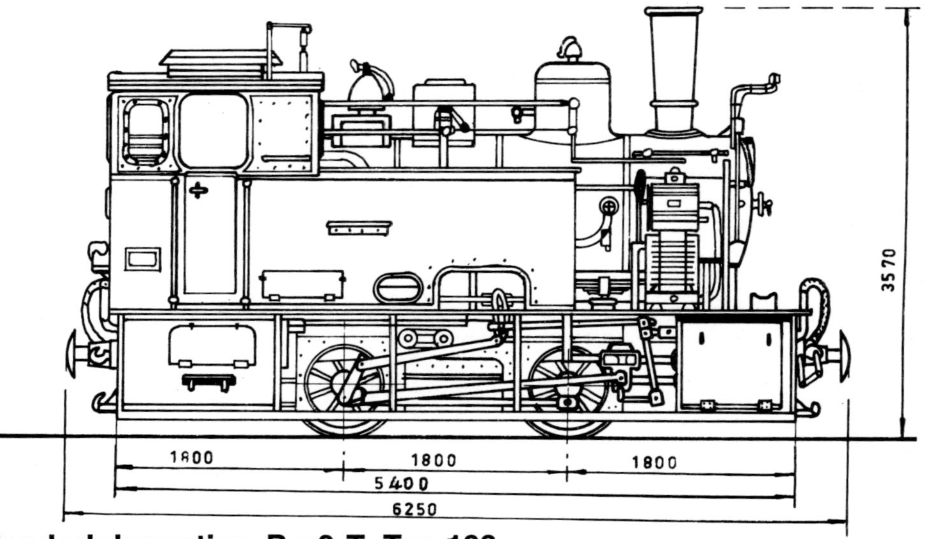

MEG-Tenderlokomotive, B-n2-T, Typ 183

Erbaut durch: **A. Borsig,** Lokomotivfabrik, Berlin-Tegel. Diese Maschinen mit Achsfolge «B» besitzen aussenliegende Heusinger-Steuerung und Aussenrahmen. Die elektrische Beleuchtung wurde nachträglich eingebaut. Signaleinrichtungen: Dampfpfeife und Dampfläutewerk. Bremsen: Hand- (Wurfhebel) und Druckluftbremse.

Betriebsnummer	Baujahr	Fabriknummer	Ausmusterung oder Verschrottung
52	1908	6688	1954
53	1908	6689	1958

Dampfdruck	14 at	Kolbenhub	340 mm
Rostfläche	0,70 m²	Zylinderdurchmesser	284–285 mm
Heizfläche	32 m²	Zugkraft	2621–2640 kg
Kesselleistung	100 PS	Leergewicht	17 400 kg
Kohlenvorrat	650 kg	Dienstgewicht	22 000 kg
Wasservorrat	3000 l	Höchstgeschwindigkeit	50 km

Bemerkungen: Beide Maschinen wurden 1928 von der Strassburger Strassenbahn (Compagnie des Tramways Strasbourgeois) gebraucht gekauft.

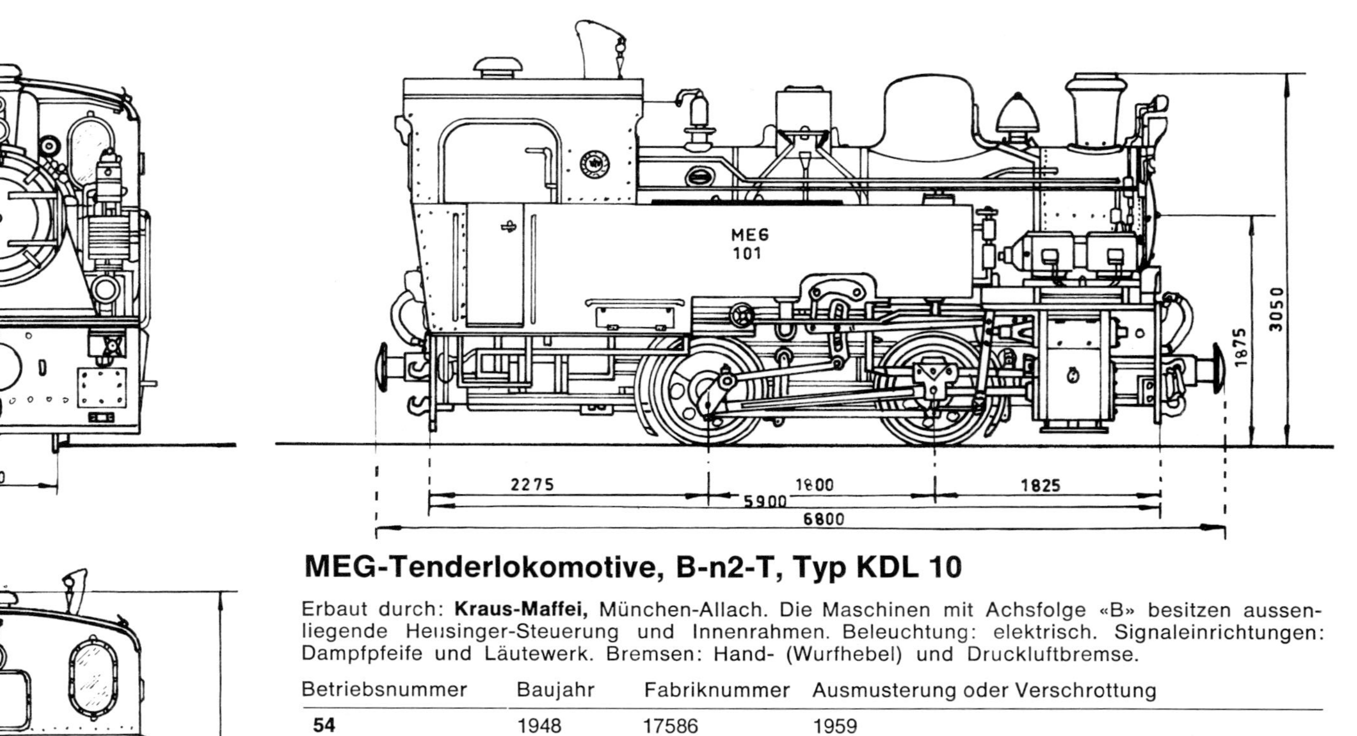

MEG-Tenderlokomotive, B-n2-T, Typ KDL 10

Erbaut durch: **Kraus-Maffei,** München-Allach. Die Maschinen mit Achsfolge «B» besitzen aussenliegende Heusinger-Steuerung und Innenrahmen. Beleuchtung: elektrisch. Signaleinrichtungen: Dampfpfeife und Läutewerk. Bremsen: Hand- (Wurfhebel) und Druckluftbremse.

Betriebsnummer	Baujahr	Fabriknummer	Ausmusterung oder Verschrottung
54	1948	17586	1959
55	1948	17587	1956
101	1948	17627	1969 verkauft an Eurovapor

Dampfdruck	13 at	Kolbenhub	430 mm
Rostfläche	1,00 m²	Zylinderdurchmesser	340 mm
Heizfläche	47,40 m²	Leergewicht	19 000 kg
Kohlenvorrat	800 kg	Dienstgewicht	23 900 kg
Wasservorrat	2660 l	Höchstgeschwindigkeit	50 km

Bemerkungen: Die Loks unterscheiden sich durch kleine bauliche Verschiedenheiten. Die Maschinen 54 und 55 besassen eine Eisenfeuerbüchse, Nr. 101 eine Kupferfeuerbüchse. Lok 101 wurde erst 1954 von der Oberrheinischen Eisenbahn-Gesellschaft gebraucht gekauft. Alle Maschinen waren als Baulokomotiven für 900-mm-Spur entwickelt worden und wurden nachträglich auf 1000 mm umgespurt.

Dieselmechanischer MEG-Triebwagen, zweiachsig

Erbaut durch: **Orenstein & Koppel,** Berlin-Drewitz, in Gemeinschaft mit der Gothaer Waggonfabrik AG, Gotha.

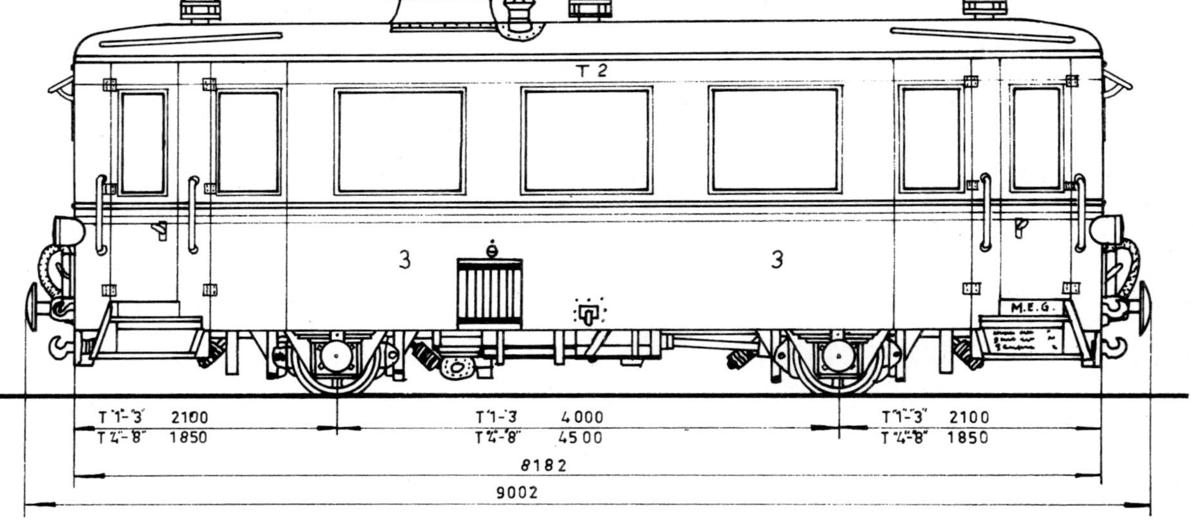

Beleuchtung: elektrisch. Heizungssystem: NARAG. Signaleinrichtungen: Druckluftpfeife und Läutewerk. Bremsen: Hand- und Druckluftbremse.

Betriebsnummer	Baujahr	Ausmusterung oder Verschrottung
T 1	1934	1949 umgebaut in Personenwagen 27
T 2	1934	1947
T 3	1934	1962
T 4	1935	1966
T 5	1935	1969
T 6	1936	1967
T 7	1939	Noch vorhanden, als Dienstfahrzeug
T 8	1941	1969

Motor	Daimler-Benz, O.M. 65	Drehzahl	2000 U/min
Anzahl der Zylinder	4	Leistung des Motors	70 PS
Anzahl der angetriebenen Achsen	1	Sitzplätze	33
Zylinderbohrung	110 mm	Stehplätze	27
Kolbenhub	130 mm	Eigengewicht	7950–8300 kg
Hubraum	5000 cm³	Höchstgeschwindigkeit	55 km

Bemerkungen: Die Triebwagen gleichen sich alle. Ab T4 wurde lediglich der Achsstand um 50 Zentimeter vergrössert. T8 brannte 1953 in der Schwarzacher Werkstatt aus, wurde danach jedoch wieder aufgearbeitet.

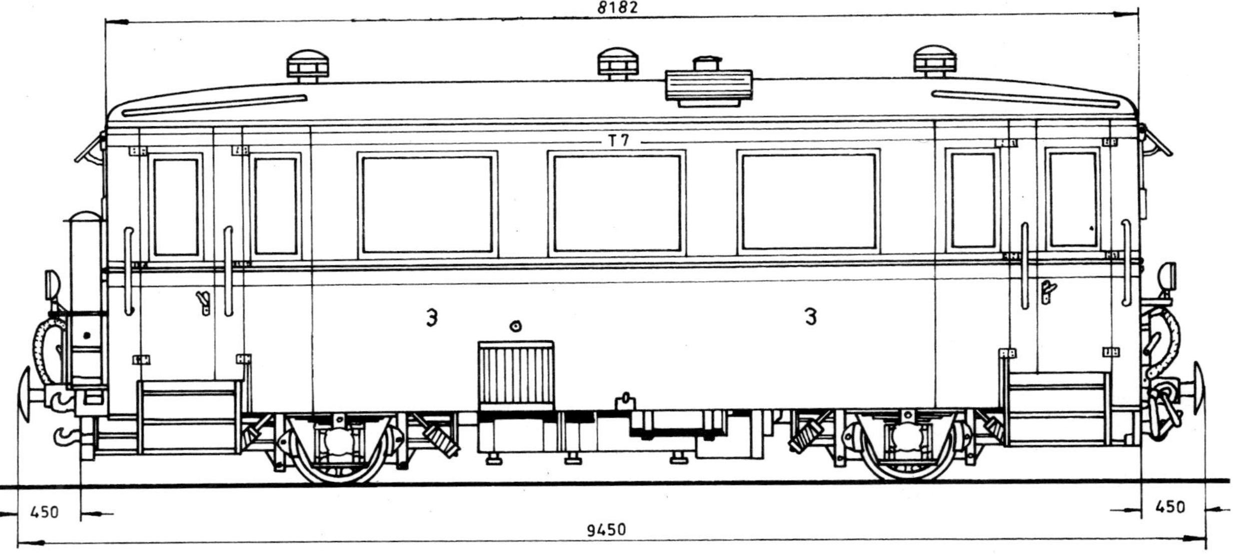

Dieselmechanischer MEG-Triebwagen, zweiachsig

1942–1948 mit Holzgasanlage, System **Imbert**

Bemerkungen: Bedingt durch die Treibstoffknappheit während und unmittelbar nach dem Zweiten Weltkrieg, wurden einige Triebwagen auf Holzgasbetrieb umgestellt. Zu diesem Zweck wurde der Rahmen vor der Pufferbohle verlängert, um die Holzgasanlage Systme Imbert aufnehmen zu können. Nach 1948 wurden die Wagen wieder auf den normalen Dieselbetrieb umgestellt.

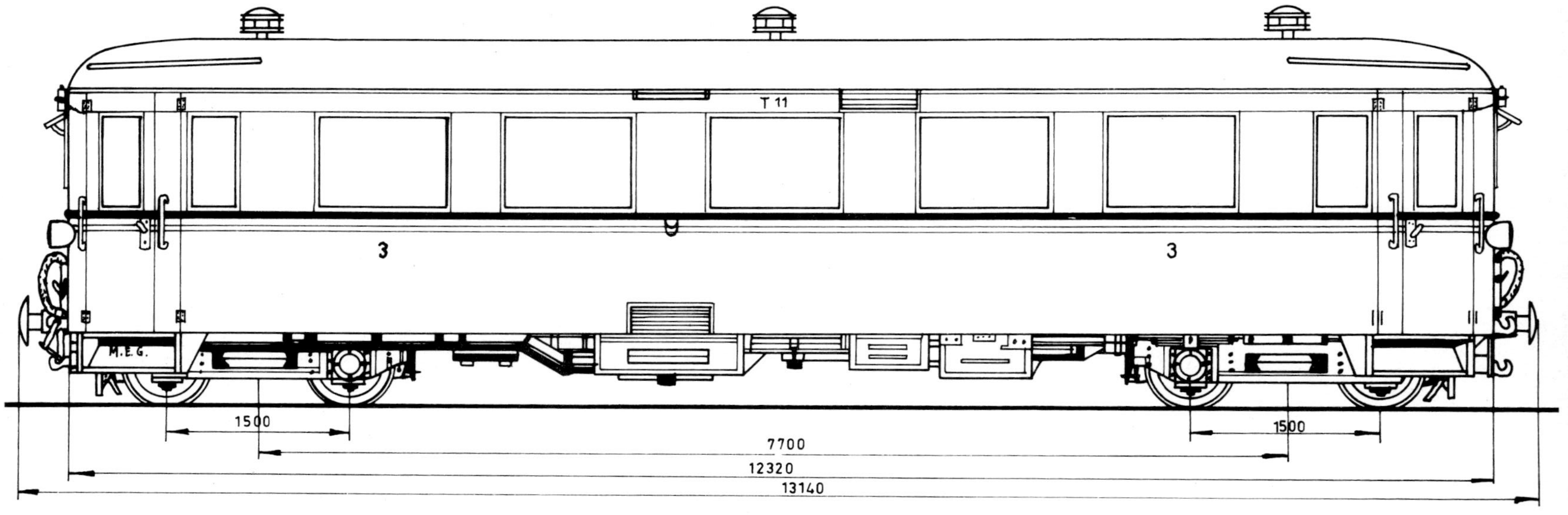

Dieselmechanischer MEG-Triebwagen, vierachsig

Erbaut durch: **Orenstein & Koppel,** Berlin-Drewitz, in Gemeinschaft mit der Dessauer Waggonfabrik AG, Dessau.
Beleuchtung: elektrisch. Heizungssystem: NARAG. Signaleinrichtungen: Druckluftpfeife und Läutewerk. Bremsen: Hand- und Druckluftbremse.

Betriebsnummer	Baujahr	Ausmusterung oder Verschrottung
11	1936	1942/43 umgebaut in Personenwagen Nr. 8

Motoren	2 x Daimler-Benz, 0.M. 67	Drehzahl	2000 U/min
Anzahl der Zylinder je Motor	6	Leistung der Motoren	150 PS
Anzahl der angetriebenen Achsen je Drehgestell	1	Raddurchmesser	700 mm
Zylinderbohrung	110 mm	Sitzplätze	50
Kolbenhub	130 mm	Stehplätze	22
Hubraum	7400 cm³	Eigengewicht	16 000 kg
		Höchstgeschwindigkeit	62 km

Bemerkungen: Die zweimotorige Anlage dieses Fahrzeuges hat sich nicht bewährt. 1942/43 wurden die Motoren ausgebaut und das Fahrzeug als Personenwagen Nr. 8 eingesetzt. Der Wagen ist noch vorhanden.

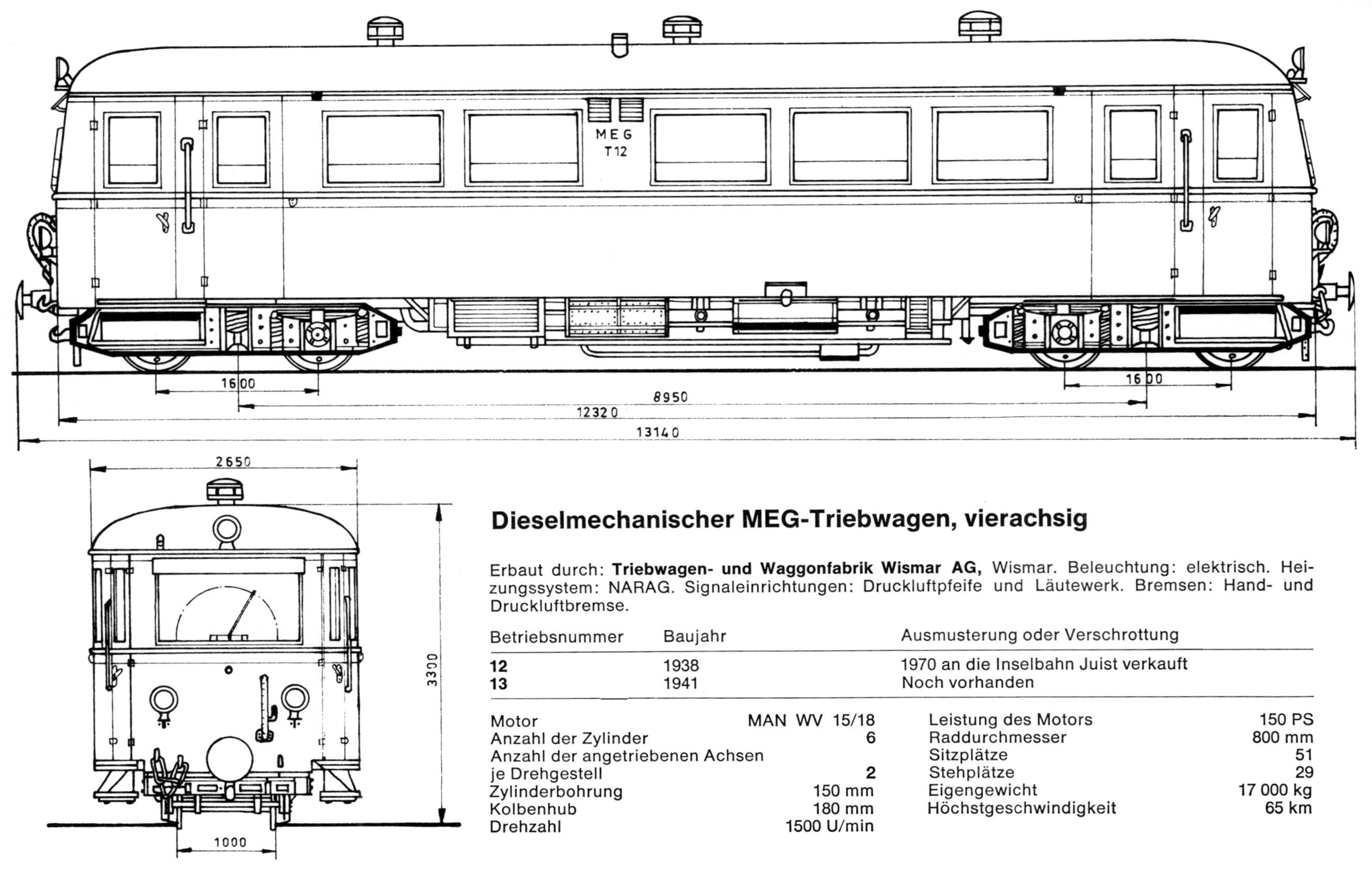

Dieselmechanischer MEG-Triebwagen, vierachsig

Erbaut durch: **Triebwagen- und Waggonfabrik Wismar AG,** Wismar. Beleuchtung: elektrisch. Heizungssystem: NARAG. Signaleinrichtungen: Druckluftpfeife und Läutewerk. Bremsen: Hand- und Druckluftbremse.

Betriebsnummer	Baujahr	Ausmusterung oder Verschrottung
12	1938	1970 an die Inselbahn Juist verkauft
13	1941	Noch vorhanden

Motor	MAN WV 15/18	Leistung des Motors	150 PS
Anzahl der Zylinder	6	Raddurchmesser	800 mm
Anzahl der angetriebenen Achsen je Drehgestell	**2**	Sitzplätze	51
Zylinderbohrung	150 mm	Stehplätze	29
Kolbenhub	180 mm	Eigengewicht	17 000 kg
Drehzahl	1500 U/min	Höchstgeschwindigkeit	65 km

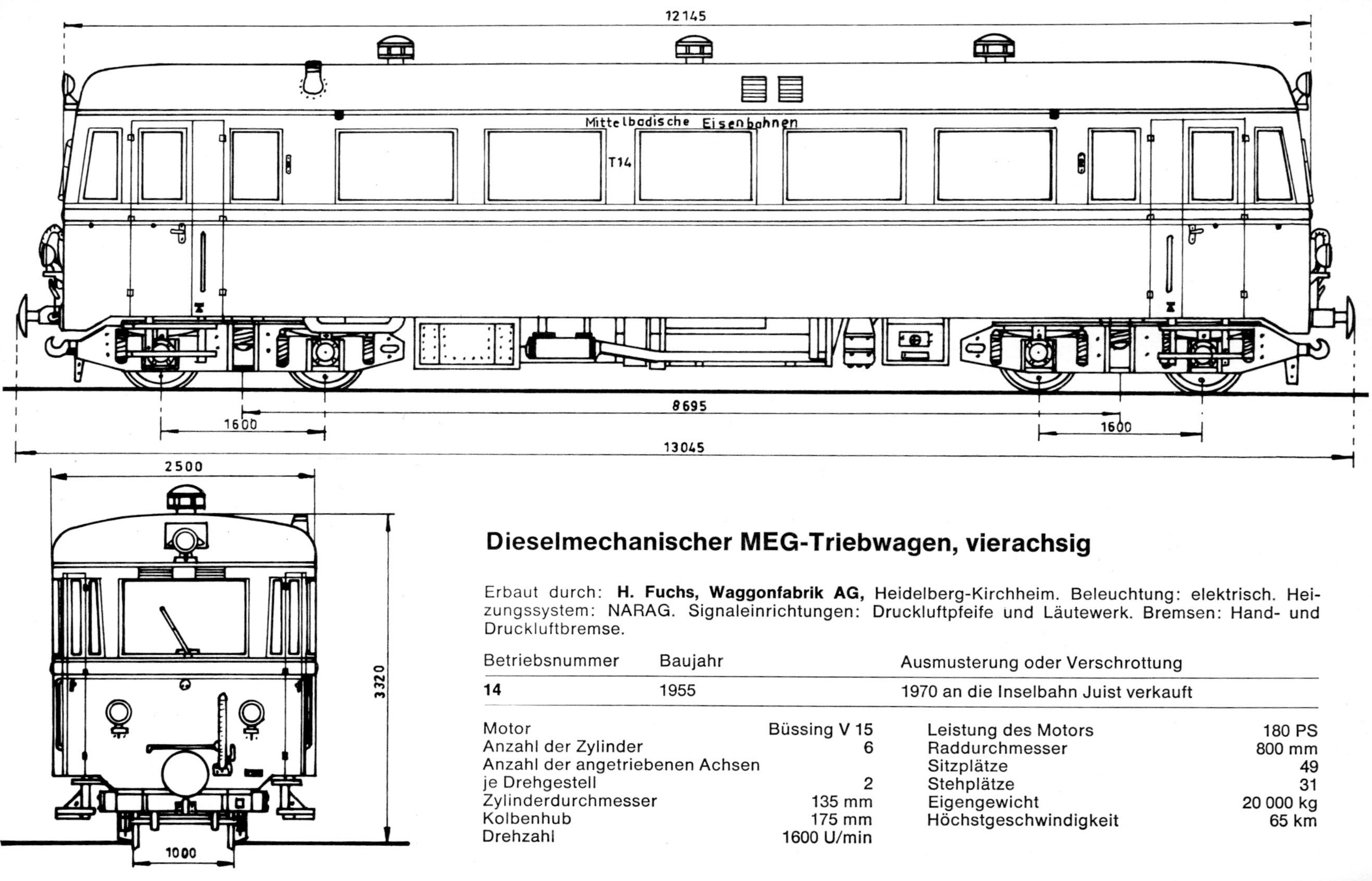

Dieselmechanischer MEG-Triebwagen, vierachsig

Erbaut durch: **H. Fuchs, Waggonfabrik AG,** Heidelberg-Kirchheim. Beleuchtung: elektrisch. Heizungssystem: NARAG. Signaleinrichtungen: Druckluftpfeife und Läutewerk. Bremsen: Hand- und Druckluftbremse.

Betriebsnummer	Baujahr	Ausmusterung oder Verschrottung
14	1955	1970 an die Inselbahn Juist verkauft

Motor	Büssing V 15	Leistung des Motors	180 PS
Anzahl der Zylinder	6	Raddurchmesser	800 mm
Anzahl der angetriebenen Achsen je Drehgestell	2	Sitzplätze	49
		Stehplätze	31
Zylinderdurchmesser	135 mm	Eigengewicht	20 000 kg
Kolbenhub	175 mm	Höchstgeschwindigkeit	65 km
Drehzahl	1600 U/min		

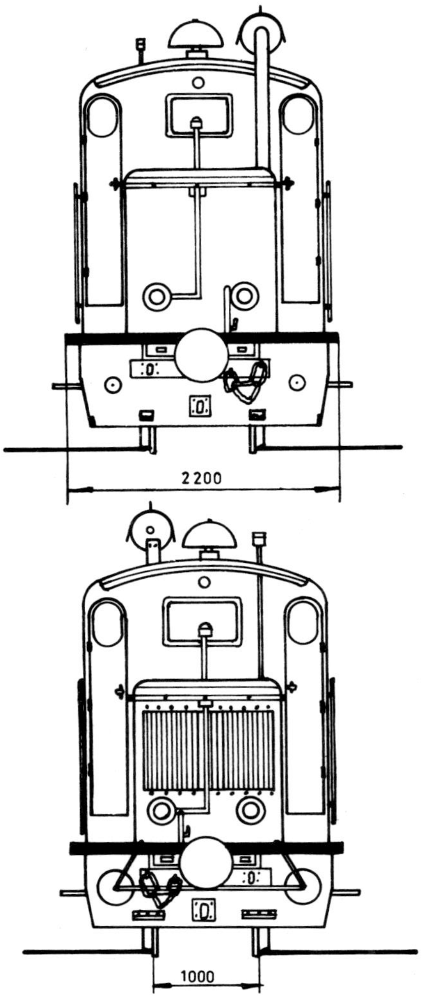

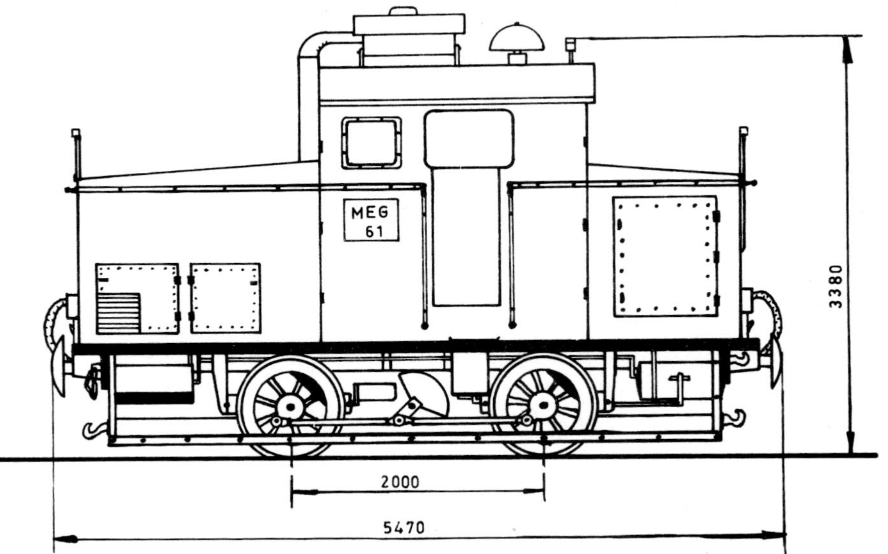

MEG-Motorlokomotive (Rohöl) mit Flüssigkeitsgetriebe, Typ «Baden»

Erbaut durch: **Maschinenbau-Gesellschaft,** Karlsruhe, **Motorenwerke AG,** Mannheim, **Badische Motor-Lokomotivwerke AG,** Mosbach/Baden. Geliefert durch: **Motor-Lokomotiv-Verkaufs-Gesellschaft mbH,** Karlsruhe. Die Maschine mit der Achsfolge «B» wird über Blindwelle und Kuppelstangen angetrieben. Beleuchtung: elektrisch. Signaleinrichtungen: Druckluftpfeife und Läutewerk. Bremsen: Hand- und Druckluftbremse.

Betriebsnummer	Baujahr	Ausmusterung oder Verschrottung
61	1925	1950

Motor	Benz (Rohöl)	Leistung des Motors	90 PS
Anzahl der Zylinder	6	Zugkraft	ca. 1500 kg
Getriebe	Vier-Stufen Flüssigkeits-Getriebe, Bauart «Lentz»	Raddurchmesser	880 mm
		Treibstoffvorrat	160 l
Zylinderdurchmesser	160 mm	Wasservorrat	200 l
Kolbenhub	240 mm	Leergewicht	17 640 kg
Drehzahl	500 U/min	Dienstgewicht	18 000 kg

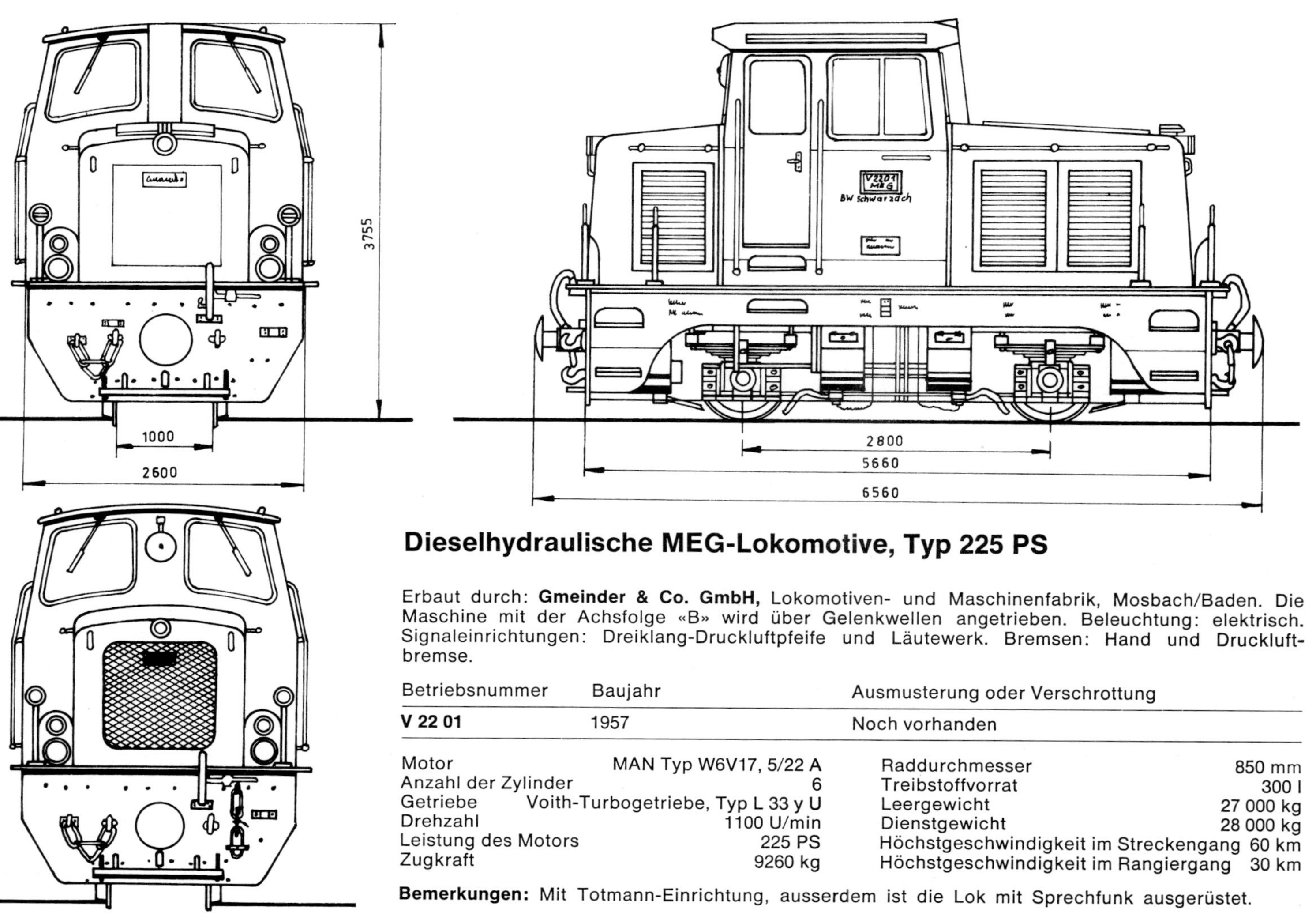

Dieselhydraulische MEG-Lokomotive, Typ 225 PS

Erbaut durch: **Gmeinder & Co. GmbH,** Lokomotiven- und Maschinenfabrik, Mosbach/Baden. Die Maschine mit der Achsfolge «B» wird über Gelenkwellen angetrieben. Beleuchtung: elektrisch. Signaleinrichtungen: Dreiklang-Druckluftpfeife und Läutewerk. Bremsen: Hand und Druckluftbremse.

Betriebsnummer	Baujahr	Ausmusterung oder Verschrottung
V 22 01	1957	Noch vorhanden

Motor	MAN Typ W6V17, 5/22 A	Raddurchmesser	850 mm
Anzahl der Zylinder	6	Treibstoffvorrat	300 l
Getriebe	Voith-Turbogetriebe, Typ L 33 y U	Leergewicht	27 000 kg
Drehzahl	1100 U/min	Dienstgewicht	28 000 kg
Leistung des Motors	225 PS	Höchstgeschwindigkeit im Streckengang	60 km
Zugkraft	9260 kg	Höchstgeschwindigkeit im Rangiergang	30 km

Bemerkungen: Mit Totmann-Einrichtung, ausserdem ist die Lok mit Sprechfunk ausgerüstet.

Dieselhydraulische MEG-Lokomotive, Typ V 29

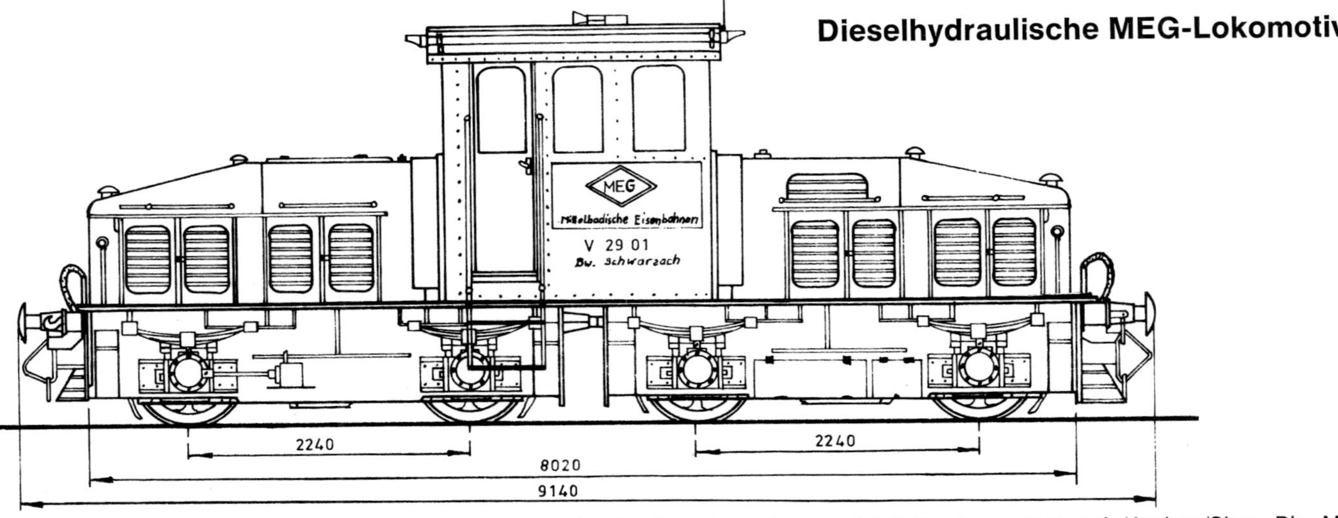

Erbaut durch: **Arn. Jung, Lokomotivfabrik,** Jungenthal bei Kirchen/Sieg. Die Maschine mit der Achsfolge «B'+B'» wird über Duplex-Ketten angetrieben. Beleuchtung: elektrisch. Signaleinrichtungen: Zwei Druckluftpfeifen und Läutewerk. Bremsen: Hand- und Druckluftbremse.

Betriebsnummer	Baujahr	Ausmusterung oder Verschrottung
V 29 01	1952	Noch vorhanden

Motoren	2 x Klöckner-Humboldt-Deutz, Typ A 8 L 614	Leistung	2 x 145 PS = 290 PS
Anzahl der Zylinder je Motor	8	Zugkraft	9330 kg
Getriebe	Voith-Turbogetriebe, Typ L 33 y	Raddurchmesser	850 mm
Hilfsmotor	Klöckner-Humboldt-Deutz, Typ A 2 L 514	Treibstoffvorrat	600 l
		Leistung des Hilfsmotors	25 PS
Zylinderbohrung	110 mm	Leergewicht	26 000 kg
Kolbenhub	140 mm	Dienstgewicht	28 000 kg
Drehzahl	2000 U/min	Höchstgeschwindigkeit	40 km

Bemerkungen: Mit Totmann-Einrichtung, ausserdem ist die Lok mit Sprechfunk ausgerüstet.

Bei dieser Lok handelt es sich um die ehemalige V 29 952 der DB. Ursprünglich mit zwei weiteren Exemplaren erbaut für die Strecke Mundenheim–Meckenheim, kam sie zur Schmalspurstrecke Nagold–Altensteig und nach deren Stillegung im Jahre 1967 zur MEG.

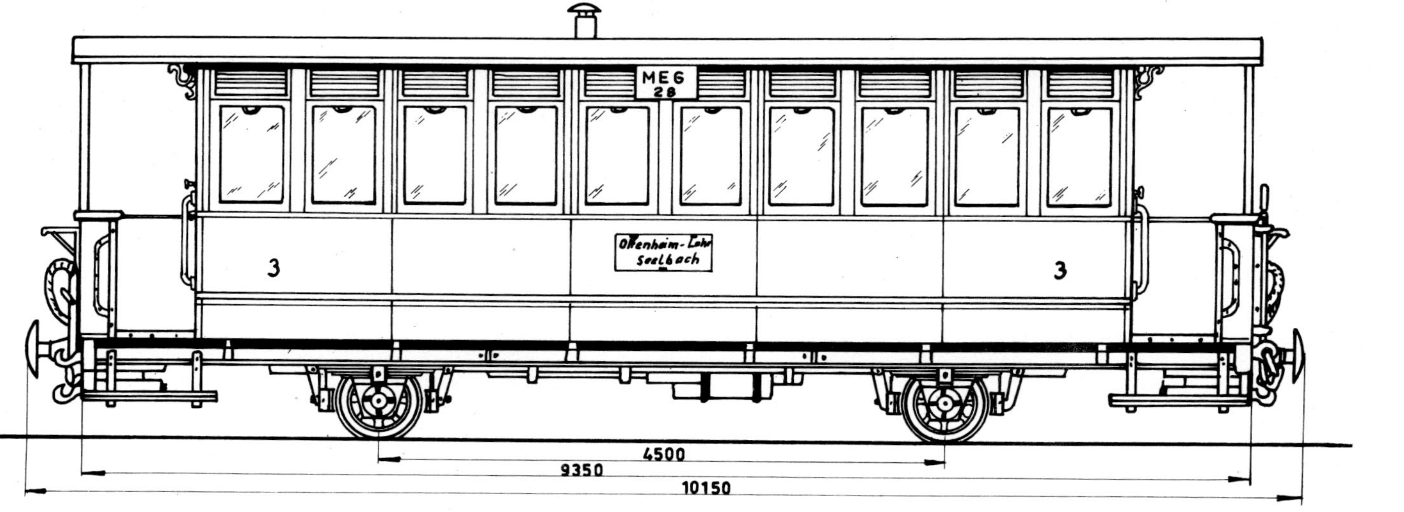

MEG-Personenwagen, zweiachsig, Gattung Bi (bis 1939 BCi und Ci)

Erbaut durch: **SA pour l'Exploitation des Chemins de Fer Vicinaux,** Louvain/Belgien.
Beleuchtung: elektrisch. Heizung: Dampf-, teilweise auch Ofenheizung, Bremsen: Hand- (Spindel) und Druckluftbremse.

Betriebsnummer	Baujahr	Ausmusterung oder Verschrottung
28	1897	Während oder kurz nach dem 2. Weltkrieg
29	1897	Während oder kurz nach dem 2. Weltkrieg
30	1897	Während oder kurz nach dem 2. Weltkrieg
33	1897	Während oder kurz nach dem 2. Weltkrieg
36	1897	Während oder kurz nach dem 2. Weltkrieg
37	1897	Während oder kurz nach dem 2. Weltkrieg

Eigengewicht	7600 kg	Sitzplätze	40
Raddurchmesser	680 mm	Stehplätze	16

Bemerkungen: Die Wagen 29 und 33 hatten eine zusätzliche Ofenheizung und konnten auch als Triebwagen-Anhänger verwendet werden.

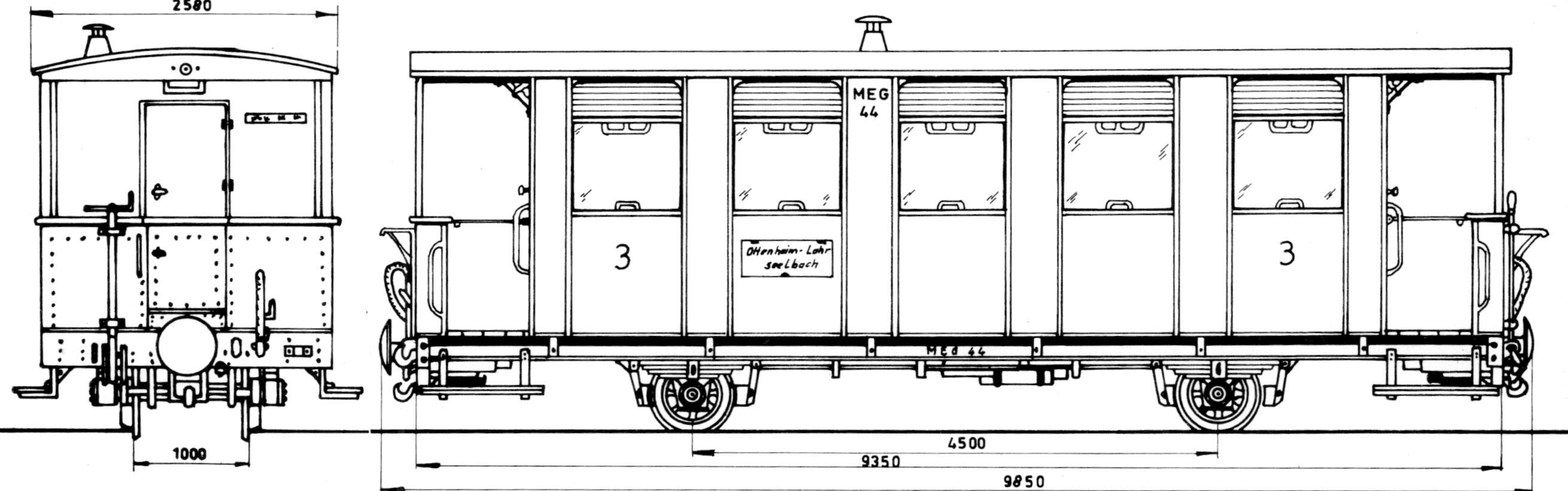

MEG-Personenwagen, zweiachsig, Gattung Bi (bis 1939 BCi und Ci)

Erbaut durch: **Strassburger Strassenbahn,** Hauptwerkstatt Strassburg (Wagen Nr. 44–47, 59, 88 und 89), und **Waggonfabrik Rastatt AG,** Rastatt/Baden (Wagen Nr. 54–57).
Beleuchtung: elektrisch. Heizung: Dampf- und Ofenheizung. Bremsen: Hand- (Spindel) und Druckluftbremse.

Betriebsnummer	Baujahr	Ausmusterung oder Verschrottung
44	1909	Nach 1961
45	1909	1970 verkauft an Geilenkirchener Kreisbahn
46	1909	Nach 1961
47	1909	Während oder nach dem 2. Weltkrieg
54	1914	1970 verkauft an Geilenkirchener Kreisbahn
55	1914	Während oder nach dem 2. Weltkrieg
56	1914	1970 verkauft an Geilenkirchener Kreisbahn
57	1914	Nach 1961
59	1909	Unfallverlust (13. 3. 1970)
88	1909	Während oder nach dem 2. Weltkrieg
89	1909	Während oder nach dem 2. Weltkrieg

Bemerkungen: Alle Wagen, ausser Nr. 89, hatten eine zusätzliche Ofenheizung und konnten auch als Triebwagen-Anhänger verwendet werden.

Sitzplätze	40
Stehplätze	16
Eigengewicht	8500 kg
Raddurchmesser	680 mm

Für die Wagen Nr. 59, 88 und 89 gelten folgende Daten:

Sitzplätze	36
Stehplätze	16
Länge über Puffer	10 450 mm
Länge ohne Puffer	9750 mm
Eigengewicht	9000 kg

Alle anderen Angaben sind mit denen der Wagen Nr. 44–47 und 55–57 identisch.

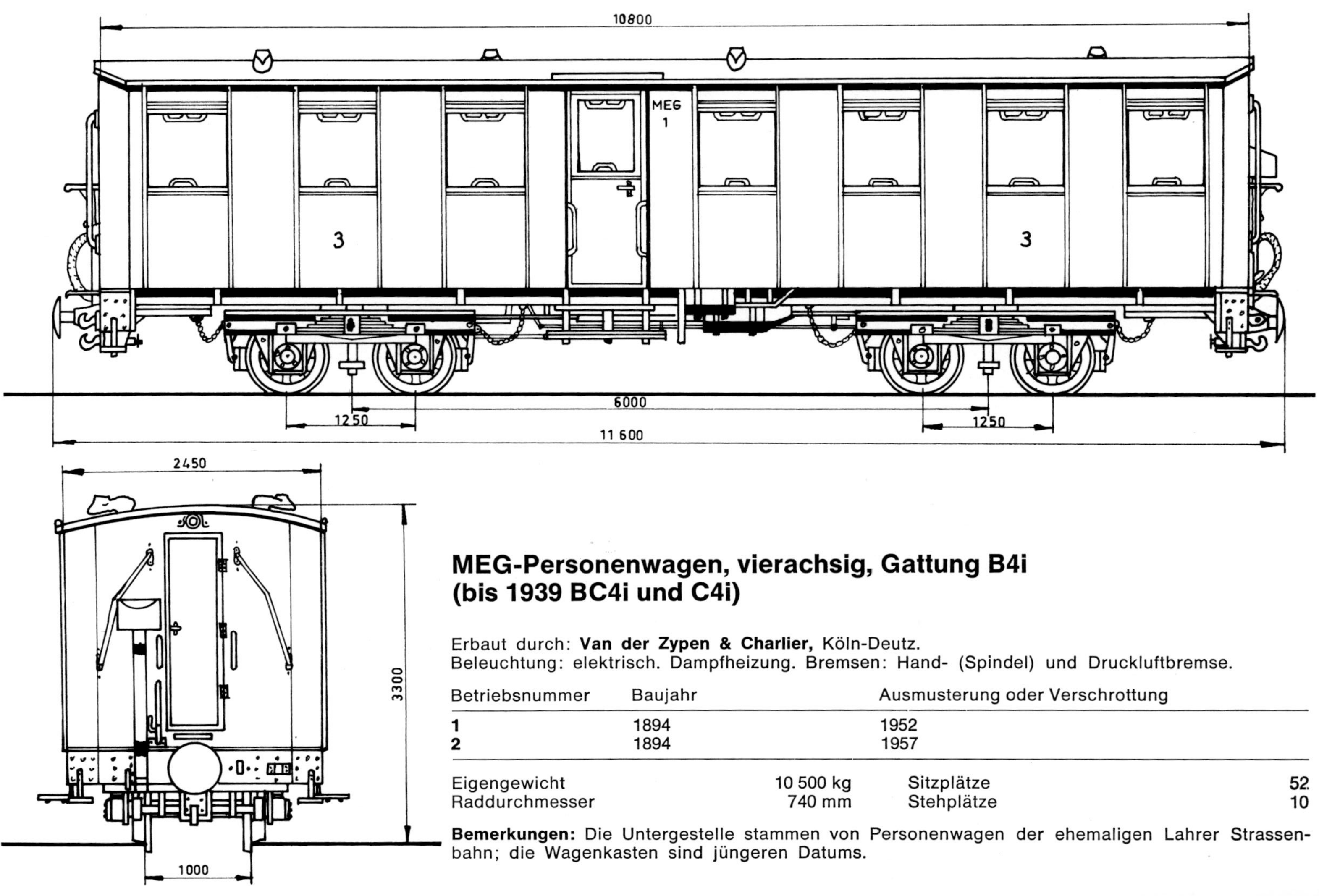

MEG-Personenwagen, vierachsig, Gattung B4i (bis 1939 BC4i und C4i)

Erbaut durch: **Van der Zypen & Charlier,** Köln-Deutz.
Beleuchtung: elektrisch. Dampfheizung. Bremsen: Hand- (Spindel) und Druckluftbremse.

Betriebsnummer	Baujahr	Ausmusterung oder Verschrottung
1	1894	1952
2	1894	1957

Eigengewicht	10 500 kg	Sitzplätze	52
Raddurchmesser	740 mm	Stehplätze	10

Bemerkungen: Die Untergestelle stammen von Personenwagen der ehemaligen Lahrer Strassenbahn; die Wagenkasten sind jüngeren Datums.

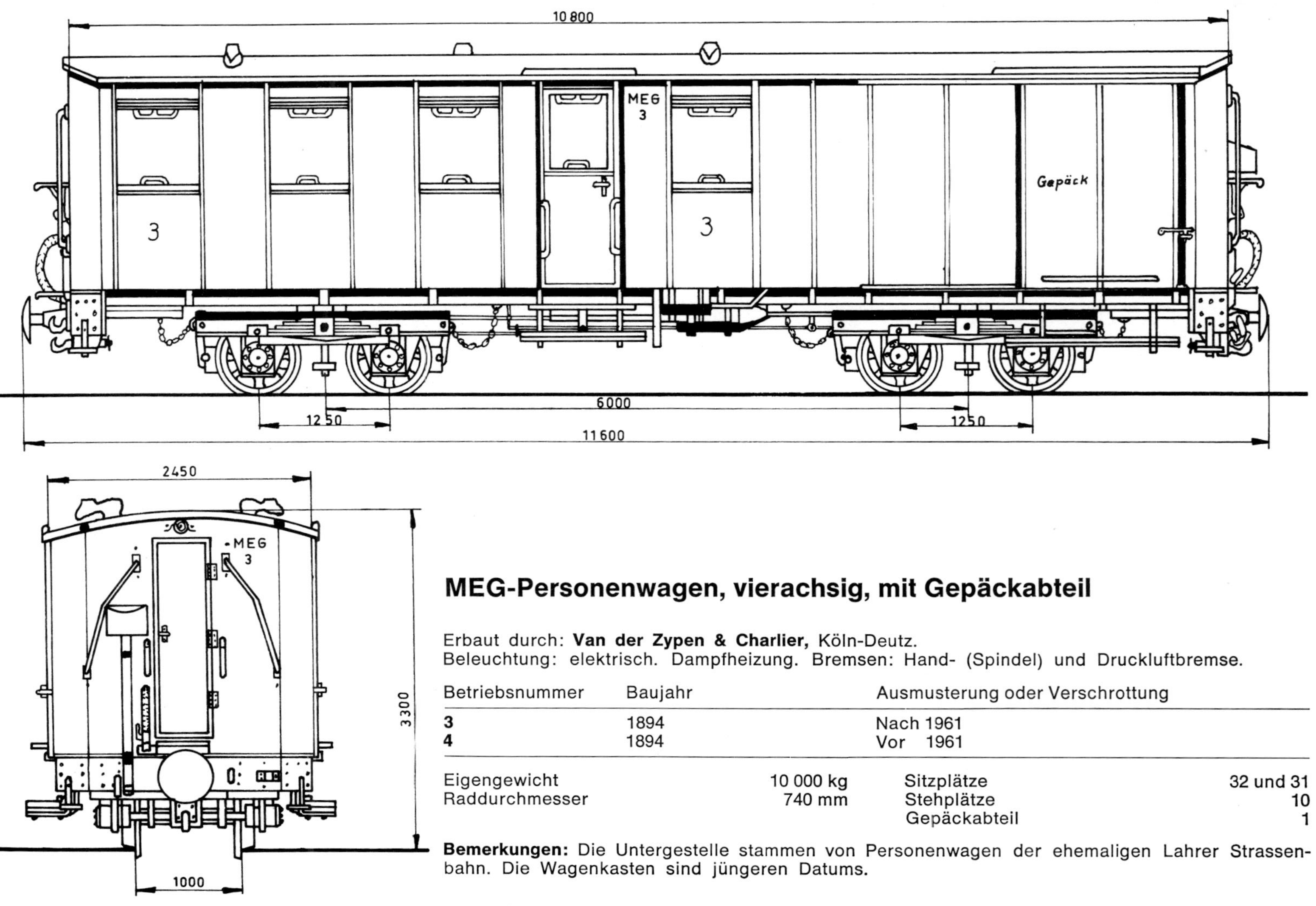

MEG-Personenwagen, vierachsig, mit Gepäckabteil

Erbaut durch: **Van der Zypen & Charlier,** Köln-Deutz.
Beleuchtung: elektrisch. Dampfheizung. Bremsen: Hand- (Spindel) und Druckluftbremse.

Betriebsnummer	Baujahr	Ausmusterung oder Verschrottung
3	1894	Nach 1961
4	1894	Vor 1961

Eigengewicht	10 000 kg	Sitzplätze	32 und 31
Raddurchmesser	740 mm	Stehplätze	10
		Gepäckabteil	1

Bemerkungen: Die Untergestelle stammen von Personenwagen der ehemaligen Lahrer Strassenbahn. Die Wagenkasten sind jüngeren Datums.

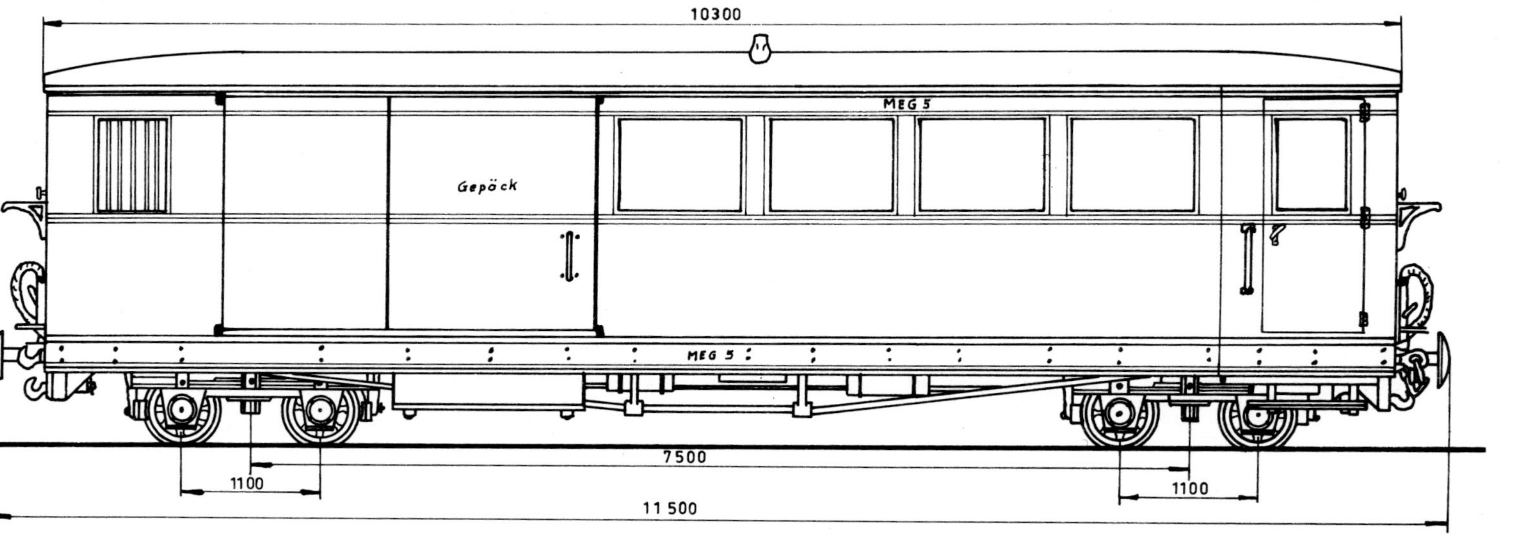

MEG-Personenwagen, vierachsig, mit Gepäckabteil, Gattung B4i

Erbaut durch: **SA pour l'Exploitation des Chemins de Fer Vicinaux,** Louvain/Belgien.
Umgebaut durch: MEG-Hauptwerkstatt, Kehl-Rhein. Beleuchtung: elektrisch. Heizung: Dampf- und Ofenheizung. Bremsen: Hand- (Spindel) und Druckluftbremse.

Betriebsnummer	Baujahr	Ausmusterung oder Verschrottung
5	1894/1942	Noch vorhanden
6	1894/1942	Nach 1961

Eigengewicht	12 000 kg	Sitzplätze	32
Raddurchmesser	680 mm	Stehplätze	10
		Gepäckabteil	1

Bemerkungen: Aufbau des Wagens Nr. 5 auf Untergestell von Güterwagen MEG Nr. 273, Gattung OOm.
Aufbau des Wagens Nr. 6 auf Untergestell von Güterwagen MEG Nr. 272, Gattung OOm.
Die Wagen wurden hauptsächlich als Triebwagen-Anhänger verwendet.

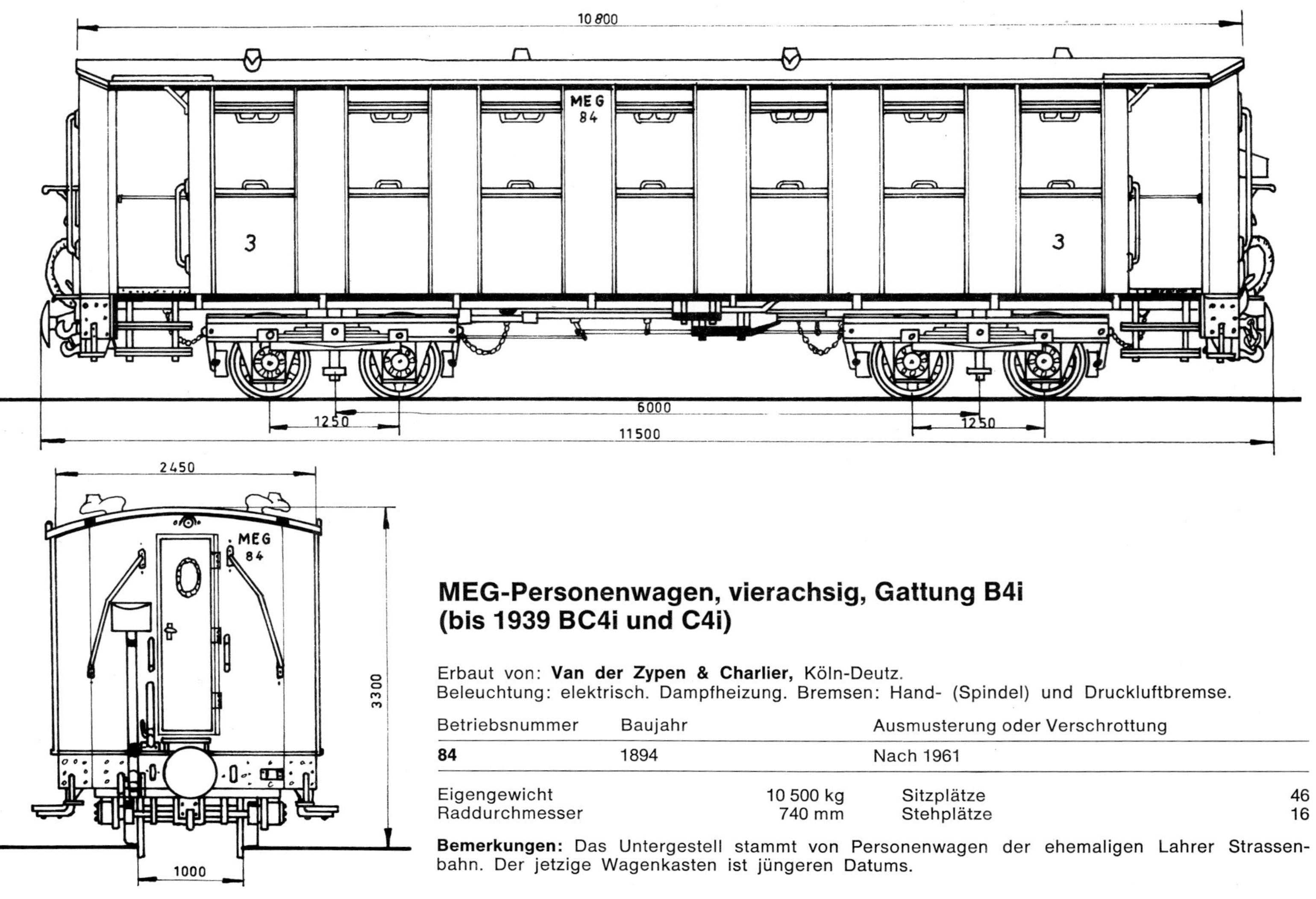

MEG-Personenwagen, vierachsig, Gattung B4i (bis 1939 BC4i und C4i)

Erbaut von: **Van der Zypen & Charlier,** Köln-Deutz.
Beleuchtung: elektrisch. Dampfheizung. Bremsen: Hand- (Spindel) und Druckluftbremse.

Betriebsnummer	Baujahr	Ausmusterung oder Verschrottung
84	1894	Nach 1961

Eigengewicht	10 500 kg	Sitzplätze	46
Raddurchmesser	740 mm	Stehplätze	16

Bemerkungen: Das Untergestell stammt von Personenwagen der ehemaligen Lahrer Strassenbahn. Der jetzige Wagenkasten ist jüngeren Datums.

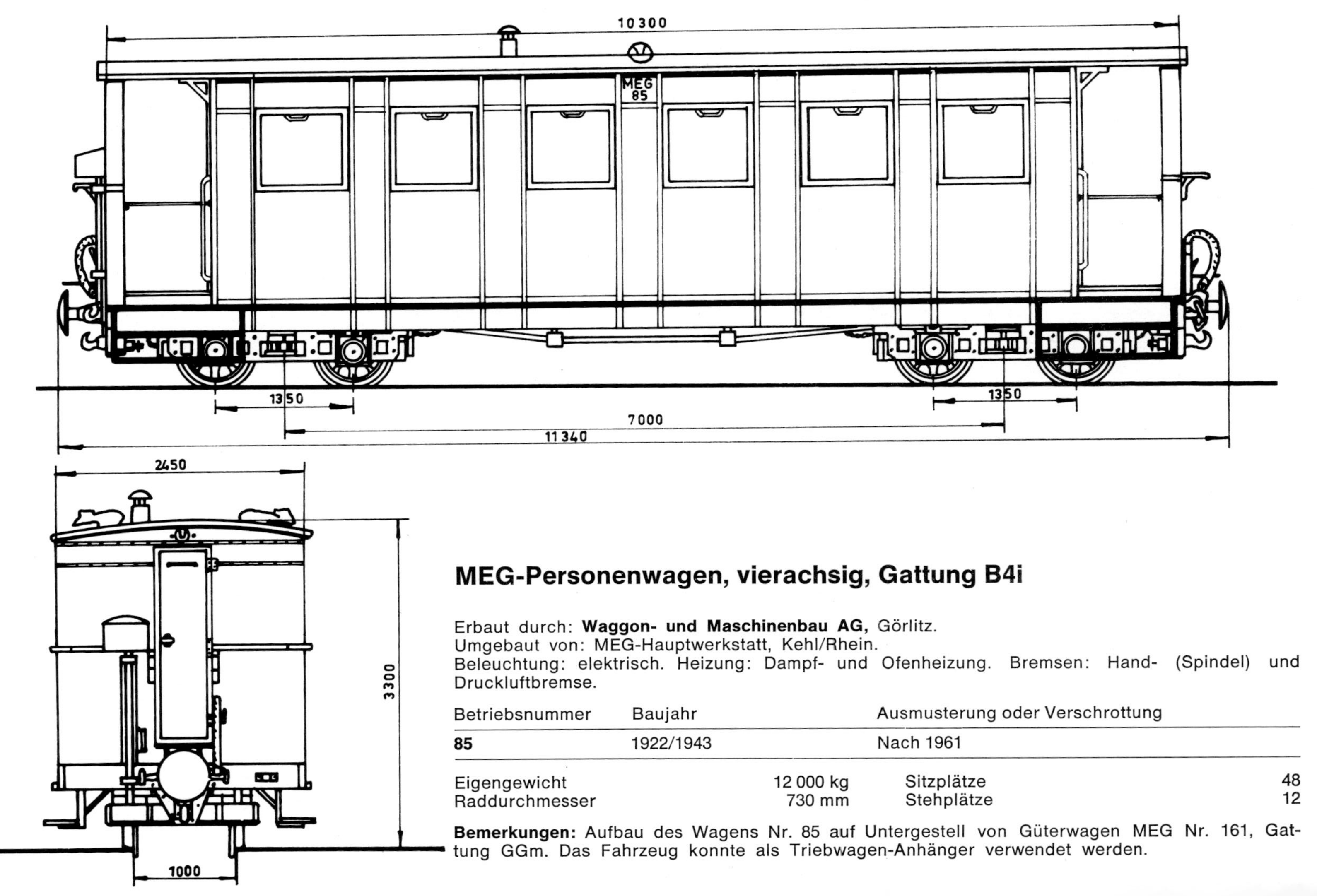

MEG-Personenwagen, vierachsig, Gattung B4i

Erbaut durch: **Waggon- und Maschinenbau AG,** Görlitz.
Umgebaut von: MEG-Hauptwerkstatt, Kehl/Rhein.
Beleuchtung: elektrisch. Heizung: Dampf- und Ofenheizung. Bremsen: Hand- (Spindel) und Druckluftbremse.

Betriebsnummer	Baujahr	Ausmusterung oder Verschrottung
85	1922/1943	Nach 1961

Eigengewicht	12 000 kg	Sitzplätze	48
Raddurchmesser	730 mm	Stehplätze	12

Bemerkungen: Aufbau des Wagens Nr. 85 auf Untergestell von Güterwagen MEG Nr. 161, Gattung GGm. Das Fahrzeug konnte als Triebwagen-Anhänger verwendet werden.

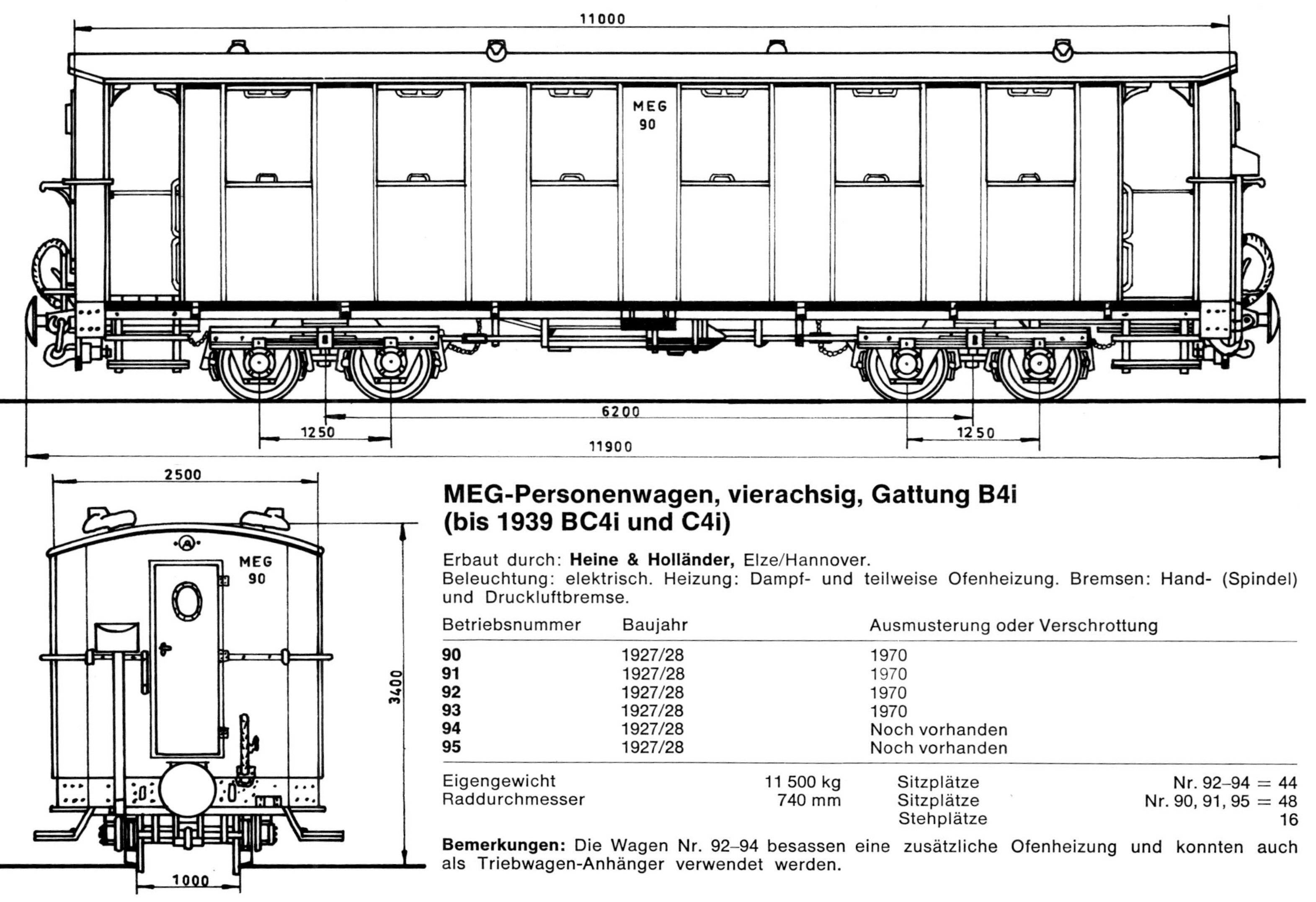

MEG-Personenwagen, vierachsig, Gattung B4i (bis 1939 BC4i und C4i)

Erbaut durch: **Heine & Holländer,** Elze/Hannover.
Beleuchtung: elektrisch. Heizung: Dampf- und teilweise Ofenheizung. Bremsen: Hand- (Spindel) und Druckluftbremse.

Betriebsnummer	Baujahr	Ausmusterung oder Verschrottung
90	1927/28	1970
91	1927/28	1970
92	1927/28	1970
93	1927/28	1970
94	1927/28	Noch vorhanden
95	1927/28	Noch vorhanden

Eigengewicht	11 500 kg	Sitzplätze	Nr. 92–94 = 44
Raddurchmesser	740 mm	Sitzplätze	Nr. 90, 91, 95 = 48
		Stehplätze	16

Bemerkungen: Die Wagen Nr. 92–94 besassen eine zusätzliche Ofenheizung und konnten auch als Triebwagen-Anhänger verwendet werden.

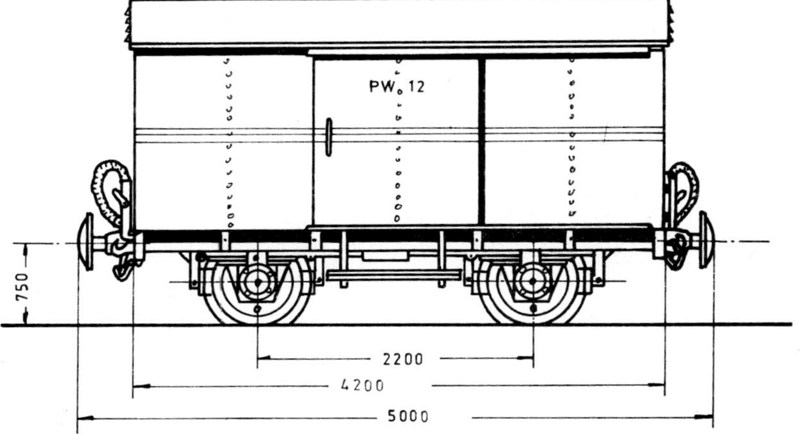

MEG-Gepäckwagen, zweiachsig, Gattung Pw und PwP

Erbaut durch: **MEG-Hauptwerkstatt,** Kehl/Rhein.
Beleuchtung: elektrisch. Bremse: Druckluftbremse (ausser Wagen Nr. 11).

Betriebsnummer	Baujahr	Ausmusterung oder Verschrottung
11	1934	Nach dem 2. Weltkrieg
12	1934	Nach dem 2. Weltkrieg
13	1934	Nach dem 2. Weltkrieg
14	1935	Noch vorhanden, Dienstfahrzeug
15	1935	Noch vorhanden, Dienstfahrzeug
16	1936	Nach dem 2. Weltkrieg

Eigengewicht	Nr. 11 = 2860 kg	Ladegewicht	Nr. 11 = 2000 kg
Eigengewicht	Nr. 12 = 3420 kg	Ladegewicht	Nr. 12–16 = 3000 kg
Eigengewicht	Nr. 13 = 3380 kg	Bodenfläche	8,61 m²
Eigengewicht	Nr. 14–16 = 3500 kg	Raddurchmesser	680 mm

Bemerkungen: Die Wagen Nr. 13 und 14 (Gattung PwP) besassen ein kleines Postabteil, sie wurden in eigener Werkstätte für die zweiachsigen T 1–8 gebaut.

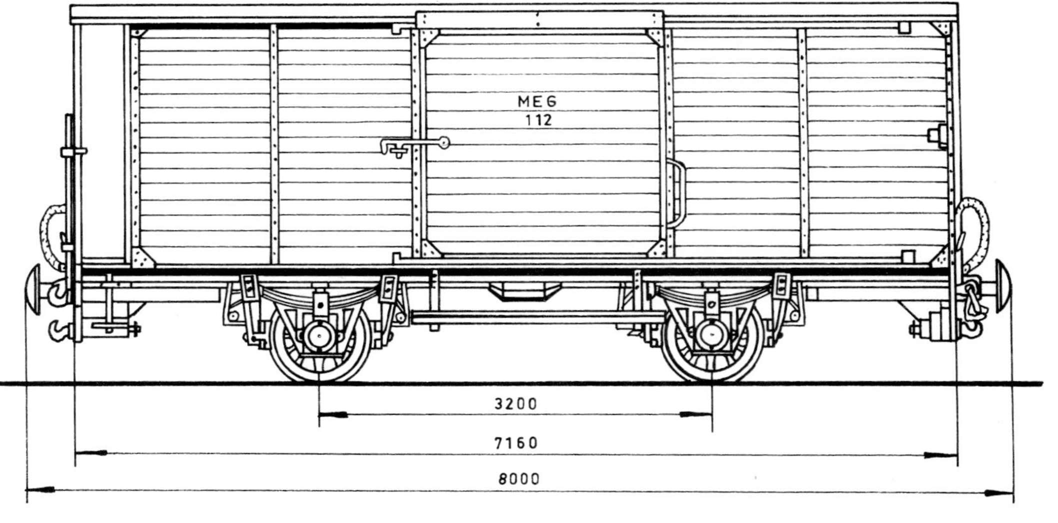

MEG-Güterwagen, gedeckt, zweiachsig, Gattung Gm

Erbaut durch: **Waggonfabrik Rastatt AG,** Rastatt/Baden.
Beleuchtung: elektrisch. Bremsen: Handbremse (Spindel) und durchgehende Bremsleitung.

Betriebsnummer	Baujahr	Ausmusterung oder Verschrottung
112	1922	1956
113	1922	1959

Eigengewicht	6 650 kg	Bodenfläche	15,62 m²
Ladegewicht	10 000 kg	Raddurchmesser	740 mm

Bemerkungen: Beide Fahrzeuge waren als Packwagen für Triebwagen zugelassen (mit elektrischer Beleuchtung und Heizleitung).

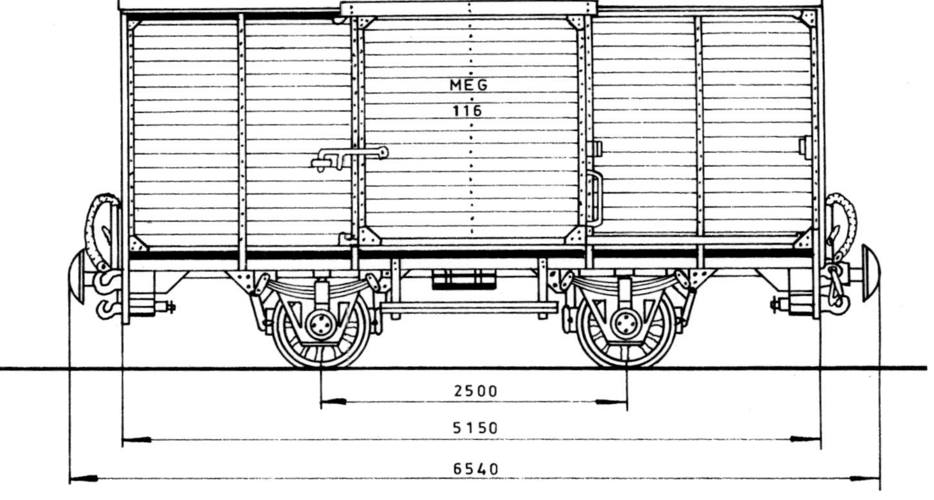

MEG-Güterwagen, gedeckt, zweiachsig, Gattung Gm

Erbaut durch: **De Dietrich & Cie,** Bad Niederbronn und Reichshofen/Elsass. Bremsen: nur durchgehende Bremsleitung und teilweise Handbremse (Spindel).

Betriebsnummer	Baujahr	Ausmusterung oder Verschrottung
116	1897	1952
117	1897	1955
122	1897	Während oder kurz nach dem 2. Weltkrieg
124	1897	Während oder kurz nach dem 2. Weltkrieg
127	1897	Während oder kurz nach dem 2. Weltkrieg
129	1897	1960

Eigengewicht	Nr. 116, 117 = 4990 kg	Ladegewicht	10 000 kg
Eigengewicht	Nr. 122, 124 = 4940 kg	Bodenfläche	13,54 m^2
Eigengewicht	Nr. 127, 129 = 4650 kg	Raddurchmesser	680 mm

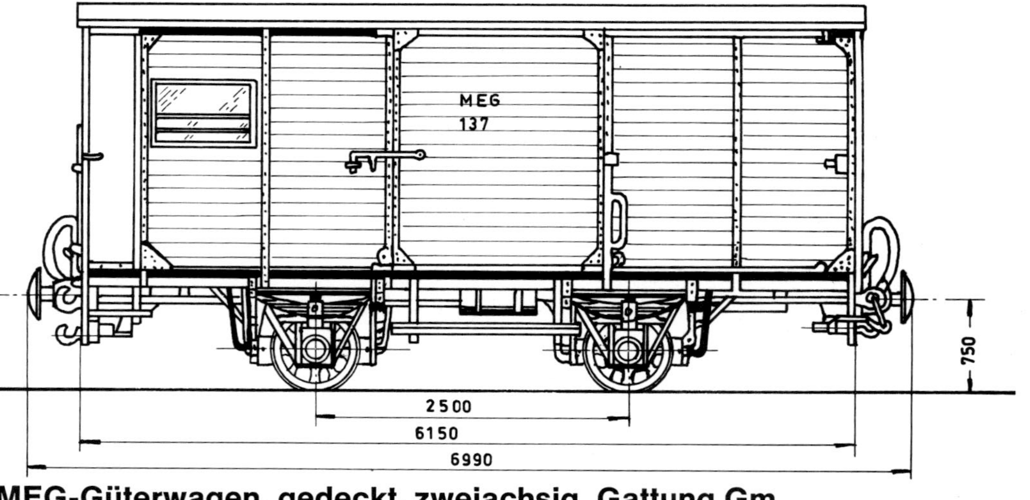

MEG-Güterwagen, gedeckt, zweiachsig, Gattung Gm

Erbaut durch: **Waggonfabrik Rastatt AG,** Rastatt/Baden (Wagen Nr. 131–133, 135, 137). **Both & Tillmann,** Dortmund (Wagen Nr. 138 und 139).
Beleuchtung: elektrisch (nur bei den Wagen Nr. 131–133, 135, 137). Heizung: durchgehende Heizleitung (nur bei den Wagen 131–133, 135, 137). Bremsen: Hand- (Spindel) und Druckluftbremse (nur bei den Wagen Nr. 131–133, 135, 137). Wagen Nr. 138, 139 Handbremse und durchgehende Bremsleitung.

Betriebsnummer	Baujahr	Ausmusterung oder Verschrottung
131	1900	Während oder nach dem 2. Weltkrieg
132	1900	Während oder nach dem 2. Weltkrieg
133	1900	Während oder nach dem 2. Weltkrieg
135	1900	Nach 1960
137	1900	Nach 1960
138	1908	Nach 1960
139	1908	Während oder nach dem 2. Weltkrieg

Eigengewicht	Nr. 131–133, 135, 137 = 5430 kg	Bodenfläche	13,54 m²
Eigengewicht	Nr. 138 und 139 = 5160 kg	Raddurchmesser	680 mm
Ladegewicht	10 000 kg		

Bemerkungen: Wagen Nr. 137 hatte ein Postabteil.

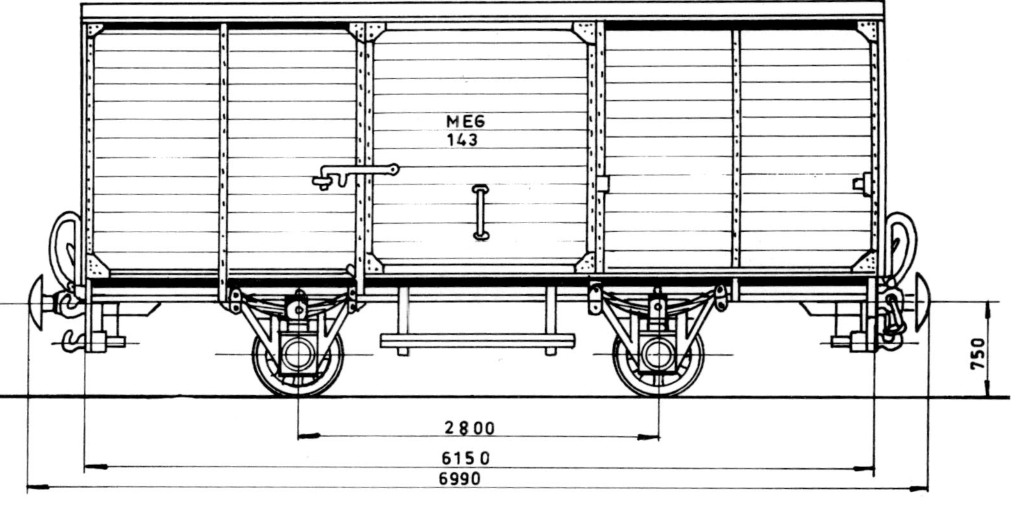

MEG-Güterwagen, gedeckt, zweiachsig, Gattung Gm

Erbaut durch: **De Dietrich & Cie,** Bad Niederbronn und Reichshofen.
Bremsen: keine (nur durchgehende Bremsleitung).

Betriebsnummer	Baujahr	Ausmusterung oder Verschrottung
140	1913	1969
141	1913	Während oder nach dem 2. Weltkrieg
142	1913	1960
143	1913	Während oder nach dem 2. Weltkrieg

Eigengewicht	5 600 kg	Bodenfläche	14,54 m²
Ladegewicht	10 000 kg	Raddurchmesser	680 mm

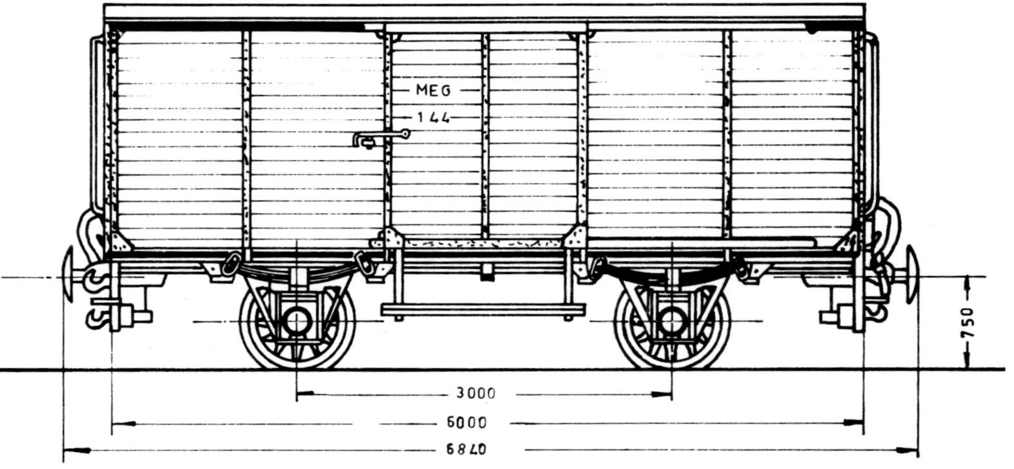

MEG-Güterwagen, gedeckt, zweiachsig, Gattung Gm

Erbaut durch: **Gottfried Lindner AG,** Ammendorf.
Bremsen: Nur durchgehende Bremsleitung.

Betriebsnummer	Baujahr	Ausmusterung oder Verschrottung
144	1927	Nach 1960

Eigengewicht	5 000 kg	Bodenfläche	12,30 m²
Ladegewicht	10 000 kg	Raddurchmesser	800 mm

MEG-Güterwagen, gedeckt, vierachsig, Gattung GG

Eigengewicht	7 900 kg
Ladegewicht	10 000 kg
Bodenfläche	16,74 m²
Raddurchmesser	680 mm

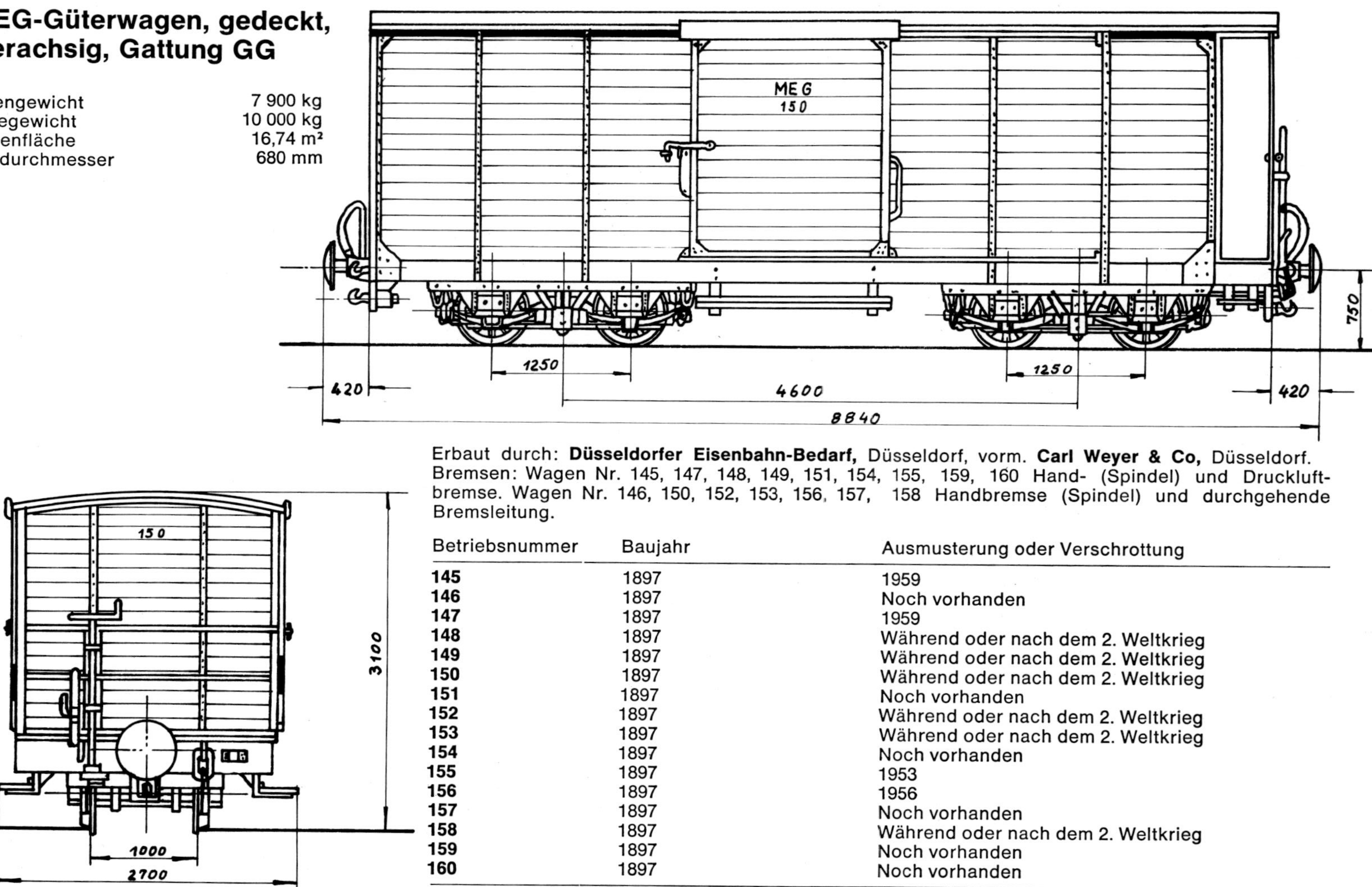

Erbaut durch: **Düsseldorfer Eisenbahn-Bedarf,** Düsseldorf, vorm. **Carl Weyer & Co,** Düsseldorf. Bremsen: Wagen Nr. 145, 147, 148, 149, 151, 154, 155, 159, 160 Hand- (Spindel) und Druckluftbremse. Wagen Nr. 146, 150, 152, 153, 156, 157, 158 Handbremse (Spindel) und durchgehende Bremsleitung.

Betriebsnummer	Baujahr	Ausmusterung oder Verschrottung
145	1897	1959
146	1897	Noch vorhanden
147	1897	1959
148	1897	Während oder nach dem 2. Weltkrieg
149	1897	Während oder nach dem 2. Weltkrieg
150	1897	Während oder nach dem 2. Weltkrieg
151	1897	Noch vorhanden
152	1897	Während oder nach dem 2. Weltkrieg
153	1897	Während oder nach dem 2. Weltkrieg
154	1897	Noch vorhanden
155	1897	1953
156	1897	1956
157	1897	Noch vorhanden
158	1897	Während oder nach dem 2. Weltkrieg
159	1897	Noch vorhanden
160	1897	Noch vorhanden

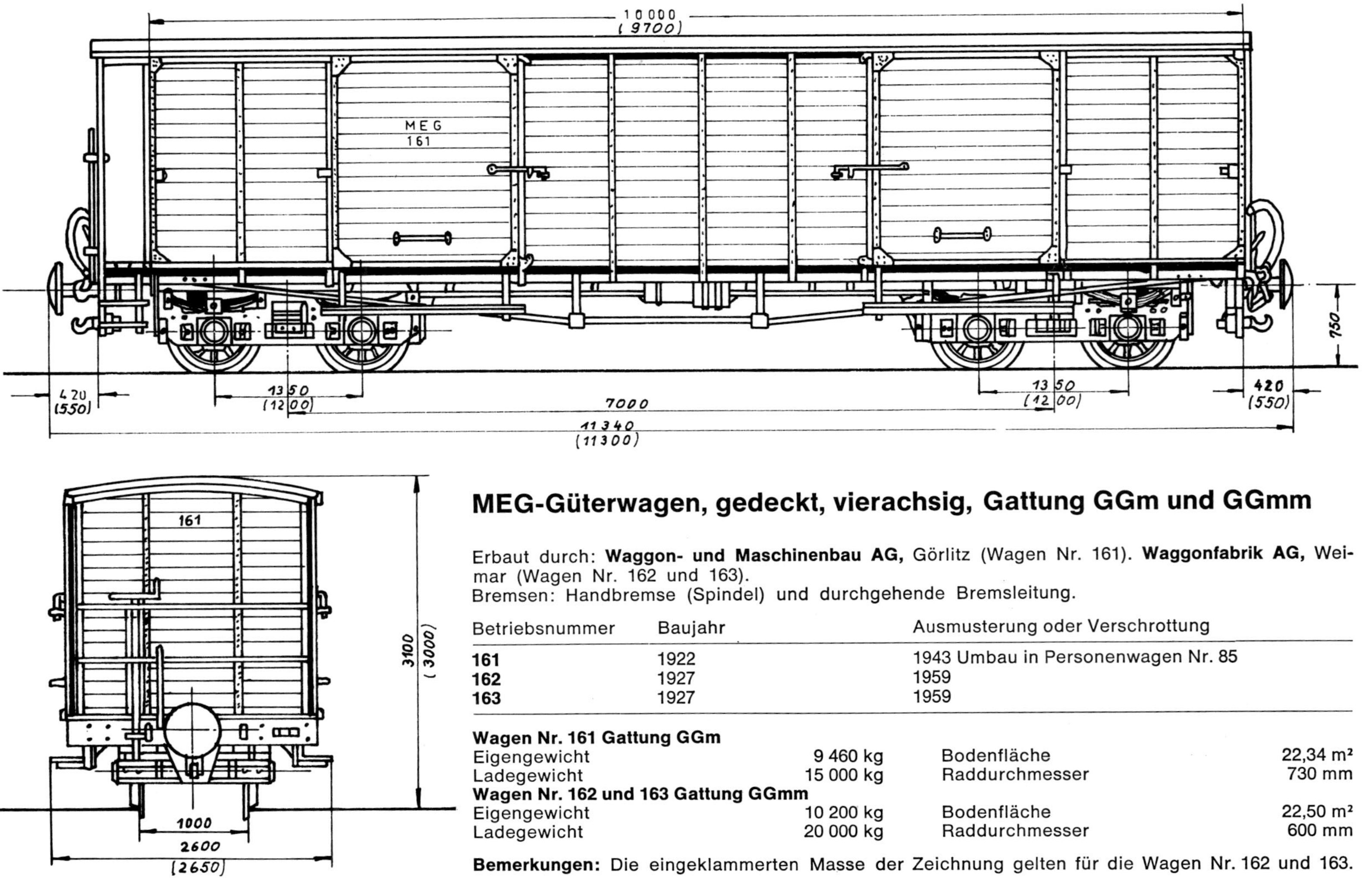

MEG-Güterwagen, gedeckt, vierachsig, Gattung GGm und GGmm

Erbaut durch: **Waggon- und Maschinenbau AG,** Görlitz (Wagen Nr. 161). **Waggonfabrik AG,** Weimar (Wagen Nr. 162 und 163).
Bremsen: Handbremse (Spindel) und durchgehende Bremsleitung.

Betriebsnummer	Baujahr	Ausmusterung oder Verschrottung
161	1922	1943 Umbau in Personenwagen Nr. 85
162	1927	1959
163	1927	1959

Wagen Nr. 161 Gattung GGm

Eigengewicht	9 460 kg	Bodenfläche	22,34 m²
Ladegewicht	15 000 kg	Raddurchmesser	730 mm

Wagen Nr. 162 und 163 Gattung GGmm

Eigengewicht	10 200 kg	Bodenfläche	22,50 m²
Ladegewicht	20 000 kg	Raddurchmesser	600 mm

Bemerkungen: Die eingeklammerten Masse der Zeichnung gelten für die Wagen Nr. 162 und 163.

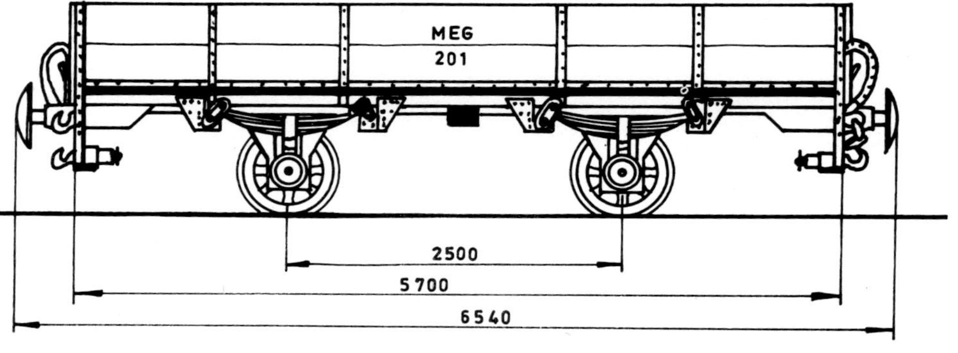

MEG-Güterwagen, offen, zweiachsig, Gattung Om

Erbaut durch: **De Dietrich & Cie,** Bad Niederbronn und Reichshofen.
Bremsen: keine (nur durchgehende Bremsleitung).

Betriebsnummer	Baujahr	Ausmusterung oder Verschrottung
201	1892	Während oder nach dem 2. Weltkrieg
203	1892	Während oder nach dem 2. Weltkrieg
209	1897	Noch vorhanden als Wagen Nr. 410 (Gattung Sw)

Eigengewicht	Nr. 201, 203 = 3 800 kg	Bodenfläche	13,30 m²
Eigengewicht	Nr. 209 = 3 900 kg	Raddurchmesser	680 mm
Ladegewicht	10 000 kg		

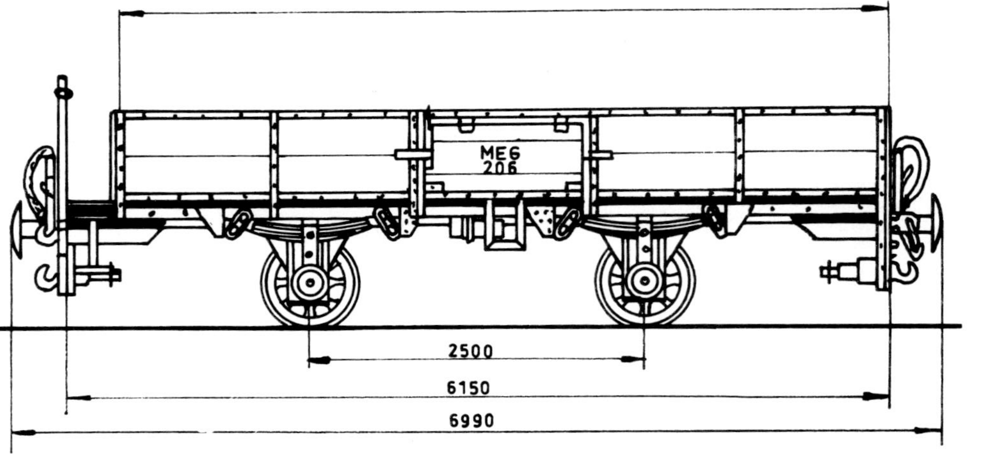

MEG-Güterwagen, offen, zweiachsig, Gattung Om

Erbaut durch: **De Dietrich & Cie,** Bad Niederbronn und Reichshofen.
Bremsen: Wagen Nr. 202 und 205 Handbremse (Spindel) und durchgehende Bremsleitung. Wagen Nr. 204 und 206 keine Bremseinrichtungen.

Betriebsnummer	Baujahr	Ausmusterung oder Verschrottung
202	1892	Während oder nach dem 2. Weltkrieg
204	1892	Noch vorhanden
205	1892	Während oder nach dem 2. Weltkrieg
206	1892	Während oder nach dem 2. Weltkrieg

Eigengewicht	3 800 kg	Bodenfläche	13,30 m²
Ladegewicht	10 000 kg	Raddurchmesser	680 mm

Bemerkungen: Wagen Nr. 204 wurde Ende der sechziger Jahre neu überholt und erhielt dann eine Handbremse (Spindel).

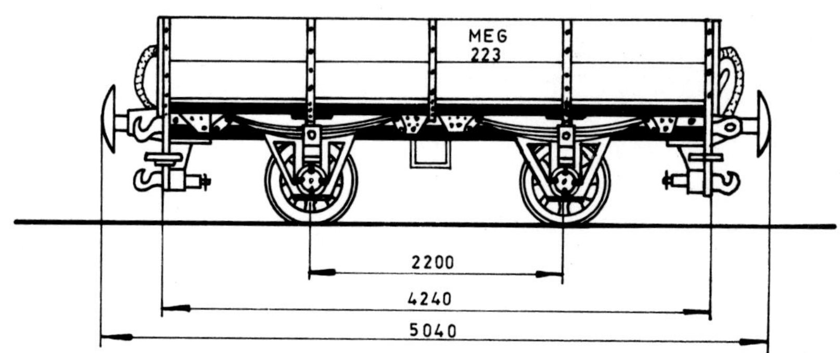

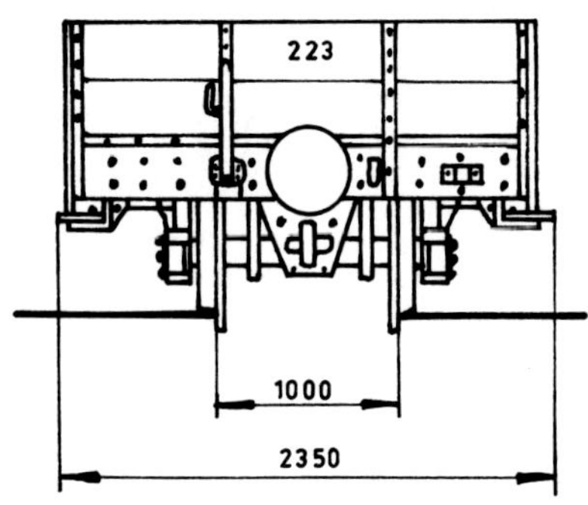

MEG-Güterwagen, offen, zweiachsig, Gattung O

Erbaut durch: **Both & Tillmann,** Dortmund. Bremsen: keine (nur durchgehende Bremsleitung).

Betriebsnummer	Baujahr	Ausmusterung oder Verschrottung
223	1903	Während oder kurz nach dem 2. Weltkrieg

Eigengewicht	2 700 kg	Bodenfläche	8,85 m²
Ladegewicht	5 000 kg	Raddurchmesser	680 mm

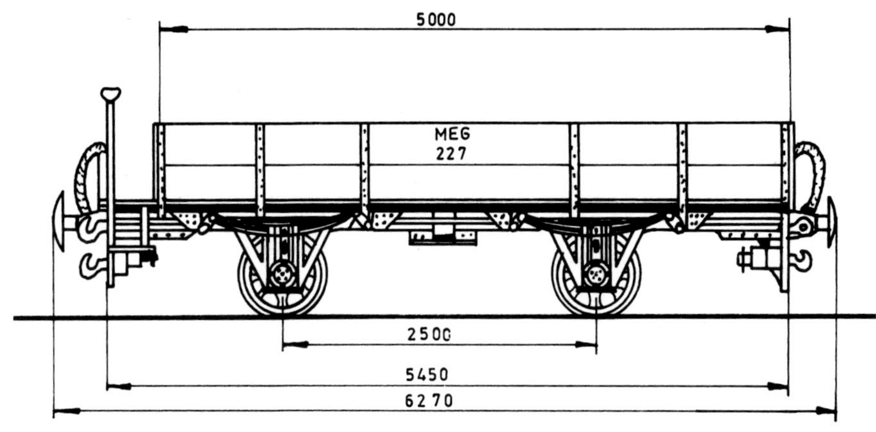

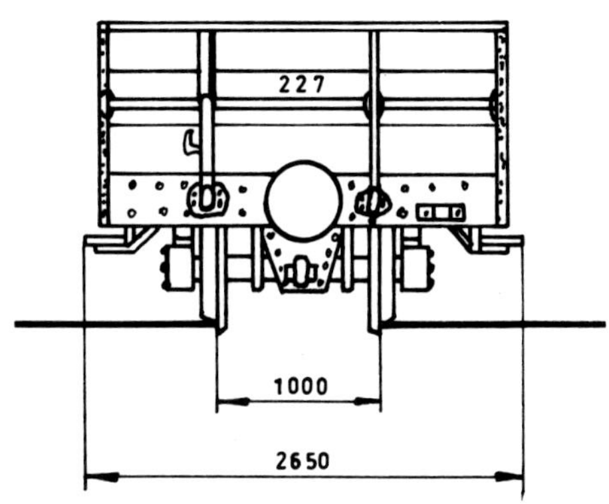

MEG-Güterwagen, offen, zweiachsig, Gattung Om

Erbaut durch: **Waggonfabrik Rastatt AG,** Rastatt/Baden.
Bremsen: keine (nur durchgehende Bremsleitung).

Betriebsnummer	Baujahr	Ausmusterung oder Verschrottung
208	1900	Während oder nach dem 2. Weltkrieg
227	1900	Während oder nach dem 2. Weltkrieg

Eigengewicht	Nr. 208 = 3 900 kg	Bodenfläche	Nr. 208 = 13,30 m²
Eigengewicht	Nr. 227 = 4 600 kg	Bodenfläche	Nr. 227 = 11,75 m²
Ladegewicht	10 000 kg	Raddurchmesser	680 mm

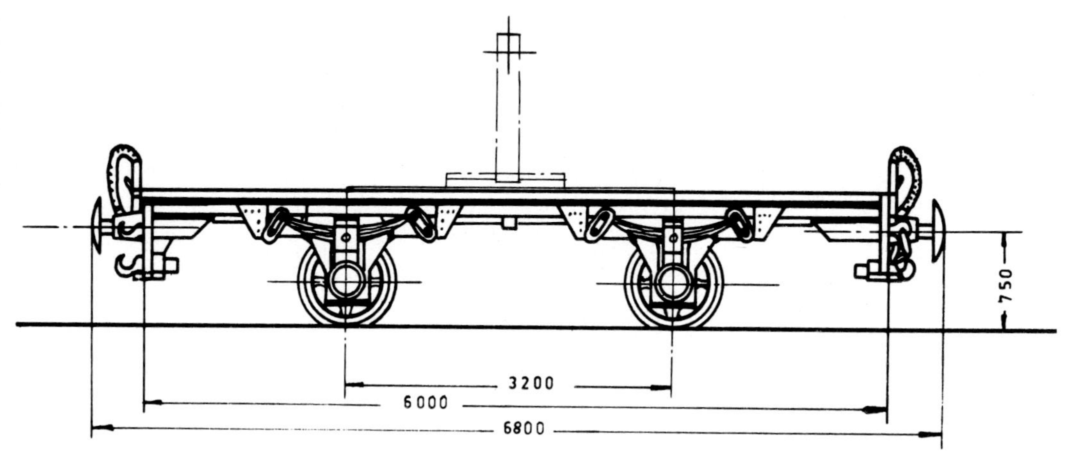

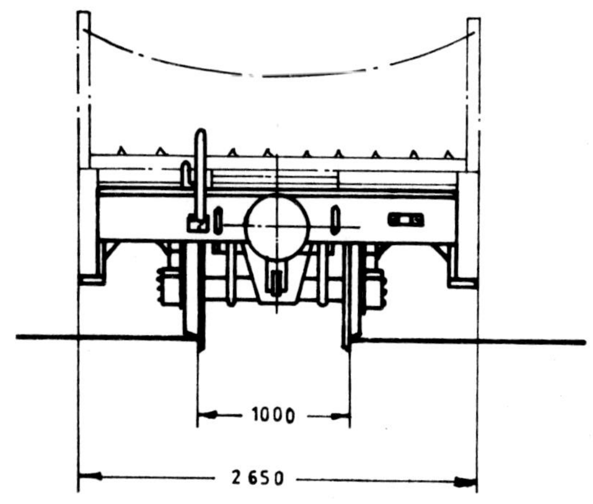

MEG-Güterwagen (Plattformwagen), zweiachsig, Gattung HH (Langholzwagen mit Drehschemel und Kuppelstangen)

Erbaut durch: **Both & Tillmann,** Dortmund. Bremsen: keine (nur durchgehende Bremsleitung).

Betriebsnummer	Baujahr	Ausmusterung oder Verschrottung
229	1908	Während oder nach dem 2. Weltkrieg
230	1908	Während oder nach dem 2. Weltkrieg

Eigengewicht	3 840 kg	Bodenfläche	14,15 m²
Ladegewicht	10 000 kg	Raddurchmesser	680 mm

Bemerkungen: Die Fahrzeuge konnten auch als Schutzwagen verwendet werden.

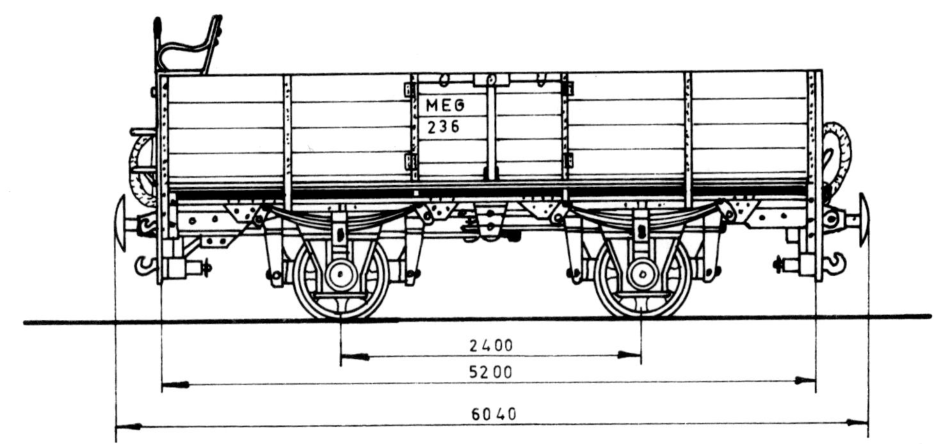

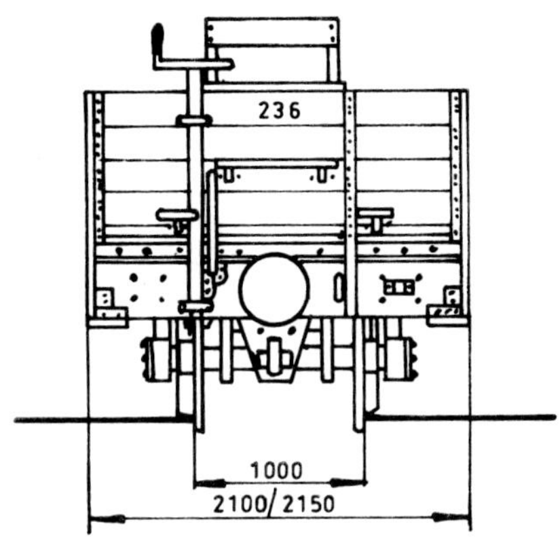

MEG-Güterwagen, offen, zweiachsig, Gattung Om

Erbaut durch: **Schmieder & Mayer,** Karlsruhe/Baden, Wagen Nr. 231–234, 240, 260, 261.
Waggonfabrik Rastatt AG, Rastatt/Baden, Wagen Nr. 235–239.
Bremsen: Wagen Nr. 231–234 und 261 keine Bremseinrichtungen, Wagen Nr. 235–239, 240 und 260 Handbremse (Spindel).

Betriebsnummer	Baujahr	Ausmusterung oder Verschrottung
231	1894	1956
232	1894	Während oder kurz nach dem 2. Weltkrieg
233	1894	1955
234	1894	Während oder kurz nach dem 2. Weltkrieg
235	1894	Noch vorhanden als Nr. 411, Gattung Sw
236	1899	Während oder kurz nach dem 2. Weltkrieg
237	1899	1966
238	1899	1956
239	1899	Während oder kurz nach dem 2. Weltkrieg
240	1894	Während oder kurz nach dem 2. Weltkrieg
260	1894	Während oder kurz nach dem 2. Weltkrieg
261	1894	Während oder kurz nach dem 2. Weltkrieg

Eigengewicht	Nr. 231–234 = 4400 kg	Ladegewicht	10 000 kg
Eigengewicht	Nr. 235–239 = 4740 kg	Bodenfläche	10,41 m²
Eigengewicht	Nr. 240 = 4750 kg	Raddurchmesser	740 mm
Eigengewicht	Nr. 260–261 = 4000 kg		

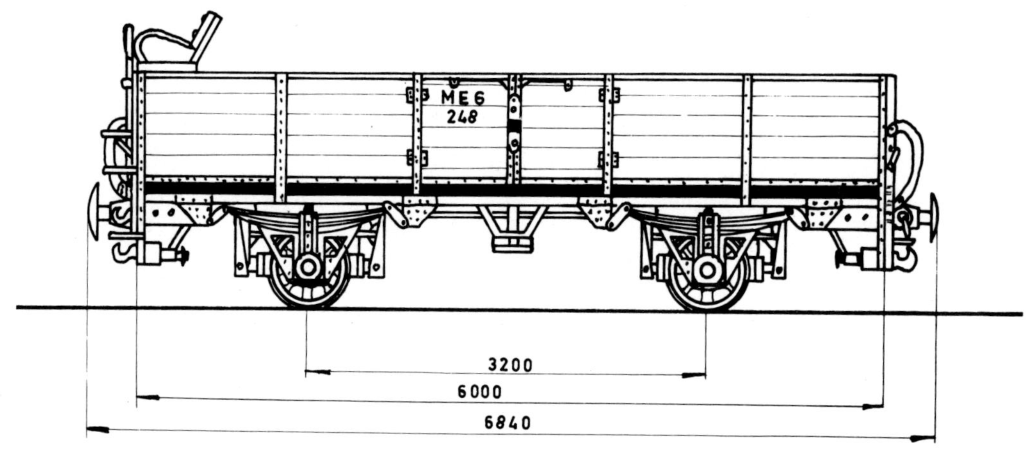

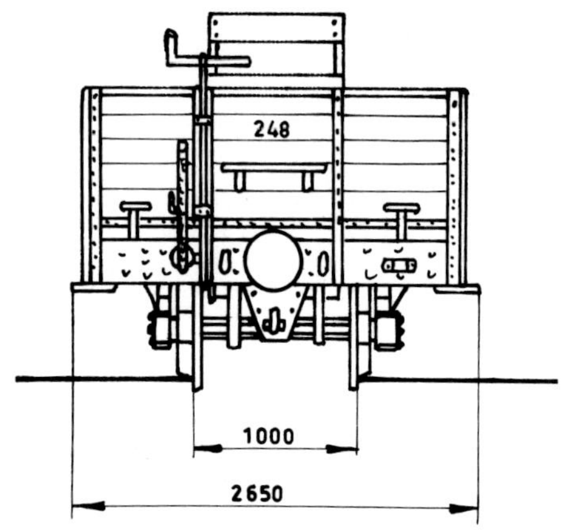

MEG-Güterwagen, offen, zweiachsig, Gattung Om

Erbaut durch: **Both & Tillmann,** Dortmund
Bremsen: Handbremse (Spindel) und durchgehende Bremsleitung.

Betriebsnummer	Baujahr	Ausmusterung oder Verschrottung
248	1908	Während oder kurz nach dem 2. Weltkrieg
249	1908	Noch vorhanden

Eigengewicht	4 400 kg	Bodenfläche	14,75 m²
Ladegewicht	10 000 kg	Raddurchmesser	680 mm

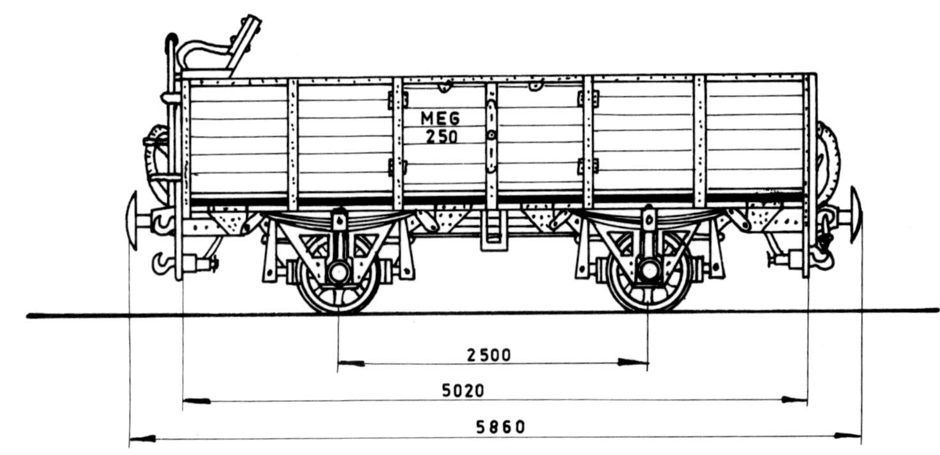

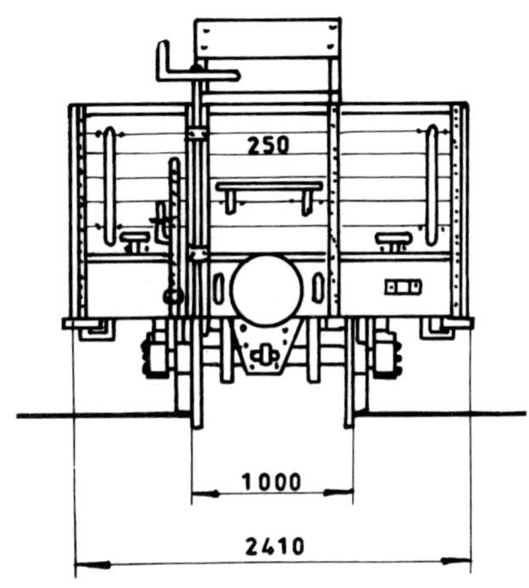

MEG-Güterwagen, offen, zweiachsig, Gattung Om

Erbaut durch: **Waggonfabrik Rastatt AG,** Rastatt/Baden.
Bremsen: Handbremse (Spindel) und durchgehende Bremsleitung.

Betriebsnummer	Baujahr	Ausmusterung oder Verschrottung
250	1914	Während oder kurz nach dem 2. Weltkrieg
251	1914	Während oder kurz nach dem 2. Weltkrieg
252	1914	1959
254	1914	Umgebaut in Nr. 408, Gattung Sw
259	1894	Umgebaut in Nr. 409, Gattung Sw

Eigengewicht	4 200 kg	Bodenfläche	10,78 m²
Ladegewicht	10 000 kg	Raddurchmesser	680 mm

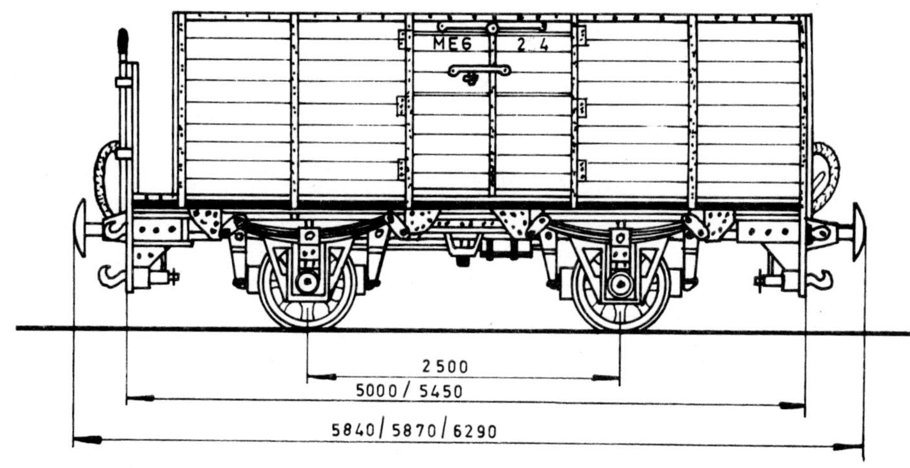

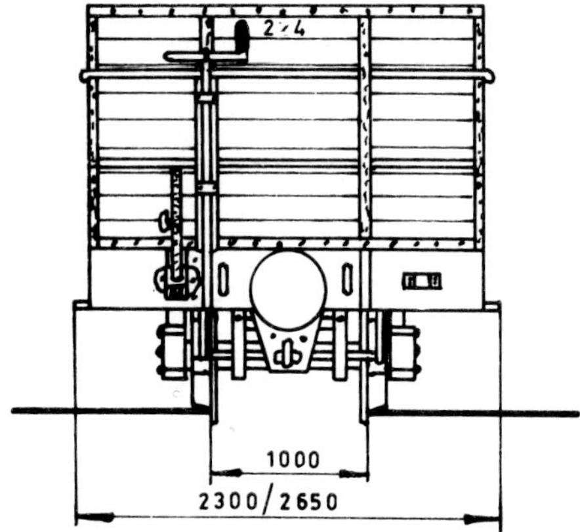

MEG-Güterwagen, offen, zweiachsig (Hochbord), Gattung Vom

Erbaut durch: **Etablissements Ragheno,** Malines/Belgien, Wagen Nr. 244, 246, 247.
De Dietrich & Cie, Bad Niederbronn und Reichshofen, Wagen Nr. 262, 264, 265.
Bremsen: Wagen Nr. 244, 246, 262, 265 Handbremse (Spindel) und durchgehende Bremsleitung. Wagen Nr. 247 und 264 keine Bremseinrichtungen.

Betriebsnummer	Baujahr	Ausmusterung oder Verschrottung
244	1892	1959
246	1892	Während oder kurz nach dem 2. Weltkrieg
247	1892	1960
262	1892	Während oder kurz nach dem 2. Weltkrieg
264	1898	Während oder kurz nach dem 2. Weltkrieg
265	1898	Während oder kurz nach dem 2. Weltkrieg

Eigengewicht	Nr. 244 und 246 = 3750 kg	Ladegewicht	10 000 kg
Eigengewicht	Nr. 247 = 3550 kg	Bodenfläche	Nr. 244, 246, 247, 262 = 11,75 m²
Eigengewicht	Nr. 262 = 4300 kg	Bodenfläche	Nr. 264 und 265 = 10,04 m²
Eigengewicht	Nr. 264 = 3780 kg	Raddurchmesser	680 mm
Eigengewicht	Nr. 265 = 4480 kg		

Bemerkungen: Die Masse auf der Zeichnung gelten wie folgt:

Wagen Nr. 244 und 246 = 6290 mm / 5450 mm / 2650 mm
Wagen Nr. 247 = 5870 mm / 5000 mm / 2650 mm
Wagen Nr. 262 = 6290 mm / 5450 mm / 2650 mm
Wagen Nr. 264 = 5840 mm / 5000 mm / 2300 mm
Wagen Nr. 265 = 6290 mm / 5450 mm / 2300 mm

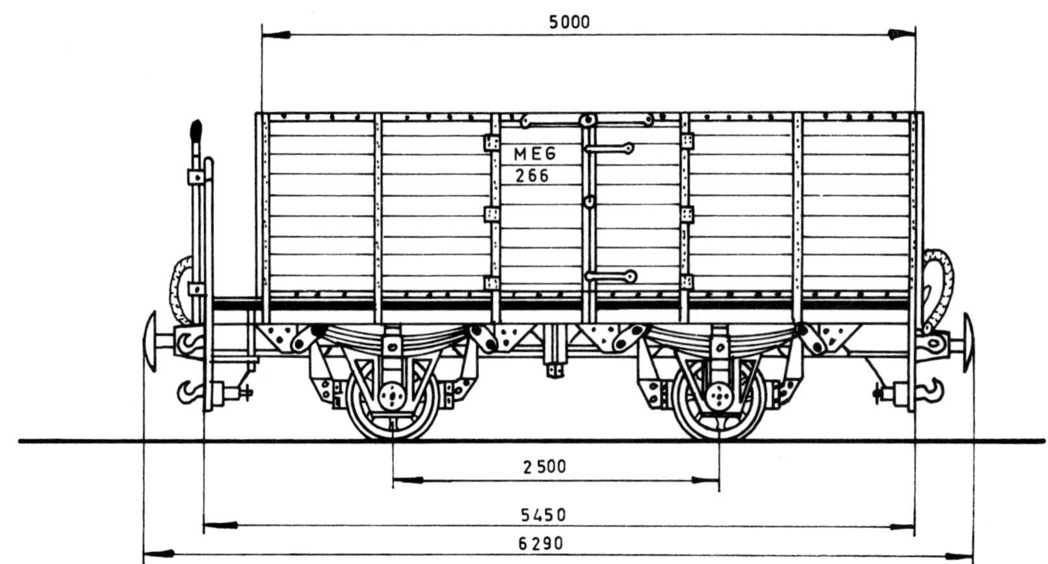

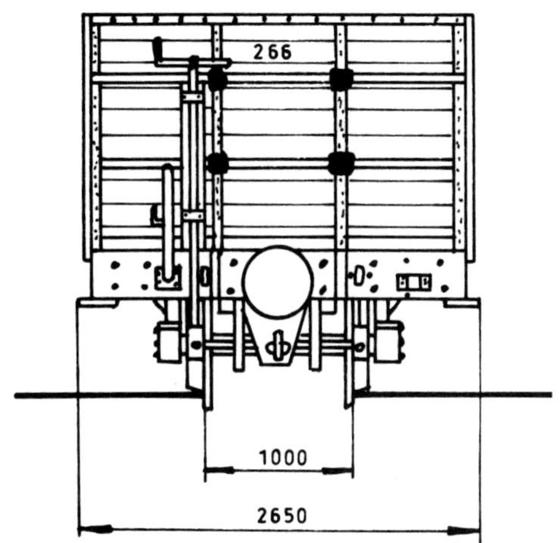

MEG-Güterwagen, offen, zweiachsig (Hochbord), Gattung Vom

Erbaut durch: **Waggonfabrik Rastatt AG,** Rastatt/Baden, Wagen Nr. 266 und 268.
Strassburger Strassenbahn, Hauptwerkstatt Strassburg, Wagen Nr. 269 und 270.
Bremsen: Wagen Nr. 266, 268 und 270 Handbremse (Spindel) und durchgehende Bremsleitung.
Wagen Nr. 269: Keine Bremse (nur durchgehende Bremsleitung).

Betriebsnummer	Baujahr	Ausmusterung oder Verschrottung
266	1900	Während oder kurz nach dem 2. Weltkrieg
268	1900	Während oder kurz nach dem 2. Weltkrieg
269	1912	Während oder kurz nach dem 2. Weltkrieg
270	1912	Während oder kurz nach dem 2. Weltkrieg

Eigengewicht	Nr. 266 und 268 = 4 670 kg	Bodenfläche	11,75 m²
Eigengewicht	Nr. 269 und 270 = 4 850 kg	Raddurchmesser	680 mm
Ladegewicht	10 000 kg		

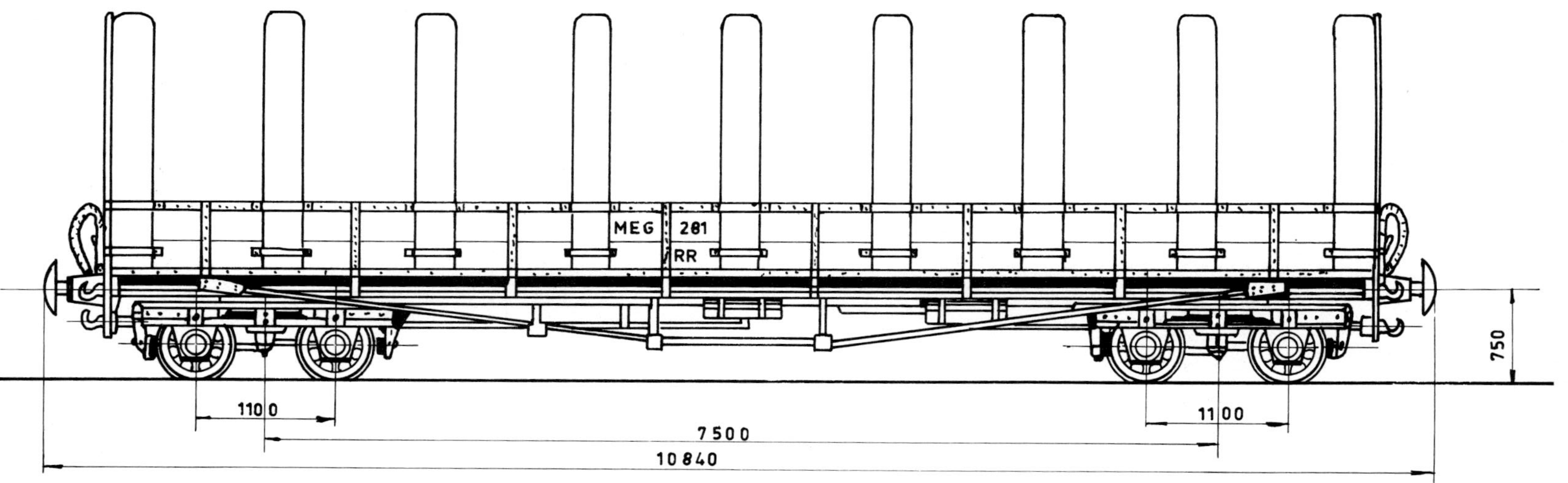

MEG-Güterwagen, offen, vierachsig (Rungenwagen), Gattung RR

Erbaut durch: **SA pour l'Exploitation des Chemins de Fer Vicinaux,** Louvain/Belgien.
Bremsen: Druckluftbremse.

Betriebsnummer	Baujahr	Ausmusterung oder Verschrottung
281	1894	Noch vorhanden

Eigengewicht	6 500 kg	Bodenfläche	23,63 m²
Ladegewicht	10 000 kg	Raddurchmesser	680 mm

Bemerkungen: Der Wagen steht heute im Bahnhof Lahr-West auf einem verbliebenen Gleisstumpen und dient als Umladebühne.

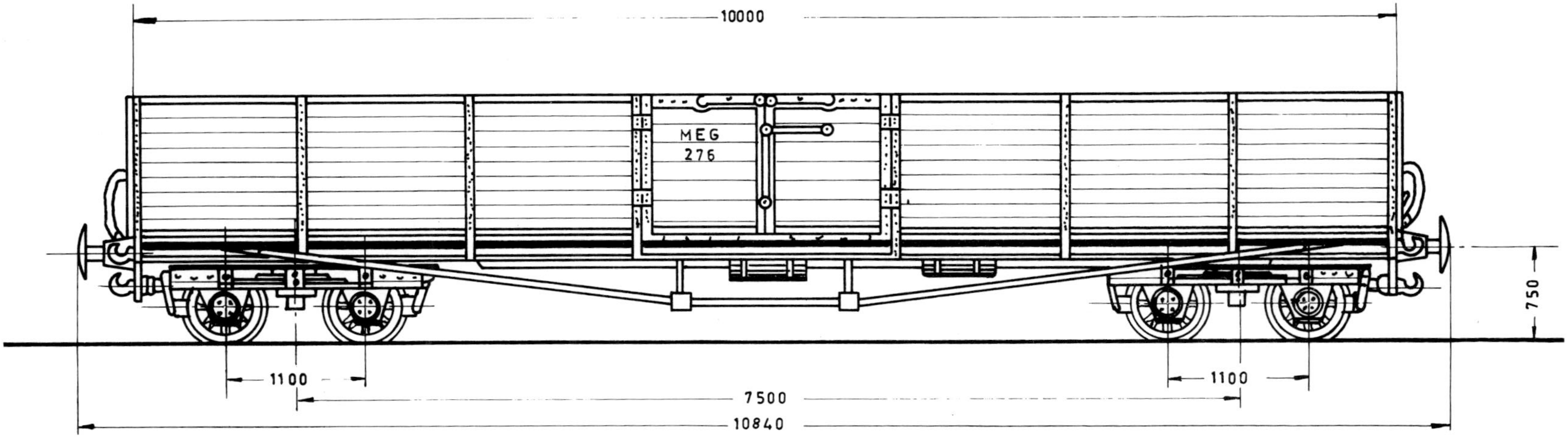

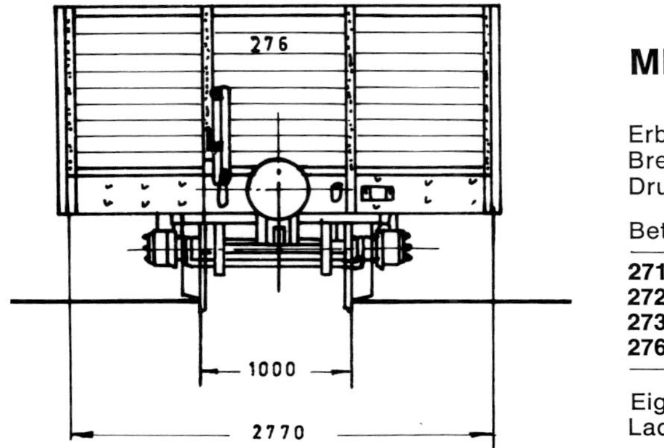

MEG-Güterwagen, offen, vierachsig, Gattung OOm

Erbaut durch: **SA pour l'Exploitation des Chemins de Fer Vicinaux,** Louvain/Belgien.
Bremsen: Wagen Nr. 271–273 keine Bremsen, nur durchgehende Bremsleitung. Wagen Nr. 276 Druckluftbremse.

Betriebsnummer	Baujahr	Ausmusterung oder Verschrottung
271	1894	Kurz nach dem 2. Weltkrieg
272	1894	1942 umgebaut in Personenwagen Nr. 6
273	1894	1942 umgebaut in Personenwagen Nr. 5
276	1894	Kurz nach dem 2. Weltkrieg

Eigengewicht	7 500 kg	Bodenfläche	23,63 m²
Ladegewicht	17 500 kg	Raddurchmesser	680 mm

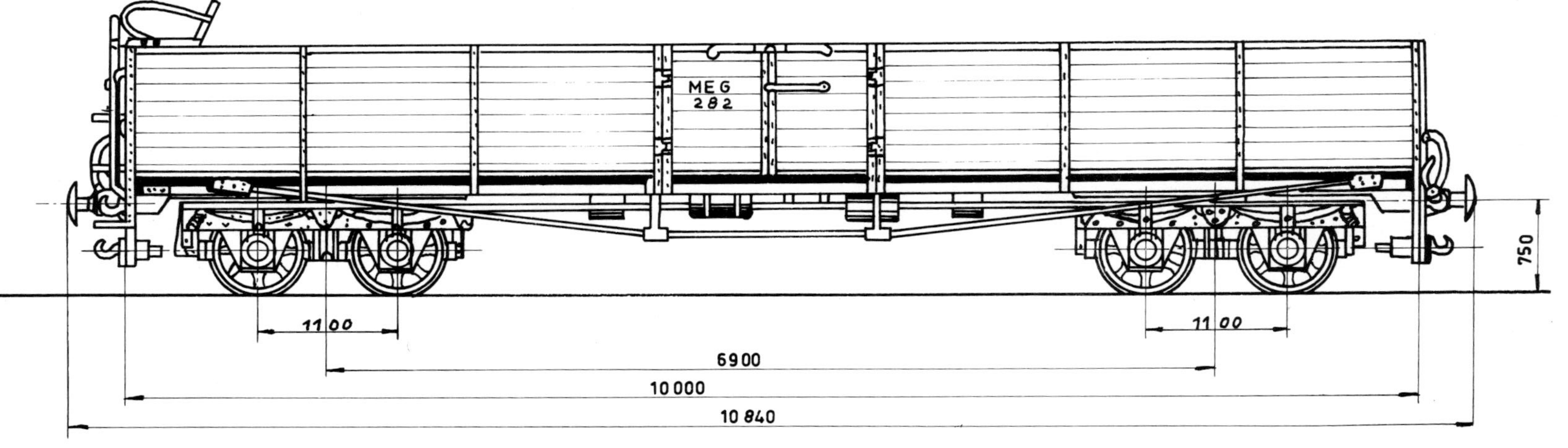

MEG-Güterwagen, offen, vierachsig, Gattung OOm

Erbaut durch: **Van der Zypen & Charlier,** Köln-Deutz.
Bremsen: Hand- (Spindel) und Druckluftbremse.

Betriebsnummer	Baujahr	Ausmusterung oder Verschrottung
282	1922	Während dem 2. Weltkrieg
283	1922	Während dem 2. Weltkrieg
284	1922	Während dem 2. Weltkrieg

Eigengewicht	7 210 kg	Bodenfläche	24,82 m²
Ladegewicht	15 000 kg	Raddurchmesser	740 mm

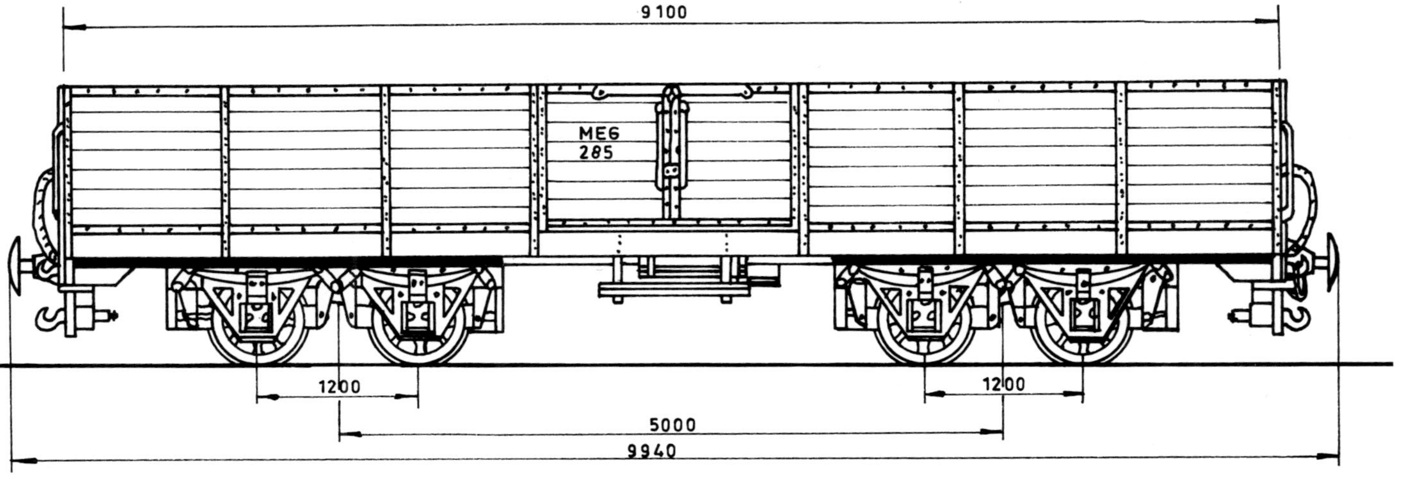

MEG-Güterwagen, offen, vierachsig, Gattung OOm

Erbaut durch: **Gothaer Waggonfabrik AG,** Gotha.
Bremsen: Wagen Nr. 285 und 286 Hand- (Spindel) und Druckluftbremse, Wagen Nr. 287 und 288 nur durchgehende Bremsleitung.

Betriebsnummer	Baujahr	Ausmusterung oder Verschrottung
285	1926	1952
286	1926	Während oder kurz nach dem 2. Weltkrieg
287	1926	Während oder kurz nach dem 2. Weltkrieg
288	1926	Während oder kurz nach dem 2. Weltkrieg

Eigengewicht	8 000 kg	Bodenfläche	19,16 m^2
Ladegewicht	15 000 kg	Raddurchmesser	740 mm

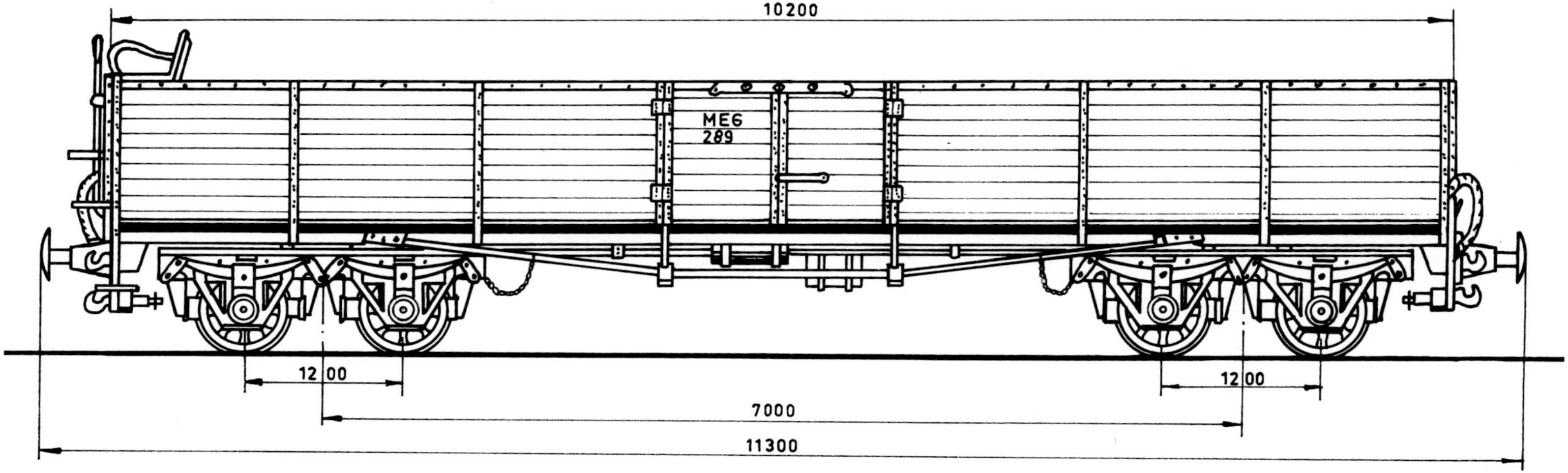

10200

MEG 289

12 00

12 00

7000

11300

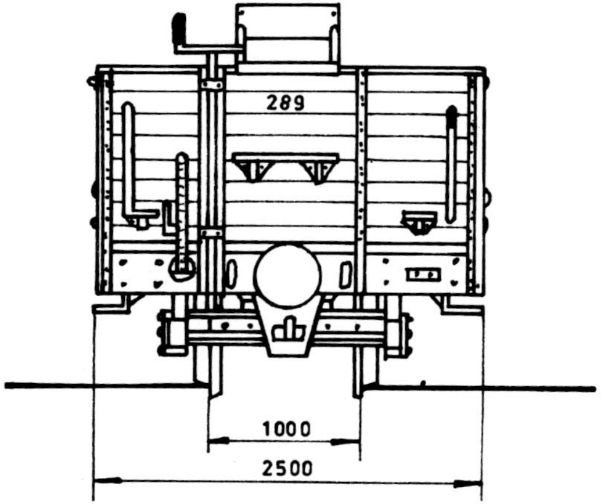

289

1000

2500

MEG-Güterwagen, offen, vierachsig, Gattung OOmm

Erbaut durch: **Waggonfabrik Weimar AG,** Weimar.
Bremsen: Wagen Nr. 289, 290, 292 Hand- (Spindel) und Druckluftbremse, Wagen Nr. 291, 293–296 nur Handbremse (Spindel) und durchgehende Bremsleitung.

Betriebsnummer	Baujahr	Ausmusterung oder Verschrottung
289	1927	1956
290	1927	1952
291	1927	Während dem 2. Weltkrieg
292	1927	1960
293	1927	Während dem 2. Weltkrieg
294	1927	1952
295	1927	Nach 1960
296	1927	Nach 1960

Eigengewicht	9 600 kg	Bodenfläche	23,50 m²
Ladegewicht	20 000 kg	Raddurchmesser	740 mm

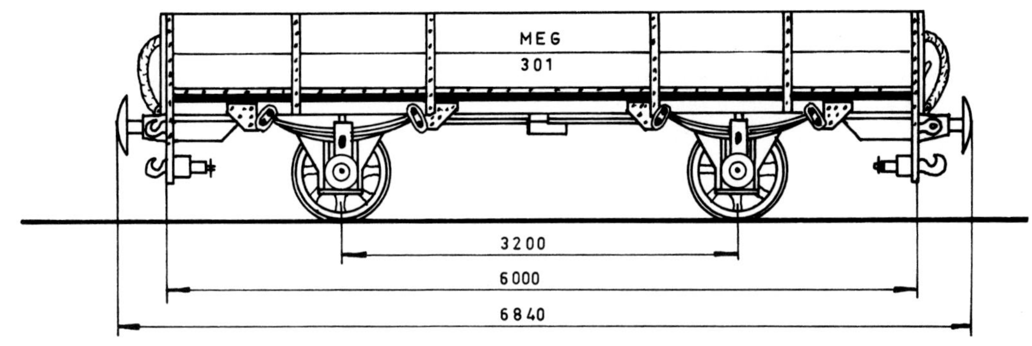

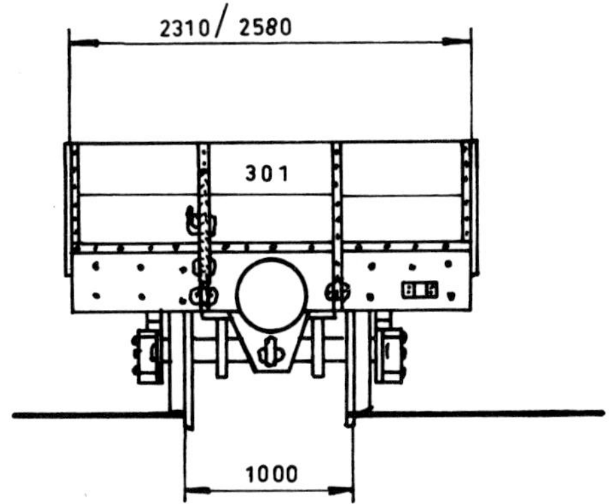

MEG-Güterwagen, offen, zweiachsig, Gattung Om

Erbaut durch: **Both & Tillmann,** Dortmund.
Bremsen: Wagen Nr. 302, 304, 305, 308, 312, 315, 316, 317, 319 Handbremse (Spindel).
Wagen Nr. 301, 303, 306, 307, 309, 310, 311, 313, 314, 318, 320 keine Bremsen, teilweise durchgehende Bremsleitungen.

Betriebsnummer	Baujahr	Ausmusterung oder Verschrottung
301	1901	Während dem 2. Weltkrieg
302	1901	Während dem 2. Weltkrieg
303	1901	Nach 1960
304	1901	1955
305	1901	Während dem 2. Weltkrieg
306	1901	Während dem 2. Weltkrieg
307	1901	1952
308	1901	Während dem 2. Weltkrieg
309	1901	Während oder nach dem 2. Weltkrieg
310	1901	1959
311	1901	Während oder nach dem 2. Weltkrieg
312	1901	Während oder nach dem 2. Weltkrieg
313	1901	Während oder nach dem 2. Weltkrieg
314	1901	Während oder nach dem 2. Weltkrieg
315	1901	Während oder nach dem 2. Weltkrieg
316	1901	Während oder nach dem 2. Weltkrieg
317	1901	Während oder nach dem 2. Weltkrieg
318	1901	Während oder nach dem 2. Weltkrieg
319	1901	Während oder nach dem 2. Weltkrieg
320	1901	1960

Eigengewicht	Nr. 301–312 = 3 700 kg	Bodenfläche	Nr. 301–312 = 12,40 m²
Eigengewicht	Nr. 313–320 = 3 800 kg	Bodenfläche	Nr. 313–320 = 13,68 m²
Ladegewicht	10 000 kg	Raddurchmesser	790 mm

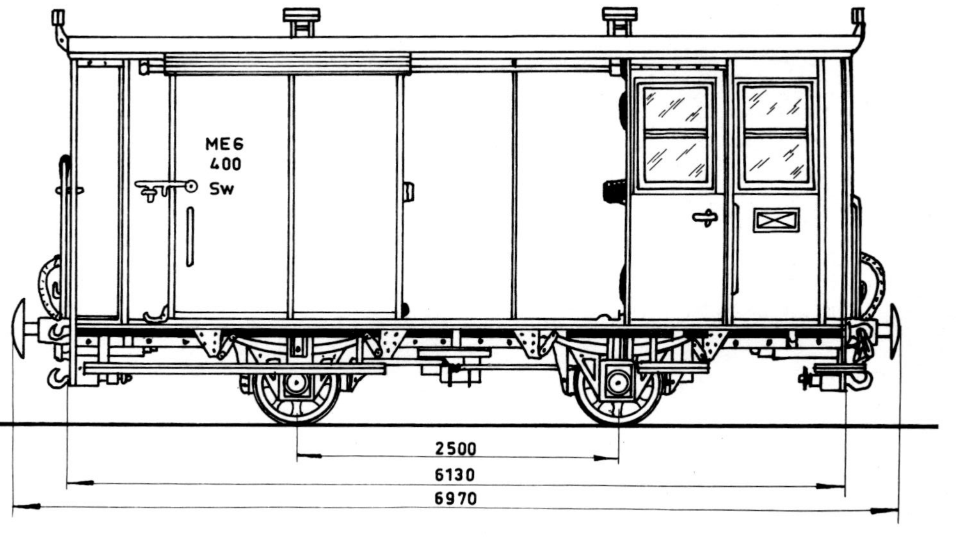

MEG-Spezialwagen, zweiachsig, Gattung Sw

Erbaut durch: **SA pour l'Exploitation des Chemins de Fer Vicinaux,** Louvain/Belgien, Wagen Nr. 400 **Strassburger Strassenbahn,** Hauptwerkstatt Strassburg, Wagen Nr. 401
Bremsen: Hand- (Spindel) und Druckluftbremse. Beleuchtung: elektrisch.

Betriebsnummer	Baujahr	Ausmusterung oder Verschrottung
400	1897	Während oder nach dem 2. Weltkrieg
401	1909	Während oder nach dem 2. Weltkrieg

Eigengewicht	Nr. 400 = 7 500 kg	Bodenfläche	Nr. 400 = 13,80 m²
Eigengewicht	Nr. 401 = 7 000 kg	Bodenfläche	Nr. 401 = 12,80 m²
Ladegewicht	10 000 kg	Raddurchmesser	680 mm

Bemerkungen: Bei beiden Fahrzeugen handelt es sich um ehemalige Packwagen mit Postabteil der Strassburger Strassenbahn. Wagen Nr. 400 = Gerätewagen für Entgleisungen. Wagen Nr. 401 = Gerätewagen für Hebewerkzeuge.

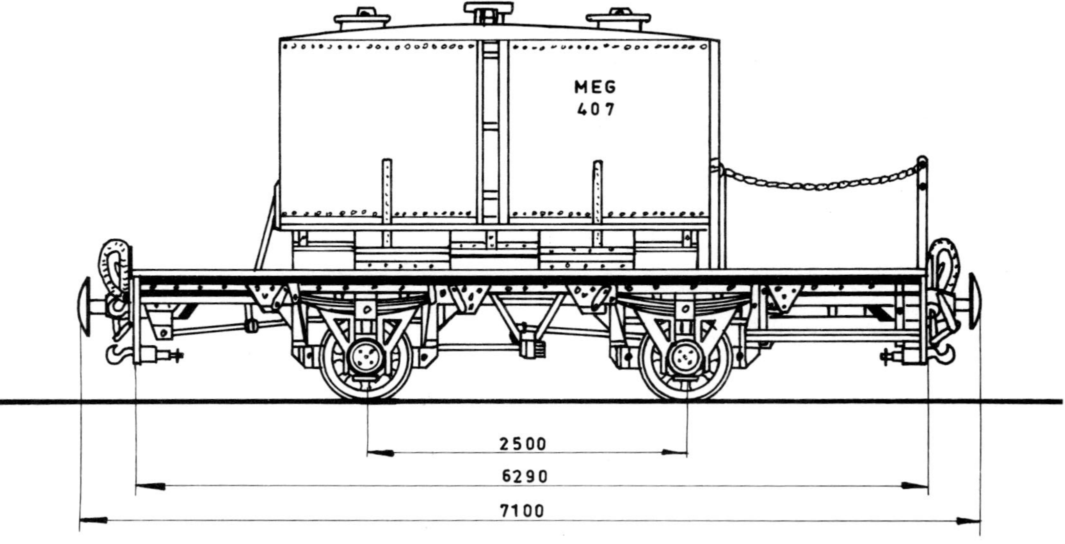

MEG-Spezialwagen, zweiachsig, Gattung Sw

Erbaut durch: **Schmieder & Mayer,** Karlsruhe/Baden.
Bremsen: Druckluftbremse

Betriebsnummer	Baujahr	Ausmusterung oder Verschrottung
407	1894	Noch vorhanden

Eigengewicht	6 540 kg	Bodenfläche	11,75 m²
Ladegewicht	13 500 kg	Raddurchmesser	740 mm
Tankinhalt	1350 l		

Bemerkungen: Das Fahrzeug dient als Sprengwagen zur Unkrautvertilgung. Nach einem Unfall wurde das Fahrzeug auf den Rollwagen Nr. 31 montiert, nachdem man die Räder entfernt hatte.

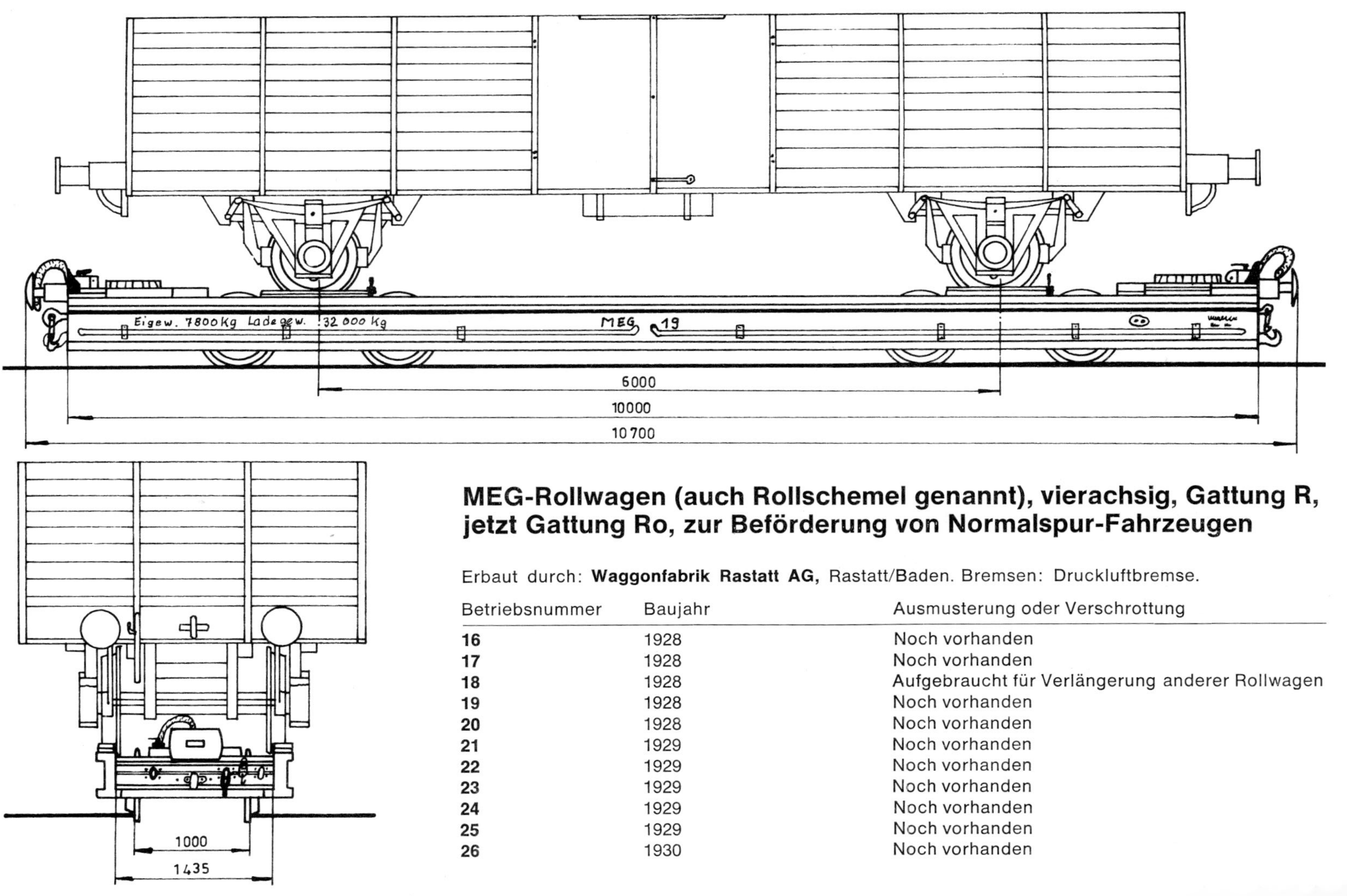

MEG-Rollwagen (auch Rollschemel genannt), vierachsig, Gattung R, jetzt Gattung Ro, zur Beförderung von Normalspur-Fahrzeugen

Erbaut durch: **Waggonfabrik Rastatt AG,** Rastatt/Baden. Bremsen: Druckluftbremse.

Betriebsnummer	Baujahr	Ausmusterung oder Verschrottung
16	1928	Noch vorhanden
17	1928	Noch vorhanden
18	1928	Aufgebraucht für Verlängerung anderer Rollwagen
19	1928	Noch vorhanden
20	1928	Noch vorhanden
21	1929	Noch vorhanden
22	1929	Noch vorhanden
23	1929	Noch vorhanden
24	1929	Noch vorhanden
25	1929	Noch vorhanden
26	1930	Noch vorhanden

Betriebsnummer	Baujahr	Bemerkungen
27	1930	Noch vorhanden
28	1930	Kriegsverlust, verschrottet
29	1930	Noch vorhanden
30	1930	Noch vorhanden
31	1930	Fahrgestell für Sprengwagen
32	1930	Noch vorhanden
33	1930	Noch vorhanden
34	1930	Noch vorhanden
35	1930	Noch vorhanden
36	1931	Noch vorhanden
37	1931	Verblieb 1944 in Strassburg
38	1931	Noch vorhanden
39	1931	Noch vorhanden
40	1931	Noch vorhanden
41	1931	Noch vorhanden
42	1931	Noch vorhanden
43	1931	Noch vorhanden
44	1931	Noch vorhanden
45	1931	Noch vorhanden
46	1942	Noch vorhanden
47	1942	Noch vorhanden
48	1942	Noch vorhanden
49	1942	Noch vorhanden
50	1942	Noch vorhanden
51	1967	Noch vorhanden
52	1967	Noch vorhanden
53	1967	Noch vorhanden
54	1967	Noch vorhanden
55	1967	Noch vorhanden

Eigengewicht	Nr. 16–35 = 7 800 kg	Ladegewicht	Nr. 46–50 = 40 000 kg
Eigengewicht	Nr. 36–45 = 8 200 kg	Ladegewicht	Nr. 51–55 = 72 000 kg
Eigengewicht	Nr. 46–50 = 8 600 kg	Nutzbare Länge	Nr. 16–25 = 10 000 mm
Eigengewicht	Nr. 51–55 = 9 000 kg	Nutzbare Länge	Nr. 26–50 = 12 000 mm
Ladegewicht	Nr. 16–45 = 32 000 kg	Nutzbare Länge	Nr. 51–55 = 13 000 mm

Bemerkungen: Wagen Nr. 21–25 verlängert auf 14 000 mm (1968)
Wagen Nr. 33–35 verlängert auf 14 000 mm (1968)
Wagen Nr. 36–45 verstärkt auf 72 000 kg (1953)

MEG-Spezialwagen, zweiachsig, Gattung Sw

(Bei all diesen Fahrzeugen handelt es sich um ehemalige Güterwagen, zweiachsig, offen, Gattung Om. Nach dem Entfernen der Bordwände wurden sie als Schutzfahrzeuge für Rollwagen eingesetzt.)

Betriebsnummer	Baujahr	Bemerkungen
402	1900	Waggonfabrik Rastatt AG, Rastatt
403	1900	(gleiche Daten wie Wagen Nr. 227 Om)
253	1914	Waggonfabrik Rastatt AG, Rastatt
255	1914	(gleiche Daten wie Wagen Nr. 250–252, 254 und 259 Om)
408	1914	Ehemaliger Wagen Nr. 254 Om
409	1894	Ehemaliger Wagen Nr. 259 Om
410	1897	Ehemaliger Wagen Nr. 209 Om
411	1899	Ehemaliger Wagen Nr. 235 Om

Ausmusterung: Wagen Nr. 410 und 411 sind noch vorhanden, alle anderen wurden verschrottet.

MEG-Lok Nr. 6 (ex Nr. 6 der Lahrer Strassenbahn) vor einem Personenzug im Bahnhof Lahr-Schlüssel, Richtung Dinglingen, um 1923

Folgende Seite oben: MEG-Lok Nr. 43 (früher Nr. 43 der Strassburger Strassenbahn) vor Personenzug im Bahnhof Lahr-Schlüssel, Richtung Lahr-Dinglingen, um 1950

Unten: MEG-Lok Nr. 101 (ex Nr. 101 der Oberrheinischen Eisenbahn-Gesellschaft) vor Abschiedssonderzug im Bahnhof Bühl Nb, am 19. 9. 1970

MEG-Lok Nr. V 22 01 vor einem Personenzug im Bahnhof Rastatt Nb, abfahrbereit nach Schwarzach, 1958

Folgende Seite oben: MEG-Lok Nr. V 29 01 (früher V 29 952 der DB) rangiert in Rastatt-Übergabebahnhof, Juni 1970

Unten: MEG-Lok Nr. V 29 01 vor dem Bahnhofsgebäude in Schwarzach, im Hintergrund die Lok V 22 01, Juni 1970

V2901

V 2901

Oben: MEG-T2 anlässlich der Abnahmefahrt am 27. September 1934

Unten: MEG-T6 vor dem Bahnhof Lahr Mittelbad. Eisenbahn. Die Aufnahme entstand am 3. Oktober 1959, anlässlich der Einstellung der Teilstrecke Lahr M. E. – Altenheim.

Oben: MEG-T7 im Bahnhof Schwarzach, der einzige noch vorhandene zweiachsige Triebwagen der MEG, September 1969

Unten: MEG-T11 auf der Hauptstrasse in Offenburg, kurz vor dem Bahnhof Offenburg Nb, um 1937

Oben: MEG-T12 im Bahnhof Bühl Nb. Nach Einstellung des Personenverkehrs kam das Fahrzeug zur Inselbahn Juist. Aufnahme Juni 1969

Unten: MEG-T14 im Bahnhof Freistett, abfahrbereit Richtung Schwarzach. Auch dieser Triebwagen verkehrt seit Einstellung des Personenverkehrs bei der Inselbahn Juist, Juni 1970

Oben: Zugkreuzung im Bahnhof Schwarzach, links der T12 von Bühl kommend, Richtung Freistett, rechts der T14 als GmP in Richtung Bühl, Juni 1970

Unten: MEG-T14 als GmP im Bahnhof Moos, abfahrbereit nach Schwarzach, Juni 1970

Oben: MEG-T13 vor zwei Rollwagen mit Normalspur-Güterwagen in Schwarzach, September 1969
Unten: Normalspurige Kesselwagen auf MEG-Rollfahrzeugen im Bahnhof Freistett. Heute ist der Rollwagenverkehr auf dem noch verbliebenen nördlichen Streckenteil dominierend, Sept. 1969

Oben: MEG-Lok Nr. 101 in Schwarzach, neuer Eigentümer: Eurovapor, 19. 9. 1970
Unten: Das Steuerpult des T13, aufgenommen in voller Fahrt, Juni 1969

MEG-Bahnmeisterwagen, zweiachsig, ohne Gattungszeichen

(ohne Abbildung)

Betriebsnummer	Eigengewicht	Ladegewicht	Bremsen
1	900 kg	5000 kg	Handbremse
2	680 kg	3000 kg	Handbremse
3	680 kg	3000 kg	Handbremse
4	680 kg	3000 kg	Handbremse
5	680 kg	3000 kg	Handbremse
6	900 kg	5000 kg	Handbremse
11	300 kg	2500 kg	Handbremse

MEG-Rollwagen, vierachsig, Gattung R, zur Beförderung von Normalspur-Fahrzeugen (ohne Abbildung)

Erbaut durch: **De Dietrich & Cie,** Bad Niederbronn und Reichshofen.
Bremsen: keine Bremseinrichtungen.

Betriebsnummer	Baujahr	Ausmusterung oder Verschrottung
14	1896	Während dem 2. Weltkrieg
15	1896	Während dem 2. Weltkrieg

Nutzbare Länge	6700 mm	Raddurchmesser	440 mm
Radstand der Drehgestelle	940 mm	Eigengewicht	5 900 kg
Abstand der Drehzapfen	4400 mm	Ladegewicht	30 000 kg

Bemerkungen: Die Fahrzeuge waren mit einer Steifkupplung ausgerüstet.

Normalspurfahrzeuge

MEG-Rollwagen, zweiachsig, Gattung R, (ohne Abbildung) zur Beförderung von Schmalspur-Fahrzeugen auf Normalspur

Erbaut durch: **Waggonfabrik Rastatt AG,** Rastatt/Baden.

Betriebsnummer	Baujahr	Ausmusterung oder Verschrottung
3	1913	Ende des 2. Weltkrieges
4	1913	Ende des 2. Weltkrieges
6	1927	Ende des 2. Weltkrieges
7	1927	Ende des 2. Weltkrieges
8	1931	Ende des 2. Weltkrieges
9	1931	Ende des 2. Weltkrieges
10	1933	Ende des 2. Weltkrieges
11	1933	Ende des 2. Weltkrieges
12	1934	Ende des 2. Weltkrieges
13	1934	Ende des 2. Weltkrieges

Länge über Puffer	Nr. 3 = 11 700 mm	Eigengewicht	Nr. 7 = 12 190 kg
Länge über Puffer	Nr. 4–13 = 12 890 mm	Eigengewicht	Nr. 8 = 12 230 kg
Länge ohne Puffer	Nr. 3 und 4 = 10 420 mm	Eigengewicht	Nr. 9 = 12 150 kg
Länge ohne Puffer	Nr. 6–13 = 11 620 mm	Eigengewicht	Nr. 10 = 12 350 kg
Radstand	Nr. 3 und 4 = 6 800 mm	Eigengewicht	Nr. 11 = 12 410 kg
Radstand	Nr. 6–13 = 7 000 mm	Eigengewicht	Nr. 12 = 12 340 kg
Raddurchmesser	Nr. 3 und 4 = 600 mm	Eigengewicht	Nr. 13 = 12 330 kg
Raddurchmesser	Nr. 6–13 = 650 mm	Ladegewicht: Nr. 3 und 4 = 17 000 kg, Nr. 6 und 7 = 24 000 kg, Nr. 8–13 = 30 000 kg	
Eigengewicht	Nr. 3 und 4 = 11 300 kg		
Eigengewicht	Nr. 6 = 12 120 kg		

Bemerkungen: Die Fahrzeuge wurden ausschliesslich im Kehler Rheinhafen eingesetzt.
Keine Bremseinrichtungen.

MEG-Rollwagen, vierachsig, Gattung R, zur Beförderung von Schmalspur-Fahrzeugen auf Normalspur

(ohne Abbildung)

Erbaut durch: **Waggonfabrik Rastatt AG,** Rastatt/Baden. Bremsen: keine Bremseinrichtungen.

Betriebsnummer	Baujahr	Ausmusterung oder Verschrottung
5	1913	Ende des 2. Weltkrieges

Länge über Puffer	15 500 mm	Gesamtbreite	3140 mm
Länge ohne Puffer	14 230 mm	Raddurchmesser	600 mm
Radstand der Drehgestelle	1 500 mm	Eigengewicht	15 610 kg
Abstand der Drehzapfen	8 150 mm	Ladegewicht	30 000 kg

Bemerkungen: Der Wagen wurde im Kehler Rheinhafen eingesetzt.

MEG-Güterwagen, offen, zweiachsig, Gattung O und OP

(ohne Abbildung)

Erbaut durch: **Waggonfabrik AG,** Danzig. Bremsen: keine Bremseinrichtungen.

Betriebsnummer	Baujahr	Ausmusterung oder Verschrottung
11	1903	Ende des 2. Weltkrieges
12	1903	Ende des 2. Weltkrieges

Länge über Puffer	Nr. 11 = 8120 mm	Bodenfläche	Nr. 12 = 18,50 m²
Länge über Puffer	Nr. 12 = 8820 mm	Radstand	Nr. 11 = 4000 mm
Länge ohne Puffer	Nr. 11 = 6850 mm	Radstand	Nr. 12 = 4200 mm
Länge ohne Puffer	Nr. 12 = 7750 mm	Raddurchmesser	910 mm
Gesamtbreite	Nr. 11 = 3150 mm	Eigengewicht	Nr. 11 = 7260 kg
Gesamtbreite	Nr. 12 = 2760 mm	Eigengewicht	Nr. 12 = 6840 kg
Bodenfläche	Nr. 11 = 19,00 m²	Ladegewicht	15 000 kg

Damit sind wir am Ende dieser Fahrzeugaufstellung der MEG. Wie schon erwähnt, ist dieses Buch lediglich die erste Hälfte der gesamten Studie. Der zweite Teil, Archiv Nr. 14, erscheint wenige Monate später und kann in Ihrer Buchhandlung oder direkt beim Verlag angefordert werden. Hier der Titel:

Archiv Nr. 14 / Band II:

Von den Strassburger und Lahrer Strassenbahnen zur Mittelbadischen Eisenbahnen AG
von C. Jeanmaire und Hans-Dieter Menges

Inhalt: Übersichtliche Darstellung von Geschichte und Entwicklung der Strecken in Texten mit Hunderten von Abbildungen, Photos, Strecken- und Bahnhofsplänen. Die Abbildungen zeigen im wesentlichen: Lokomotiven, Triebwagen, Dienstfahrzeuge, Personen- und Güterwagen sowie die Dampftramwaymaschinen von Strassburg und Lahr, einzeln und im Betrieb, aus allen Zeitabschnitten.

MEG-Lok Nr. 48 (früher Nr. 48 der Strassburger Strassenbahn) mit einem Arbeitszug in Kehl. Streckenabbau zwischen Altenheim und Kehl 1959